【제2판】

사회복지법제와 실천

이원주

KNOWLEDGE COMMUNITY 공동체

머리말

사회복지법제와 실천은 사회복지의 실천을 규정하는 법적 규범이다. 어떤 사회에 있어서도 사회복지법이라고 이름하는 법적 규범을 벗어나서 사회복지 실천이 이루어지거나 서비스가 제공되기는 어렵다. 대부분은 사회복지법이라고 명명되는 실정법이나 이와 연관된 행정지침 등에 의거하여 사회복지가 이루어진다고 말해도 무방하기 때문에 사회복지법제와 실천의 학습이 그만큼 중요하고 또 요청되는 것이다.

사회복지실천가는 규정된 사회복지법제의 테두리 안에서 사회복지실천을 한다. 사회복지실천가는 일차적으로 사회복지실천을 통해 사회복지대상자가 가진 문제를 해결하고 더 나아가 문제 발생의 구조를 개선하는 역할을 수행한다. 이러한 역할을 수행하는 사회복지실천가는 개인의 욕구 불충족과 문제들, 특히 사회문제에 대한 이해와 지식을 겸비해야 한다. 개인이 가진 욕구의 내용과 발생 원인은 무엇이며 그것을 해결할 수 있는 방법과 자원은 어떤 것인가를 알아야 한다. 따라서 사회복지실천가는 사회복지대상자가 가진 문제를 해결하기 위해 요청되는 사회복지서비스를 파악할 수 있어야 하고 어디에서 이러한 서비스를 제공하는지, 어떠한 테두리 안에서 서비스가 제공되어야 하는지를 알아야 한다. 따라서 사회복지실천가는 사회복지법과 제도를 잘 이해하고 문제를 가진 사회복지대상자를 사회복지서비스와 연결시켜야 한다. 사회복지실천가는 규정된 법적·제도적 장치의 한계 내에서 합법적으로 자신에게 주어진 전문가적 재량권을 충분히 발휘하여 사회복지대상자가 가진 문제를 해결하기 위해서 창조적인 노력을 경주해야 한다. 이러한 상황에서 활동하는 사회복지실천가는 그 역할에 있어 기본적으로 사회복지법제를 충분하게 이해하여 실천에 응용할 줄 아는 역량을 구비해야 한다.

사회복지실천가는 사회복지대상자의 문제해결과 함께 이상적이고 효과적인 서비스를 고안하고 보다 나은 사회복지정책과 프로그램을 설립하는 데 중요한 역할을 수행한다. 역시 이 과정에서 사회복지실천가는 사회복지법제에 관한 지식을 기반으로 할 때 가능하므로 사회복지법제와 실천에 대한 폭넓은 이해를 필수적으로 갖추어야 한다. 더 나아가서는 현재의 사회복지법제나 제도적 장치가 문제해결에 왜 미흡한지, 어느 정도 효과적인지를 거시적으로 파악할 수 있는 법적·정책적 지식과 관점을 필요로 한다.

사회복지법제와 실천은 사회정책과 경제정책을 통합적으로 고려하여 사회보장제도를 확대해 나가는 데 있어 중요한 수단이 되고 있다. 또한 사회복지법제와 실천 과목은 사회복지실천 현장에서 실정법으로서 사회복지법과 관련법들을 해석하고 적용하기에 매우 유용한 학문이다. 따라서 사회복지법제와 실천 과목은 대학과 대학원 과정에서 반드시 이수해야 할 필수과목이고 또한 사회복지사 1급 필수과목이다. 사회복지학과에서 사회복지법제와 실천을 학습하는 것은 후에 사회복지실천가로 실천현장에서 클라이언트에게 실질적인 원조와 효과적인 서비스를 제공하기 위하여 필수적이다.

본 교재의 학습 과정은 큰 틀에서 5부의 영역으로 구성하였다. 제1부에서는 사회복지법제와 사회복지실천으로서의 관계를 필요성과 학습 방향 그리고 사회복지법의 체계와 실천으로 제1장을 다루었다. 여기서는 학생들에게 사회복지법 학습의 필요성과 중요성을 설명하고 사회복지학과에서 사회복지법제와 실천을 학습해야 하는 당위성을 언급하였다. 제2부에서는 사회복지법의 이해와 실천으로 제2장에서 제8장까지 사회복지법의 개념을 잡고 다양한 권리와 사회복지법원 그리고 사회복지법의 법적 위계구조를 다루었다. 즉, 사회복지법이 가진 법상의 위치와 특성은 물론 사회복지법의 접근방법, 사회복지법 관계, 수급권과 권리구제, 쟁송에 이르기까지 다양한 법적 측면을 이해하고 법을 분석할 수 있는 역량을 갖출 수 있도록 하였다. 그리고 제3부에서는 한국의 사회복지법의 역사와 실천으로 한국 사회복지법의 특성과 과제 그리고 전망까지를 제9장부터 제10장까지 살펴보았다. 제4부에서는 사회보장 및 사회복지관련법과 사회복지실천으로 제1부에서 제3부까지의 지식을 기반으로 하여 실정법상 규정되어 있는 사회복지법제를 제11장에서 제16장까지 하나씩 핵심적인 부분을 요약 분석하였다. 특히 본 교재에서 사회복지관련법과 법률들의 QR코드를 교재에 삽입하여 학습 중에 바로 접근하여 살펴볼 수 있도록 하였다. 끝으로 제5부에서는 사회복지법제와 실천의 방향성으로 제4차 산업혁명시대와 사회복지패러다임의 변화와 방향성을 제17장에서 다루었다.

본 서는 사회복지학을 토대로 하고 법학적 개념 도구를 응용하여 사회복지에 대한 법적 이해를 도모하였으며 단순히 사회복지법에 관한 법률적 지식을 전달하는 데 그치지 않고자 노력하였다.

2023년 8월

달구벌대로 연구실에서

이원주

CONTENTS

차 례

CONTENTS

PART 04 사회보장 및 사회복지관련법과 사회복지실천

PART 05 사회복지법제와 실천의 방향성

CONTENTS

〈표 차례〉

〈그림 차례〉

PART 01

사회복지법제와 사회복지실천

CHAPTER 01 사회복지법제와 사회복지실천과의 관계

01 CHAPTER

사회복지법제와 사회복지실천과의 관계

제1절 사회복지법제와 사회복지실천의 필요성

1. 사회복지법제와 사회복지실천

사회복지법제와 사회복지실천은 사회복지법을 통하여 사회복지정책과 사회복지행정 그리고 사회복지실천을 통합적으로 이해하고 활용하는 능력이다. 사회복지실천가는 사회복지의 실천과정에서 서비스를 제공하려면 법에서 규정하고 있는 내용을 알아야 하고 법을 어떻게 활용할 것인가도 알아야 한다. 사회복지법은 사회복지학과 법학적 지식이 결합한 형태이므로 사회복지학을 기본으로 하여 법적 내용을 실천할 수 있도록 한 것이다.

사회복지법과 사회복지실천은 사회복지학의 측면에서 볼 수 있다. 사회복지법제는 사회복지실천을 규정하는 법적인 규범이다. 즉 사회복지실천가는 규정된 사회복지법제의 테두리 안에서 사회복지 실천의 내용과 형태를 갖는 것이기 때문이다. 어떤 사회에 있어서도 사회복지법이라고 이름하는 법적 규정을 벗어나서 사회복지실천이 이루어지거나 서비스가 제공되기는 어렵다. 사회복지의 대부분은 **사회복지법**이라고 명명되는 실정법이나 이와 연관된 행정지침 등에 의거하여 사회복지가 이루어진다고 말해도 무방하기 때문이다. 따라서 사회복지법의 필요성이 중요하게 요청되는 것이다.

2. 사회복지실천가와 사회복지법제

사회복지실천가는 일차적으로 사회복지실천을 통해 사회복지대상자가 가진 문제를 해결하고 더 나아가 문제 발생의 구조를 개선하는 역할을 수행한다. 따라서 사회복지실천가는 개인의 욕구 불충족과 문제들 특히, 사회문제에 대한 이해와 지식을 갖추어야 한다. 사회복지실천가는 사회복지제도나 프로그램의 목적을 잘 이해하고 문제를 가진 대상자를 연결시켜 주어야 한다. 때로는 사회복지실천가는 규정된 법적·제도적 장치의 한계 내에서 합법적으로 자신에게 주어진 전문가적 재량권을 충분히 발휘하여 사회복지대상자가 가진 문제를 해결하기 위해서 창조적인 노력을 수행해야 한다. 이러한 상황에서 활동하는 사회복지실천가는 그 역할에 있어 기본적으로 사회복지법제를 충분하게 이해하여 실천에 응용할 줄 아는 역량을 구비해야 한다.

사회복지실천가는 문제해결과 함께 이상적이고 효과적인 서비스를 고안하고 보다 나은 사회복지정책과 프로그램을 설립하는 데에 중요한 역할을 수행해야 한다. 이 과정에서 사회복지실천가는 사회복지법제에 관한 지식을 기반으로 할 때 가능하므로 사회복지법제에 대한 폭넓은 이해를 필요로 한다. 또한 사회복지실천가는 사회복지서비스 제공자나 실천가로서 어느 정도 활동한 다음에는 슈퍼바이저로서 그리고 다음에는 사회복지행정가로서 행정과 정책결정에 점진적으로 관여하게 된다. 따라서 사회복지실천가는 사회복지기관을 경영하고 관리하는 차원에서 보다 거시적으로 법적·정책적 지식과 관점을 필요로 한다. 그러므로 사회복지실천가는 사회복지법제와 실천에 대한 이해를 필수적으로 갖추어야 한다.

제2절 사회복지법제와 실천의 학습 방향

1. 현행 사회복지법제와 실천의 학습 방향

사회복지학과에서는 사회복지법을 사회복지학적인 맥락에서 학습해야 하는 특성과 사회복지법 자체가 법학 혹은 법제의 독자적 영역으로서 지닌 특수성을 반영하는 것과 더불어 한국적 상황을 함께 인식하고 대처할 수 있도록 학습하여야 한다. 따라서 사회복지학과에서 특별히 관심을 가져야 하는 점은 사회복지법제를 통한 사회복지제도와 정책, 행정 및 실천을 통합적으로 이해하고 사회복지실천에 연결시킬 수 있는 역량을 구비할 수 있도록 하는 일이다. 그리고 사회복지법을 해석하고 분석하는 과정에 관련 사회복지제도를 함께 논의함으로써 사회복지실천에 연계시켜야 한다.

이러한 개괄적인 학습 방향을 바탕으로 사회복지법제와 실천의 학습 방향을 살펴보면 다음과 같다.

첫째, 사회복지법제에 관한 **일반적인 지식의 습득과 사회복지학과의 연관성을 이해**하여야 한다.

둘째, 다른 나라의 사회복지법제를 비교 검토하여 **한국적인 현실에 맞게 적용**하여야 한다.

셋째, 기존의 사회복지제도와 정책 및 법제가 지닌 한계를 이해하고 **사회복지 증진을 위해 개선책을 제시할 수 있는 역량을 배양**하여야 한다.

넷째, 사회문제와 사회복지법 관련 쟁송과 **사회복지정책 및 사회복지실천과의 유기적 연관성을 탐구**하여야 한다.

다섯째, 사회복지법제의 적용과 실천을 통한 **사회복지실천과의 연결을 모색**하여야 한다.

2. 사회복지법제와 사회복지실천의 연계성 적용

사회복지법의 학습이 사회복지실천과 어떻게 연계하고 적용되어야 하는지에 대한 의미를 찾을 수 있어야 한다. 현행 사회복지법제와 실천의 학습 방향의 구체적인 학습 목표는 교과목 학습 목표와 이에 따른 사회복지학과 교과목 지침의 사회복지법 학습 내용으로 살펴볼 수 있다.

1) 교과목 학습 목표

교과목 학습 목표로는 먼저 사회복지제도 및 관련 현상에 대한 법제적 이해가 필수적이다. 이러한 이해를 바탕으로 사회복지제도의 문제와 쟁점을 법리적으로 해석하고 이해할 수 있는 능력을 배양하여야 한다. 그리고 개개인에게 권리로서의 사회복지에 대한 인식을 제고시킬 필요가 있다. 따라서 현존하는 사회복지법제에 대한 체계적인 이해가 반드시 동반되어야 한다.

2) 사회복지학과 교과목 지침의 사회복지법 학습 내용

사회복지학과 교과목 지침의 사회복지법 학습 내용은 학습 목표에 따라 사회복지실천이라는 넓은 맥락에서 사회복지법제가 어떻게 연결되고 사회복지실천가들이 사회복지법제를 어떻게 접근하고 적용해야 하는가에 대한 이해를 하여야 한다. 따라서 사회복지법을 해석하고 분석할 수 있는 기본사항을 이해하는 것과 연관된 내용을 알아야 하며 현행 한국 사회복지 관련법을 분석할 수 있어야 한다.

제3절 사회복지법의 체계와 실천

1. 사회복지법의 다양성

사회복지법을 하나의 연구 대상으로 삼아 분석하기 위해서는 무엇보다도 사회복지법과 연관된 모든 사회현상에 관한 체계적인 개념 정의가 필요하다. 개념 정의는 개념의 정의를 내리는 사람의 개인적 가치관과 그 개념을 둘러싸고 있는 사회환경을 반영하고 있어서 복잡하고 통일적이지 못하다. 즉 사람에 따라, 국가에 따라, 시간에 따라, 이념에 따라 사회복지법의 개념이 다양하다. 사회복지법은 또한 최근에 이르러 출현하였으며 급속히게 변화하고 있는 법 규정일 뿐만 아니라 그 내용이 다른 법과는 달리 **추상적**이고 전문기술적인 사회복지의 성격을 지니고 있어 개념규정이 쉽지 않다. 잠정적으로 사회복지법의 개념 정의는 법의 존재형식에 따라 형식적 의미의 사회복지법과 실질적 의미의 사회복지법으로 나눌 수 있다.

2. 각 국의 사회복지법 체계

사회복지법의 체계화는 먼저 선진국의 사회복지법 분류체계를 간략히 살펴볼 필요가 있다.

1) 독일 사회복지법 체계

독일은 최초로 사회보장이 성립된 사회보장국가로서 1884년 산재보험을 시작으로 1927년 실업보험으로 사회안전망으로서의 사회보장이 완비되었다. 독일의 사회복지법의 분류는 사회급여의 기능에 따라서, 사회적 위험의 종류에 따라서, 사회복지법의 기본원리에 따라 나누고 있다.

(1) 사회급여의 기능에 따른 분류

사회급여의 기능에 따른 분류는 2분설과 3분설로 다시 나누어진다. 2분설은 손실에 대한 급여체계와 불이익에 대한 급여체계로, 3분설은 사회복지법을 예방급여체계, 보상급여체계 및 원호 내지 장려·촉진을 위한 급여체계로 분류하고 있다.

(2) 사회적 위험의 종류에 따른 분류

사회적 위험의 종류에 따라 체계화하는 방법이다. 이는 궁극적으로 사회급여의 근거를 고찰하여 분류하는 방법으로서 현실적으로 통일적인 체계화가 어렵다.

(3) 사회복지법의 기본원리에 따른 분류

사회복지법의 기본원리에 따른 분류 방법은 보험의 원리, 보상의 원리 및 원호의 원리 등에 따른 분류체계를 의미한다. 이에 따라 사회복지법은 사회보험법, 사회보상법 및 사회원호법으로 나누어진다.

2) 일본 사회복지법 체계

(1) 행정대상에 따른 분류

행정대상에 따른 분류는 일본 후생성이 감수한 사회복지 8법(노인복지법, 신체장애인복지법, 정신박약복지법, 아동복지법, 모자 및 과부복지법, 사회복지사업법, 노인보건법, 사회복지의료사업단법)에서 분류한 방식에 따른 체계이다. 주로 사회복지서비스법을 중심으로 구성되어 있다(윤찬영, 2010). 사회복지 8법에는 행정대상에 따라 사회복지 일반과 서비스급여 전체에 관련된 것으로 구분하고 있다.

① 사회복지일반

사회복지일반은 사회복지사업법, 사회복지사업진흥법, 민생위원법 등이다.

② 서비스급여 전체

서비스급여 전체에 관련된 것으로는 생활보호, 아동복지, 모자복지, 모자보건, 정신박약자복지, 노인복지, 매춘방지, 재해구조, 소비생활협동조합, 공익전당포, 전상병자 원호 등이 있다.

(2) 편제에 따른 분류

① 사회사업의 조직·재정에 관한 법

사회사업의 조직과 재정에 관한 법으로는 사회복지사업법, 후생성설치법, 지방자치법, 민생위원회 등이 있다.

② 사회사업급여에 대한 권리보장에 관한 법

사회사업급여에 대한 권리보장에 관한 법으로는 **보호법**[1](일반적 형태로 보장활동이 행하여지는 것을 내용으로 하는 법률), **원조법**[2](저소득자에 대하여 자립 조장의 목적으로 급여의 형태로 보장활동이 이루어지는 것을 내용으로 하는 법률), **원호법**[3](일반적으로 전쟁 기타 공권력적 활동에서 생명·신체 등에 손해를 입은 희생자에 대한 국가보상으로서 전액 공비부담으로 이루어지는 급여에 관한 법률)인데 이를 사회복지법에 포함시킬 것인지 혹은 배제시킬 것인지는 논쟁거리로 남아 있다.

(3) 사회보상급여의 성격과 기능에 따른 분류

사회보상급여의 성격과 기능에 따른 분류는 소득보장급여체계와 장해보장급여체계로 구분한다.

---

1) 부조법(생활보호법), 구조법(재해구조법, 행려병인 및 행려사망인 취급법), 육성법(아동복지법, 노인복지법, 신체장애자복지법, 정신박약자복지법 등), 갱생법(범죄자예방갱생법, 집행자유예자보호관찰법, 갱생긴급보호법).

2) 공익저당법, 모자복지법 등.

3) 유족, 장애자 등.

(4) 욕구의 충족에 대응한 분류

① 비화폐(사회복지서비스)

사회복지서비스를 주로 하는 법은 아동복지법, 모자보건법, 정신박약자복지법, 신체장애자복지법, 노인복지법, 근로청소년복지법, 근로부인복지법, 피폭자의료법, 공해건강피해자구제법 등이 있다.

② 현금급여를 주로 하는 것

현금급여를 주로 하는 법은 아동수당법 중의 무갹출급여의 지역주민 대상의 아동수당, 국민연금법 중 무갹출급여의 각종 복지연금, 아동부양수당법, 특별아동부양수당 등이 있다.

3. 한국 사회복지법 체계

1) 사회복지일반에 관한 법률

사회복지일반에 관한 법률로는 사회보장에 관한 법률과 사회복지사업법이 있다.

2) 사회복지서비스에 관한 법률

사회복지서비스에 관한 법률로는 장애인복지법, 노인복지법, 재해구호법, 의사상자 등 예우 및 지원에 관한 법률, 국민연금법, 아동복지법, 모자보건법, 성매매방지 및 피해자보호 등에 관한 법률, 소비자기본법, 새마을운동조직육성법, 가정의례의 정착 및 지원에 관한 법률, 보건의료기본법, 해외이주법 등이 있다(박석돈, 2012).

3) 생활상의 곤란자 기준에 관한 법률

사회복지법의 대상과 범위는 현행 실정법상의 협의의 의미로 사회복지법을 파악하고 있다. 사회복지법은 생활상의 곤란자 혹은 장애인, 즉 아동, 장애인, 노인, 모자 등으로 하여금 그 능력을 발휘할 수 있게 필요한 보호, 지도, 치료, 재활 등을 시행하기 위한 조직, 서비스, 재정, 권리 실현 등에 대한 법률이라고 보고 있다(김만두, 2006).

4) 보장제도와 보장급여를 기준에 관한 법률

사회복지법은 협의의 의미이며 그 상위 개념으로 사회보장법을 보장제도와 보장급여를 기준으로 두 가지 방식으로 아래와 같이 체계화하고 있다(김유성, 2002).

(1) 보장제도를 기준으로 한 체계

보장제도를 기준으로 한 체계로는 사회보험법(공무원연금법, 군인연금법, 국민연금법, 사립학교교원연금법, 산업재해보상보험법, 선원법 등). 공공부조법(국민기초보장법, 의료급여법), 사회복지법(아동복지법, 모자보건법, 노인복지법, 장애인복지법 등)이 있다.

(2) 보장급여를 기준으로 한 체계

보장급여를 기준으로 한 체계로는 소득보장관련 급여법(공무원연금법, 군인연금법, 군인보험법, 사립학교교원연금법, 국민연금법, 국민기초생활보장법, 선원법 등), 의료보장관련 급여법(산업재해보상보험법, 의료급여법, 모자보건법, 아동복지법, 노인복지법, 장애인복지법 등)이 있다.

5) 사회보장을 기준으로 한 체계

사회보장을 기준으로 한 체계는 사회보장법을 사회복지법 개념보다는 선호하고 있고 사회보장법이나 사회복지법 모두 넓은 개념과 좁은 개념 등 다양한 개념이 있다는 점을 인정한다. 또 사회복지법은 추상적 개념이므로 사회보장법의 주된 연구 대상이 된다. 이러한 체계는 사회보험법체계(국민연금법, 의료급여법, 공무원연금법, 사립학교교원연금법, 군인연금법, 산업재해보상보험법, 고용보험법), 사회보상법체계(국가유공자등 예우 및 지원에 관한 법률, 범죄피해자구조법 등), 공공부조법체계(국민기초생활보장법, 의료급여법), 사회복지서비스관련법체계(아동복지법, 노인복지법, 장애인복지법 등)이 있다.

6) 사회보장법 제정 이후 체계 연구

사회복지법은 사회보험의 원리, 사회보장의 원리, 공공부조의 원리, 사회원조의 원리에 의해 사회구성원의 사회적 욕구를 충족시키고 사회문제를 해결하여 인간다운 생활을 보장하려는 목적하에 제정된 법규로 ▌그림 1-1▌과 같이 체계화하였다(장동일, 1998에서 재구성).

사회복지법은 큰 틀에서 사회보장법과 사회복지관련법으로 구분할 수 있다. 사회보장법은 사회보장일반에 관한 법과 사회보험법, 사회보상법, 공공부조법, 사회복지서비스법으로 사회복지관련법은 보건위생관련법, 고용관련법, 교육관련법, 주택관련법, 소비자보호관련법 등이 있다(신섭중 외, 2001). 그러나 학자들 마다 다르게 해석하는 경우도 있다.

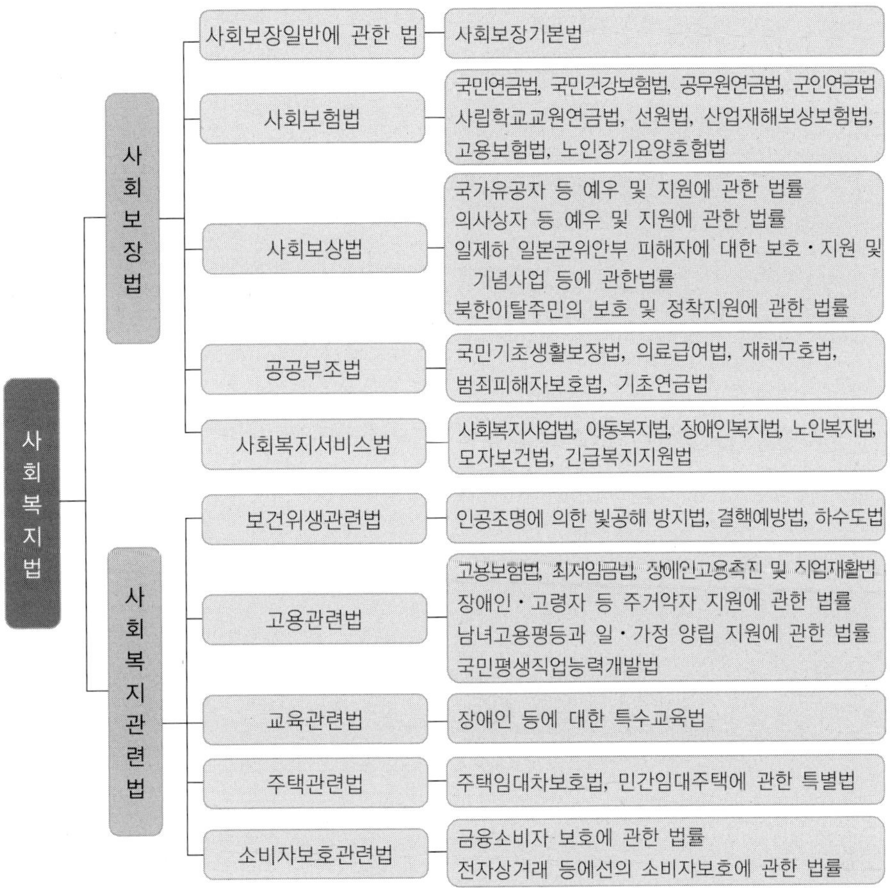

▌그림 1-1▐ 한국의 사회복지법 체계

출처 : 장동일(1998) 재구성.

사회복지법 체계화를 위한 여러 학자들의 연구노력이 있어왔으나 아직 미흡한 실정이다. 사회복지법체계를 법전화하여 통일성을 기하고 각 개별법들이 흩어져 있어 발생할 수 있는 혼란을 줄이고자 하는 독일과 일본의 사례를 통해 볼 수 있듯이 우리나라에 있어서도 인간다운 삶의 보장이라는 사회복지 이념을 실현하기 위한 구체적 수단으로서 사회복지법원으로 기능할 수 있는 사회복지법의 개념과 그 범주에 대한 통일된 체계화를 위한 보다 많은 연구노력이 요구된다.

PART 02

사회복지법의 이해와 실천

02 CHAPTER

사회복지법의 개념과 의미

제1절 법과 사회복지법에 대한 일반적 견해

1. 법

1) 법의 어원[1]

(1) 서양에서의 유래

법은 무엇인가에 관한 이해를 돕기 위하여 법의 문자적 어원에 대해 살펴보면, 고대 그리스인들의 자연의 질서를 의미하는 physis(피시스)에 대응되는 개념으로 인간의 행위를 규율하는 관행이나 규범을 구분하기 위해 nomos(노모스)라는 말을 사용하였다. 즉 nomos는 오래전부터 해 오는 관습적인 모든 행동과 인간이 사회생활을 하는데 있어 구속되고 준거하도록 강요되는 제정된 행동양식을 모두 포괄하는 말이다. 이처럼 nomos는 인위적이고 강제적이라고 하는 의미가 내포되어 있으며 지금의 **규범**(norm)[2]과 유사한 말이다.

로마시대 이후에는 법이라는 말이 두 가지 이상의 대립적인 용어인 jus(유스)와 lex(렉스)로 확립되었다. 라틴어로 jus(유스)는 추상적이고 일반적인 의미의

1) http://contents.kocw.or.kr/contents4/document/lec/2012/KonKuk/KimByungJun/1.pdf 참고

2) 규범은 영어로 'norm'이다. 이 어원에서 두 가지의 다른 의미의 형용사가 나온다. 하나는 'normative(노머티브)' 라는 규범적이라는 뜻의 단어이고 다른 하나는 'normal(노멀)'이라는 정상적이라는 뜻의 단어이다. 전자의 'normative'는 말 그대로 무엇을 하는 게 옳다는 식의 당위적인 판단을 의미하고, 후자인 'normal'은 현재의 어떤 표준적인 상태나 혹은 다수 유형을 지칭할 때 쓰인다.

법으로 표현되었고, lex(렉스)는 권위 있는 기관에 의해서 제정된 실정규범이나 명령이었다. 라틴어 jus(유스), 그리고 독일어 Recht(레흐트), 프랑스어 droit(드와), 이탈리아어 diritto(디릿토) 등은 모두 올바름, 정의, 공평, 권리라는 의미를 가지고 있다. 결국 법이 지향하는 바가 옳은 것이라는 점과 이를 지키는 것이 권리라는 의미를 지니고 있다고 할 수 있다.

(2) 동양에서의 유래

동양에서 법이라는 말의 글자는 법(灋)이라는 복잡한 점자였다. '물수(水)'와 '해태 치(廌: 외뿔양)', 그리고 '갈 거(去)'의 결합이라고 볼 수 있는데, 廌(해태 치)는 중국의 전설적 외뿔 동물인 해태라는 동물에서 유래한 것으로 해태는 시시비비를 가릴 수 있는 능력을 지닌 동물로서 죄가 있는 자에게 가서 뿔로 떠받았다고 한다. 동양에서 글자의 유래에 비추어 보면 법이란 평평한 물처럼 공평하게 분쟁을 해결하는 규범으로 옳고 그름을 분별하여 악을 제거하는 규범이라는 의미를 지니고 있다. 따라서 법은 사회구성원들이 사회생활을 함에 있어 행위준칙으로서 사회질서를 유지하고 공동생활의 안전을 기하며 사회정의를 실현하기 위해 국가권력이 일정한 사회적 행위를 당위적으로 의무 지을 것을 요구하는 개념으로 이해될 수 있다.

출처 : https://twitter.com/dorisooni/status/176479784451325953

2. 법의 규범으로서 개념

1) 법은 규범이다.

사물을 지배하는 법칙에는 자연법칙과 규범법칙이 있다. 자연법칙은 "**밤이 지나가면 아침이 온다.**"와 같이 원인이 있으면 일정한 결과가 반드시 지배하는 필연의 법칙이다. 반면 규범법칙은 "**사람을 살해하지 말아라**"와 같이 사람에게 작위 또는 부작위를 명하는 당위의 법칙이다. 자연법칙은 예외가 없지만 규범법칙은 사실의 발생을 예견하고 있는 법칙으로 결국 법은 자연법칙이 아닌 규범이다.

2) 법은 사회규범이다.

규범에는 개인규범과 사회규범으로 나누어 볼 수 있다. 개인규범은 개인이 자신의 사생활을 위하여 정한 것으로 그 개인에게만 적용되는 규범이다. 반면 사회규범은 사회 유지를 위해 사회 일반에게 적용되기 위한 규범이다. 따라서 법은 개인규범이 아닌 사회규범이다. 사회규범은 당위의 규범으로 지켜야 될 것에 관한 내용으로 한다.

3) 법은 강제규범이다.

사회규범에는 비강제규범과 강제규범이 있다. 비강제규범은 도덕, 종교 등과 같이 규범의 위반행위에 대해 외부적 제재가 가해지지 않는 규범이다. 반면 강제규범은 규범을 위반하는 행위에 대해 외부적 제재가 가해지는 규범이다. 법은 국가권력에 의해 승인되고 그 위반행위에 대하여 일정한 제재를 가하여 집행한다. 따라서 법은 강제규범이다.

4) 법은 행위규범이다.

법은 사회구성원으로서 해야 할 행동과 해서는 안되는 행동을 제시해 준다는 면에서 행위규범이다.

5) 법은 조직규범이다.

법의 집행을 위해서는 법을 담당하는 기관과 조직들이 구성되어 있고 권한이 부여되어 있다는 측면에서 법은 조직규범이다.

6) 법은 문화규범이다.

법은 인간이 공동사회를 형성하며 만들게 된 일종의 문화규범인 것이다.

3. 법과 사회규범

인간은 사회를 구성하고 사회 속에서 함께 살아가는 존재로서 당연히 서로 이해관계가 발생한다. 이러한 이해관계를 평화적으로 해결하는 데에 사회규범이 필요하다. 사회규범은 사회구성원이 사회생활의 과정에서 지켜야 하는 행위에 관한 당위의 법칙을 말한다.

이해관계 충돌 ➡ 질서유지에 필요 ➡ 사회규범 등장

1) 법

법은 법의 개념에서 살펴본 것과 같이 내용과 집행의 방법을 명확하게 제도화시켜 놓은 규범으로 국가에 의해 강제되며 인간의 외적인 행위를 규율하는 것이다.

2) 관습

관습은 어떤 사회에서 오랫동안 지켜 내려와 그 사회 성원들이 널리 인정하는 질서나 풍습을 말한다. 이는 관행, 일반관행, 사실인 관습으로도 부른다. 법률적으로는 법률인 관습과 사실인 관습이 있는데 법률인 관습은 관습법(customary law)이라고 부른다.

관습법은 사회의 거듭된 관행으로 생성한 사회생활 규범이 사회의 법적 확신과 인식에 의하여 법적규범으로 승인·강행되기에 이른 것을 말하고, 사실인 관습은 사회의 관행에 의하여 발생한 사회생활규범인 점에서 관습법과 같으나 사회의 법적 확신이나 인식에 의하여 법적 규범으로서 승인된 정도에 이르지 않은 것을 말한다. 관습법은 법원으로서 법령과 같은 효력을 갖는 관습으로서 법령에 저촉되지 않는 한 법칙으로서의 효력이 있는 것이다.

사실인 관습은 법령으로서의 효력이 없는 단순한 관행으로서 법률행위의 당사자의 의사를 보충함에 그치는 것이다. 법령과 같은 효력을 갖는 관습법은 당사자의 주장이나 입증을 기다림이 없이 법원이 직권으로 이를 확정하여야 하고 사실인 관습은 그 존재를 당사자가 주장 입증하여야 하나 관습은 그 존부자체도 명확하지 않을 뿐만 아니라 그 관습이 사회의 법적 확신이나 법적 인식에 의하여 법적 규범으로까지 승인되었는지의 여부를 가리기는 더욱 어려운 일이므로 법원이 이를 알 수 없는 경우 결국은 당사자가 이를 주장 입증할 필요가 있다. 사실인 관습은 사적 자치가 인정되는 분야, 즉 그 분야의 제정법이 주로 임의규정일 경우에는 법률행위의 해석기준으로서 또는 의사를 보충하는 기능으로서 이를 재판의 자료로 할 수 있을 것이나 이 이외의, 즉 그 분야의 제정법이 주로 강행규정일 경우에는 그 강행규정 자체에 결함이 있거나 강행규정 스스로가 관습에 따르도록 위임한 경우 등 이외에는 법적 효력을 부여할 수 없다. 일반관행은 사실인 관습인데, 이 일반관행이란 객관적 요건에 법적확신이라는 주관적 요건이 만족되면 관습법이 성립된다. 국내관습법의 인정에 대해서는 통설과 판례가 법적확신을 필수적으로 요구하고 있으며, 국제관습법의 인정에 대해서도 동일하다. 다만, 국제관습법의 인정사례에서는 많은 국제사법재판소의 판례에서 일반관행만으로 법적확신을 추정하여 별도로 법적확신을 심사하지 않고 바로 일반관행만으로 국제관습법의 성립을 인정하기도 한다(https://ko.wikipedia.org/wiki/관습).

3) 도덕

도덕은 옳고 그른 것을 확립하기 위해 행동과 평가의 모델로 작용하는 사회에 존재하고 수용되는 일련의 규범과 가치기준 그리고 신념이다. 즉 도덕은 한 사람이나 사람들의 마음 상태이다. 도덕은 어떤 것이 사회적 차원에서 좋은 것으로 간주되는 것에 속하거나 관련되어 있다는 것을 의미한다. 따라서 구어적이고 일반적인 방식으로 도덕은 사람의 행동과 관련하여 어떤 것이 정확하거나 수용가능 하거나 좋은 것을 나타내며 반대는 부도덕이다. 또한 어떤 것이 법적 질서에 반응하지 않지만 의무와 도덕적 책임과 같은 사회 내의 인간의 가치와 관련된 더 넓은 개념에 속한다는 것을 나타낸다.

4) 종교규범

종교규범은 종교상의 계율이 사회구성원에게 정착된 행위 기준이다. 중세는 신정일치(神政一致)가 행해져 정의는 오직 신의 뜻을 따르는 것으로 생각되었으나 근세 때 정교분리, 세속화가 이루어져서 종교는 인간의 영적인 문제만 다루게 되었다. 종교의 계율을 지키지 않으면 파문 등으로 구원을 거부할 뿐 직접적 제재는 없다.

4. 법의 목적

플라톤과 아리스토텔레스는 **법의 목적을 정의를 원칙으로 한 도덕생활의 실현**이 법의 목적이라고 하였으며, 칸트는 **도덕적인 개인인격의 확보를 위해 봉사하는 것**이라고 하였다. 그러나 루소는 **개인의 자유, 평등을 확보하고 발달시키는 것이 법의 목적이다**라고 하였으며, 피히테는 **법은 민족의 유지 발전을 목적으로 한다**고 하였다. 벤덤은 **법이 최대다수의 최대행복을 목적으로 하는 것**이라고 하였으며, 예링은 **법이 사회이익을 확보하는 것을 목적**으로 한다고 주장하였다. 이러한 주장은 사회복지학적 의미를 지닌 정의라고 할 수 있다. 결과적으로 법의 공통된 목적은 사회정의 실현, 합목적성, 법적 안정성, 사회질서의 유지를 의미한다.

1) 사회정의 실현

법이 가지고 있는 궁극적인 목적은 사회정의를 실현하는 데 있다. 여기서 말하는 사회정의란 공동체를 구성하는 모든 사람에게 기본권이 보장된 상태 그리고 자신이 받아야하는 대가를 받으며 공동체 안의 불평등이 존재하지 않는 평등한 상태 등을 의미한다. 사회정의의 실현에서 정의는 이성을 갖는 개인이나 집단이 추구할 수 있는 가치로서 법을 통해 이러한 가치를 추구하며 사회정의는 모든 사람에게 기본권이 보장된 불평등이 없는 상태이다. 즉 법이 추구하는 궁극적인 이념으로 사회를 구성하고 유지하기 위해 사회구성원들이 공정하고 올바른 상태를 추구해야 한다는 가치이다.

아리스토텔레스는 <표 2-1>과 같이 정의를 평균적 정의와 배분적 정의로 나누고 있다. 평균적 정의는 형식적·절대적 평등이며 배분적 정의는 실질적·상대적 평등으로 "**같은 것은 같게, 다른 것은 다르게**"라는 의미를 내포하고 있다. 그러나 평균적(절대적) 정의와 배분적(상대적) 정의는 대립적이고 흑백의 논리를 지양하고 기회의 평등과 결과의 평등을 조화시켜 사회불안을 해소하여야 한다.

〈표 2-1〉 정의의 개념

정의	개념
평균적 정의	모든 인간을 동등하게 취급, 같은 것은 같게(형식적·절대적 평등)
배분적 정의	능력과 공헌도에 따라 차등 취급, 다른 것은 다르게(실질적·상대적 평등)

정의의 여신상(고대 그리스여신 디케) - 유스티치아(Justitia : 로마 신화)	
저울	형평성
칼	강제성
눈가림	편견, 사심 없음

출처 : https://barbaraperezlaw.com/es/

2) 합목적성

합목적성의 경우 법은 국가와 사회가 추구하려는 가치에 합치되어야 하며 법이 실현하는 가치는 자유, 국가번영, 사회문화 가치 및 질서 등을 추구하고 유지하며 봉사한다. 합목적성은 공공복리라고 할 수 있다. 이는 법이 따라야 할 가치 또는 기준으로 자유방임주의 시대에는 개인의 자유를 최대한 보장하는 것으로 삼았으며 독일 나치 히틀러 시대에는 개인보다 국가와 민족을 강조하였고 현대 복지국가 시대에는 개인의 이익과 사회의 공공복리 증진을 그 목적으로 삼고 있다는 것이다. 따라서 법은 각 국가와 사회가 추구하는 이념과 가치에 맞게 제정되어야 한다. 즉 국가의 질서유지와 국민의 자유와 권리를 보장하여야 한다는 것이다.

3) 법적 안정성

법적 안정성은 법에 의해서 보호되고 보장되는 사회생활의 안전이나 안정성을 뜻한다. 이러한 안정성을 확보하기 위해서는 사람들이 법의 존재와 내용을 명확하게 알 수 있어야 하며 자주 바뀌어서는 안 되고 실효성이 있어야 한다. 법적 안정성은 법의 보호에 의하여 사람들이 안심하고 사회생활을 할 수 있도록 하는 상태를 법적 안정성이라 하며 법질서가 동요됨이 없이 행위의 옳고 그름 그리고 권리의 보호와 책임 등이 일반 국민에게 확실하게 알려져 있어야 국민들이 법의 권위를 믿고 안심하게 행동할 수 있다. 법적 안정성이 유지되기 위해서는 다음 사항이 요청된다.

첫째, **법은 명확해야 한다.**
둘째, **법은 규정된 대로 실제로 행해져야 한다.**
셋째, **법은 함부로 변경되어서는 안 된다.**
넷째, **법은 국민에게 합당하여야 한다.**

결과적으로 법은 너무 엄하다거나 국민의 정의감에 반한다면 법적 안정성은 없어지게 된다(김훈, 2008).

4) 사회질서 유지

사회질서 유지에서 법은 사회공동체를 형성하고 있는 구성원들이 자신의 기능을 수행하면서 역할을 하도록 하며 질서를 해치는 성원들에게는 강제성을 통해 규제하는 것을 말한다. 법은 공동체 유지에 있어서 사회질서의 유지를 목적으로 한다. 사회질서는 사회적인 과정에서의 일관성과 사회의 각 부분들이 각자의 기능을 수행하기 위해 균형과 조화를 이루는 상태를 말한다.

5. 법의 기능과 역할

우리는 일상생활을 살아가면서 항상 법의 적용을 받고 있다. 그럼에도 불구하고 법이 무엇인지에 대해서는 아직도 명확한 답을 가지고 있지 않다. 영국의 법철학자인 하트(H.L.A Hart)는 우리가 **코끼리를 보면 그것이 코끼리인 줄은 쉽게 알지만 코끼리란 무엇인지를 설명하기 어려운 것**과 같이 법의 개념을 정의 내리는 것은 어려운 일이다라고 하였다. 또한 칸트(I. Kant)도 **하나의 정의를 내리는 것은 아름다우나 때로는 매우 어려운 일**이며 법학자는 아직도 법의 개념을 찾고 있다고 이야기하였다. 그만큼 법의 개념을 일의적으로 정의하는 것이 어렵다는 의미일 것이다.

현대사회를 살아가는 우리의 삶과 법은 밀접한 관련을 가지고 있다. 우리는 항상 법을 의식하면서 행위를 하고 있고 법이 우리를 보호해줄 것이라는 믿음을 가지고 생활하고 있다. 이웃과 갈등이 생겼을 때도 항상 법에 기대어 문제를 해결하려 하고 억울한 경우에는 법이 잘못되었다고 비난하기도 한다. 이처럼 법은 우리 사회에서 필수적인 요소이며 법이 본연의 역할과 기능을 하지 못하는 경우 우리 사회는 혼란에 빠지게 된다.

다음에서 법의 기본적 주요 기능으로 보장적 기능, 통제적 기능, 분쟁해결적 기능과 역할에 대해 살펴보기로 한다.

1) 보장적 기능과 역할

법의 보장적 기능으로 로크(J.Locke, 1632~1704)는 자신의 권리를 효율적으로 누릴 수 있기 위해 법과 정부가 필요하다고 하였다. 즉 법은 사회구성원인 개인의 권리를 보호하는 기능을 하고 있다. 현대 법률의 경우는 개인의 권리 보호를 가장 중요한 기본원칙의 하나로 보고 있으며 구체적인 법률을 통해 이를 실현하고 있다. 타인의 행위로 인해 억울하게 자신의 권리가 침해당할 때 이를 구제하기 위해 형사처벌이나 손해배상책임 등을 규정하고 있는 것도 바로 법의 보장적 기능의 발현이라고 할 수 있다. 특히, 법은 인간이기 때문에 당연히 누려야 할 기본적 권리인 인권을 보장하는 역할을 한다. 인간으로서의 존엄과 가치, 행복, 자유는 당연히 보장받아야 할 인권임에도 국가권력에 의해 침해받는 예가 많다. 인간은 오랜 시간 투쟁을 통해 개인의 존엄성과 인권을 확보하였고 이를 항구적으로 보장하기 위한 방안으로 법치주의를 선택하였다. 법치주의는 권력자의 자의적인 판단에 의한 통치를 배제하고 사회구성원이 사전에 동의한 법원칙에 의한 통치를 의미한다. 궁극적인 목적은 인권의 보호에 있으며 인권은 법치주의에 의해 보호받게 되는 것이다. 즉 법은 인간의 기본적 인권을 비롯한 권리를 보장하는 기능과 역할을 수행하고 있는 것이다.

2) 통제적 기능과 역할

법의 통제적 기능으로 사회는 다수의 개인들로 구성되어 있으며 모든 개인은 각기 나름의 목적을 가지고 생활하고 있다. 많은 사람들이 동일한 이해관계를 가질 수 없으며 각각의 이해관계가 충돌하는 경우 갈등이 발생할 수밖에 없다. 따라서 개인의 권리라고 하여도 마음대로 하는 것은 허용되지 않으며 주변 사람들과의 조화를 고려하여야 한다. 예를 들면, 흡연이 개인의 권리라고 하여도 많은 사람들이 밀집한 지하철 내부에서 담배를 피우는 것을 허용할 수는 없는 것이다. 이처럼 법은 개인의 권리라고 하여도 다른 사람들과의 조화를 고려하여 일정 정도 통제를 하는 통제적 기능이 있다. 법의 통제적 기능은 개인뿐만 아니라 국가에 대해서도 적용되며 특히, 국가권력 행사의 남용에 대한 통제와 개인의 권리구제는 개인의 기본권보장 역할과 직접 관련되는 문제이기도 하다.

3) 분쟁해결적 기능과 역할

법의 분쟁해결적 기능으로 다수의 구성원이 함께 살아가는 사회에서 구성원의 갈등이 발생하는 것은 필연적인 현상이다. 이러한 갈등이 원만하게 해결되지 않는 경우 전쟁과 같은 분쟁으로 확대되고 결국은 사회전체가 붕괴되는 결과를 가져올 수 있다. 법은 이러한 사회적 갈등을 원만하게 해결하고 이를 통해 사회의 안정적 유지를 위한 분쟁해결적 기능을 담당하고 있다. 현대사회의 많은 법률들은 개인 간에 발생하였던 또는 발생가능한 갈등에 대해 기본적인 원칙을 정하고 있다. 이러한 원칙들은 분쟁을 사전에 예방하고 분쟁이 발생된 경우 이를 해결하는 기준으로 활용되고 있는 것이다. 즉 법은 강제력이 있는 사회적 규범으로서 분쟁해결을 위한 판단기준을 제시하고 분쟁을 해결하는 심판기능을 갖게 된다. 구체적인 갈등이 발생하는 경우 사법부는 법에서 정하고 있는 기준에 근거하여 소송이라는 절차를 통해 쌍방이 수용할 수 있는 합리적 판단을 내리게 되는 역할을 하는 것이다. 국내적 문제는 이러한 사법적 해결로서 종결되지만 국제사회의 분쟁은 그 성격을 달리한다. 이와 관련하여 최근에는 국제적 분쟁의 해결도 일정한 원칙과 기준에 따라 효과적으로 해결하기 위한 노력들이 국제법의 영역에서 이루어지고 있다.

제2절 사회복지법의 이념 및 성격

1. 사회복지법의 이념 그리고 개념

사회복지법의 이념은 **인간다운 생활을 보장**하기 위하여 생존권적 기본권을 실현하고자 하는 것이다. 이는 사회구성원들의 인간다운 삶을 보장하기 위한 제반 사회적 노력에 관련된 행위규범으로서 개인의 사회적 욕구 충족과 복지 증진을 도모하는 제도, 서비스, 정책에 대해 규정한 제반 법규를 총칭한다. 즉 사회복지법이 실현하고자 하는 궁극적 목표를 말하며 복지국가에서 요구되는 사회복지법의 이념은 **생존권적 기본권**(생활권적 기본권, 사회권적 기본권이라고도 한다)의 보장이며 사회복지를 실현하기 위해서 국가나 사회성원이 합의하는 제반 법규이며 헌법의 이념을 구체화한 법이다. 이는 사회복지가 추구하는 사회적으로 평안하고 만족스러운 상태가 되도록 노력하고자 하는 사회복지 정신과 공동사회의 질서유지나 구성원 간의 관계를 규율하고자 하는 법 정신의 융합으로 우리나라 사회복지법은 주로 실정법체계로 되어 있다.

사회복지법은 사회복지와 법의 합성으로 복합적 용어이다. 이는 사회복지에 관한 법으로서 실체법의 성격을 가지면서 그 내용상 사회복지를 다루고 있는 법이다. 그러나 우리나라에는 독일의 **사회복지법전**[3]과 일본의 사회복지 8법과 같이 사회복지법의 통일법전을 갖지 않고 있으므로 개별 사회복지에 관한 법 전체를 일컫는 것으로 볼 수 있다(권육상 외, 2008). 사회복지법의 개념 정의를 위해서는 사회복지의 개념을 어떻게 규정하느냐에 따라 그 범위가 달라지므로 사회복지 개념을 어떠한 수준에서 정의할 것인지를 결정하는 것이 필요하다(표 2-2).

3) 독일은 1970년 기존에 산재되어 있던 각종 사회보장법률을 체계화시키기 의해 사회법전을 편찬하였다. 이후 사회법전은 현재까지 총 13권의 개별법전이 통합법전으로 구성되어 있다. 사회법전은 사회복지관련 모든 개별법을 통합한 통합법전으로 조성하고 있다(최봉석, 2014).

〈표 2-2〉 사회복지의 개념

대표 학자	개념 정의
Friendland & Robert(1980)	사회복지는 국민의 복지에 기본적인 것으로 인정된 사회적 욕구를 충족시키기 위하여 그리고 사회질서의 회복을 위하여 제반 급부를 확보하거나 강화시키는 법률, 프로그램, 급여 및 서비스 체계
Romamyshyn(1971)	사회복지는 개개인과 사회전체의 복리를 증진시키려는 모든 형태의 사회적 노력을 포함하며, 사회문제의 치료와 예방・인력자원의 개발・인간생활의 향상에 직접적인 관련을 갖는 일체의 시책과 과정을 포함

위 <표 2-2>와 같이 사회복지의 개념 정의를 바탕으로 헌법에 명문화된 사회복지 이념을 반영하여 사회복지법의 개념을 정의해 보면, 사회복지에 관한 법으로서 사회관계속에서 인간다운 생활을 보장하고 사회적 정의를 실현하기 위한 공적・사적제도와 정책 등을 규율하기 위한 제반 법규라 할 수 있다. 즉 사회복지법은 모든 국민들이 사회적으로 안녕한 상태, 인간이 존엄성과 가치가 실현되는 상태, 개인의 노동능력, 재산, 성별, 장애, 사고능력 등과 관계없이 개인의 인간다운 삶을 개선 시켜주기 위한 공사의 노력으로 행위규범이 된다(김훈, 2008; 김남식, 최건식, 2010).

1) 생존권

자료: https://hanvalley.tistory.com/295

인간의 가장 원시적인 본능의 하나가 자기보존이며, 따라서 모든 인간은 이런 권리를 국가권력에 의해서 침해당하지 못한다는 사상이 근대 부르주아 혁명기에 싹트기 시작했다. 생존권은 생존, 즉 의식주처럼 생활에 필요한 모든 조건을 확보하기 위하여 이를 요구하고 쟁취하는 권리를 말한다. 생존권은 사회적으로 생존하는 인간으로서의 개인이 자신의 생존이나 생활의 유지 및 발전에 필요한 최소 조건들을 확보해 줄 것을 국가에 요구하는 국민의 기본적 권리이다.

본질적으로 국민의 생존 확보를 국가의 법적 의무로 자각하고 사회적 성격을 가진 국민의 생활보장에 대하여 국가의 책임을 직접적으로 요구할 수 있는 권리이며 1919년 독일 바이마르 공화국헌법에서 최초로 규정하였다.

2) 생존권 이념과 사회복지

자유권과 평등권을 지도이념으로 한 자본주의의 전개는 20세기 이후 생산수단을 갖지 못한 근로자 계층 등에 대하여 인간다운 생존을 위협하게 되어 빈익빈 부익부 현상과 대량실업, 산업재해, 도시빈곤, 노인문제 등이 발생하였다. 이러한 문제는 평균적 인간을 가정한 시민법 원리의 모순이 확대되면서 '**구체적이고 현실적인 인간**'의 실질적인 자유와 평등을 보장할 필요성이 대두되어 사회법이 등장하였다. 그리고 사회복지법은 모든 사회구성원의 최소한의 인간다운 생활을 보장하고자 하는 생존권 보장의 이념이 구체화된 결과로서 헌법상의 생존권 규정에서부터 근거하여 각종 사회복지법에 규정된 사회복지 수급권리가 보편적 권리로서 확립되기 시작하여 복지제도와 복지국가가 발달하였다. 이러한 생존권 이념과 결부시켜 볼 때 사회복지는 사회적으로 평안하고 만족스러운 상태를 의미한다.

3) 생존권적 기본권의 의의

생존권적 기본권은 오늘날 대부분의 국가에서 국민의 기본권으로 규정하고 있다. 국민이 국가에 대하여 생활을 위하여 필요한 조건들을 국가권력이 적극적으로 관여하여 확보해 줄 것을 청구할 수 있는 권리이다. 생활에 필요한 조건은 생존하는데 필요한 기본적 조건이며 의식주와 그 밖의 필요한 용품을 말한다. 헌법 제34조 제1항의 인간다운 생활을 할 권리를 의미하는 주 생존권적 기본권과 교육을 받을 권리, 근로의 권리, 근로자의 단결권 등의 권리, 환경권, 혼인과 가족의 생활보장 및 보건에 관한 권리도 생존권적 기본권에 속하며 헌법에 규정된 생존권 조항들 중 가장 핵심적이고 이념적 기초가 되는 조항이다. 헌법 제34조 제1항은 인간다운 생활을 할 권리의 구체적 실현을 위해 후속 조항에서 국가의 사회복지 의무를 규정하였고 헌법 제34조로부터 직접적으로 사회복지권리가 도출되었다.

인간다운 생활을 보장하기 위한 생존권적 기본권을 실현하기 위한 사회보장은 사회복지법의 실천적 이념이며 사회복지법은 헌법 제34조를 바탕으로 하여 제정한 사회보장기본법이라는 모법(모법(母法), 기본법) 아래 사회보험법, 공공부조법, 사회복지서비스법, 사회복지관련법 등으로 체계화할 수 있는 법들로 구성되어 있다.

4) 생존권적 기본권의 국제적 보장

제2차 세계대전 이후에는 여러 국제기구에서 인간의 생존권 보장을 위한 노력을 선개하여 왔다. 이러한 노력들은 국제연합(UN), 국제노동기구(ILO), 세계보건기구(WHO), 유엔아동기금(UNICEF) 등이 있다. 세부사항은 제5장 제2절에서 구체적으로 살펴보기로 한다.

2. 사회복지법의 의미

사회복지법의 기본적인 법의 의미는 사회가 유지되게 하기 위해 사회구성원들 간의 행동을 규율할 수 있는 일종의 행위 규칙인 사회규범이 필요할 수 있는데 이를 법으로 지정한 것을 말한다. 사회복지법은 사회구성원들이 사회생활을 함에 따라 사회정의를 실현하기 위해 국가의 권력이 일정한 사회적 행위를 당위적으로 해야 할 것이라는 관념이며 이 안에는 행위규범이나 강제규범, 조직규범, 사회규범이 이에 속한다고 이미 살펴보았다.

법은 사회에서 일어나는 모든 사실들을 평가하는 것을 말하며 가치의 유무를 구별할 뿐만 아니라 해야 할 행위와 하지 말아야 할 행위를 판단한다. 또한 이런 행위들을 국가권력이 일정한 제재를 강행함으로서 그 위반사항에 대해서는 일정한 제재를 가하며 강제가 되는 것은 국가적인 규범이라 할 수 있겠다.

사회복지법은 1919년 바이마르헌법에서 최초로 사회복지에 대한 국가적인 의무와 함께 이 안에는 생존권에 관한 조항을 규정한 것으로 국가가 국민의 권리와 의무를 지어야 하며 최소한의 인간답게 살 수 있게 한 법이라 할 수 있다.

일반적으로 사회복지법은 형식적으로 사회법전이 존재하지 않기 때문에 사회보장기본법에 있는 법을 의미한다고 할 수 있다. 예를 들면 국민연금법이나 국민건강보험법, 사회복지사업법, 국민기초생활보장법, 의료급여법, 노인복지법, 장애인복지법, 사회보장기본법, 아동복지법 등이 형식적인 의미로 쓰이는 사회복지법이라 할 수 있다.

실질적으로는 법의 존재형식이나 명칭에 상관없이 법규범의 목적이나 기능, 내용과 같은 것들이 사회연대나 사회통합, 인간다운 생활을 추구하는 행복권 등과 같이 사회복지법 안에 내재하는 공통된 법규를 의미한다고 할 수 있다. 이 안에는 기본가치나 법의 원리에 부합되어져 임금채권보장법, 보호관찰 등에 관한 법률과 같은 법규들을 실질적인 의미에 있어 사회복지 개념 안에 포함된다고 할 수 있다.

결과적으로 형식적이고 실질적인 의미에 있어 사회복지법을 분류하자면 형식적인 사회복지법은 공공부조법, 사회복지서비스법, 사회보험법이 이에 속하며 실질적 의미의 사회복지법은 형식적인 사회복지법을 포함할 뿐 아니라 보호관찰이나 최저임금법 등에 관한 법률이 이에 속한다고 할 수 있다. 그렇다면 실정법상의 분류는 어떠할까? 실정법상의 분류는 사회보장기본법을 기본으로 하여 사회복지법에 대한 정의를 내린다고 할 수 있다. 실정법은 관습이나 판례, 제정법과 같이 경험적이고 역사적인 사실에 의해 만들어지며 특정 시대나 사회에 있어 현실적인 제도로 시행되고 있는 법을 이야기 한다. 즉 현재 시행하고 있는 법들을 실정현행법이라고 하는 것이다. 이러한 실정법은 인간이 제정하기 때문에 완전하지 않은 속성을 지니고 있으며 사회구성원의 따라 또는 사회에 따라 모두 다르며 이는 역사의 발전과 함께 더욱 가변성을 지니고 있는 것이 특징이라 할 수 있겠다. 현재 우리나라의 현행법상 사회복지법은 기본적으로 사회보장법이 이에 속하며 사회보장법 안에는 사회보험법이나 사회복지서비스업, 공공부조법, 사회복지관련제도가 이에 속한다. 이 안에는 세부적으로 또 들어가게 되는데 국민연금이나 공무원연금, 국민건강보험법 등이 있으며 국민기초생활보장법이나 교육 및 주택에 관한 법들도 이에 속한다. 이러한 법들은 시민사회를 전제로 출현하였고 시민법에 기초한다고 할 수 있겠다. 중세 계급사회가 무너짐에 따라 생긴 시민사회는 인간을 어떻게 바라보느냐에 따라 근대 자본주의의 시민사회법의 기초가 되었으며 시민법을 수정, 보완해 사회법으로 등장하게 되었다. 이는 자본주의사회의 양극화로 인해 경제적인 강자와 약자가 나뉘어지고 노사의 대립 등 사회적인 위험을 발생시킴에 따라 공공의 이익을 위해 사회법이 만들어졌으며 이를 더욱 발전시켜 사회복지법이 생겨남에 따라 역사적인 의미를 가진다고 할 수 있겠다.

1) 형식적 의미와 실질적 의미의 사회복지법

(1) 형식적 의미의 사회복지법

형식적 의미의 사회복지법은 사회복지법전이라는 외적 형식을 갖춘 제반 법규를 개념 규정하는 것으로 주로 실정법상 사회복지와 연관된 법규의 모든 법들이 이에 포함된다. 민법전, 형법전과 같은 형식을 갖춘 총괄법전처럼 사회복지법전이 없어도 사회복지 개별법들은 실정법으로 제정되어 법의 존재 형식을 담고 있는 형식적 의미의 사회복지법들이다.

예 사회보장기본법, 사회보험법, 사회복지사업법, 각종 사회복지서비스법, 공공부조법 등

(2) 실질적 의미의 사회복지법

실질적 의미의 사회복지법은 사회복지법전의 유무나 내용에 관계없이 통일적, 체계적으로 파악할 수 있는 법 영역을 말한다. 넓은 의미의 사회복지법은 사회보장의 틀 속에서 전개되는 사회복지정책 또는 사회정책의 실현과 관계되는 모든 법규범을 뜻한다. 좁은 의미의 사회복지법은 사회적·경제적 약자나 보호가 필요한 자를 위한 사회복지 정책 및 사회정책과 관련되는 법규범을 뜻한다. 우리나라의 사회복지법의 경우는 넓은 의미의 사회복지 개념, 즉 모든 국민의 생존권을 확보하고 그 생활을 보장하기 위한 사회보장을 실현하는 것을 내용으로 하고 있다. 따라서 실질적 의미의 사회복지법은 사회구성원들의

인간다운 삶을 보장하기 위한 제반 사회적 노력에 관련된 행위규범으로서 개인의 사회적 욕구 충족과 복지증진을 도모하는 제도, 서비스, 정책에 대해 규정한 제반 법규를 총칭한다. 이는 법의 존재형식이나 명칭에 관계 없이 법규범의 내용, 목적, 기능들이 사회복지의 내용을 담고 있는 법률을 의미한다.

예 노동법, 행정법, 조세법, 민법, 특별법 등

2) 협의와 광의의 사회복지법

(1) 협의의 사회복지법

좁은 의미의 사회복지법은 사회복지의 **선택적, 잔여적, 소극적** 개념으로 나타내는 사회복지에 관한 법이다. 윌렌스키와 르보(Wilensky & Lebeaux, 1958)의 모형구분에서 보면 보충적(선별적) 복지 개념을 따르는 사회복지 법규를 말한다. 사회복지현실 생활에서 어려움을 겪는 사회적 약자와 혹은 요보호 대상자를 위한 한정적인 제반 사회복지정책 및 사회정책을 의미한다.

(2) 광의의 사회복지법

넓은 의미의 사회복지법은 사회복지를 **보편적, 제도적, 적극적** 개념으로 나타내는 사회복지에 관한 법이다. 윌렌스키와 르보(Wilensky & Lebeaux, 1958)의 모형 구분에서 보면 제도적(보편적) 복지 개념을 따르는 사회복지 법규를 말한다. 현대사회에서 인간다운 생활을 유지하기 위해 가족의 기능만으로는 한계가 있으므로 정책적으로 제도화시켜 국민의 보편적 욕구를 충족시키기 위한 제반 법규의 영역이다. 여기에는 물질적, 비물질적인 사회서비스를 제공하는 제반 법률들이 모두 포함되는 것으로 좁은 의미의 사회복지를 **포함한** 사회복지와 관련된 법까지 포괄적으로 규정하고 있는 개념이다.

3. 사회복지법의 법적 성격

전통적인 사회복지개념은 복지를 국가의 시혜로 생각했지만 현대 복지국가에서는 권리의 개념으로 변모되었다. 사회복지법은 사회복지에 특유한 국내법이다. 이 법의 실체는 세 가지 요소를 갖는다. 즉 사회복지에 관한법, 사회법, 국내법이다.

1) 사회복지법은 사회복지에 관한 법이다.

사회복지(social welfare)는 어원적으로 사회적으로 평안하고 만족스러운 상태를 말한다. 사회복지법(social welfare and law)은 '**사회복지+법**'으로 사회복지에 관한 법이다. 사회복지가 추구하는 사회적으로 평안하고 만족스러운 상태가 되도록 규정한 제반 법규를 말한다. 즉 사회복지법은 사회복지를 실현하기 위해서 국가나 사회성원이 합의하는 제반 법규이며 헌법의 이념을 구체화한 법이다. 즉 사회복지는 삶의 질을 향상시켜 인간다운 생활을 보장하려는 생존권적 기본권을 중심으로 하는 사회복지의 조직, 급여, 재정, 권리구제 등에 관한 법이다.

2) 사회복지법은 국가법체계에서 사회법에 속한다.

사회복지법은 생존권 보장을 이념으로 하는 사회법이다. 사회법이 보장하려는 권리인 생존권은 국민이 문화적 수준의 인간다운 생활을 보장받기 위하여 국가에게 일정한 조치를 취해 주도록 요구할 수 있는 헌법적 권리다. 사회법은 시민사회의 자유권 중심적 원리와 자본주의의 결합으로 인한 사회적 모순을 해결하는 과정에서 발달한 법의 영역이다. 사법의 원칙적 존재와 그 고유의 영역을 인정하면서 경제적 약자를 보호하기 위하여 그에 공법적 통제를 가하여 인간의 실질적 평등을 실현하고자 하는 법이다.

3) 사회복지법은 사회복지에 관한 국내법이다.

국내법은 어느 한 나라의 국내에서만 적용되는 법규범을 말한다. 이는 국내법은 국적을 기본으로 하여 대한민국 국민을 대상으로 하며 지리적으로는 대한민국 영토 내에서 적용되는 법이다.

4. 사회복지법의 구성요소

1) 행위 주체

사회복지법상의 행위주체는 국민의 인간다운 생활을 보장하기 위하여 급여를 제공하는 주체를 말한다. 급여는 실체적 의미의 급여뿐만 아니라 그 급여를 가능하게 하는 급여구조인 제도, 시설, 재정, 인적자원 등도 포함한다. 이런 의미의 행위 주체는 국가와 전 국민이 된다.

2) 적용대상

사회복지법상의 적용대상은 좁게는 요보호를 필요로 하는 미자립자들이며 넓게는 일반국민이다. 요보호의 미자립자는 사회의 도움이 없으면 독자적인 삶을 영위할 수 없는 전형적인 복지의 대상자로 연령과 건강, 소득, 장애 등으로 인한 비복지적 문제를 지니고 있는 사람들이다. 사회복지법의 영역에서 보면 사회보장기본법, 국민기초생활보장법, 사회복지사업법 등에 의한 일차적 대상자들이다.

3) 개입의 문제

사회복지법이 다루려는 것은 국민의 복지를 저해시키는 다양한 문제현상들이다. 사회복지법이 관련되는 문제현상은 사망, 장애, 질병, 실업, 저소득, 성매매, 범죄, 정신질환 등 인간다운 생활을 저해하는 모든 것이 해당된다. 사회복지가 개입하려는 문제들은 시대환경에 따라 변화하기도 한다. 법은 사회현상을 반영하는 것이고 사회현상이 변화되어감으로 사회복지의 법도 변화되어 간다. 성매매방지 및 피해자보호등에 관한법률, 가정폭력방지 및 피해자보호등에 관한법률, 일제하일본군위안부피해자에 대한 생활안정지원 및 기념사업 등에 관한 법률, 저출산·고령사회기본법, 한부모가족지원법 등은 한국사회의 변화 및 변동 현상을 반영한 것이다.

4) 목적

사회복지법의 목적은 인간다운 생활의 보장이다. 사회복지법은 생존권을 중심으로 발달하여 왔고 사회법의 영역에서 노동법, 경제법, 사회보장법, 사회복시서비스법 등의 형태로 빌달하거나 이에 포함되어 발달하어 왔다. 사회복지법의 목적을 구체적으로 구분해 보면 다음과 같다.

첫째. **최저생활보장**이다. 사회복지법의 일차적인 목적은 개인을 사회적 위험에서 보호하고 최저수준의 생활을 할 수 있도록 보장하는 것에 있다.

둘째, **사회복지증진과 복지권보장**이다. 국민에게 사회복지권을 구체적으로 실현하려면 입법과정이 전제되어야 한다. 사회복지법은 헌법 제34조 등에서 천명하고 있는 사회복지 욕구를 사회복지법을 통해서 실현하는 목적이 있다.

셋째, **소득재분배**이다. 소득분배의 평등화를 실현하기 위한 각종 제도가 사회복지법에 있다.

넷째, **사회형평과 통합**이다. 부의 불평등을 해소하고 재분배를 통한 사회통합을 실현하려는 목적을 각종 사회복지법들은 담고 있다.

5) 개입방법

사회복지 개입의 필요성은 사회문제로 인한 욕구의 결핍에서 출발한다. 인간의 욕구는 다양하며 기본적인 개입방법으로 화폐적 욕구와 비화폐적 욕구로 구별된다. 화폐적 욕구는 소득적 지원에 의해서 해결될 수 있다. 비화폐적 욕구는 비금전적이며 심리·사회적이며 의존적 성격을 갖고 있기 때문에 해결이 쉽지 않다.

제3절 시민법과 사회법 그리고 사회보장 및 사회복지법 관련 용어

1. 시민법

시민법은 전통적인 봉건주의 질서가 서서히 해체되면서 자본을 바탕으로 한 부르주아 혁명에 의해 탄생한 시민사회를 전제로 하여 출현한 법이다. 시민사회란 18세기 말부터 19세기 초에 중세 봉건사회를 타파하고 자본주의를 확립한 시민계급이 시민혁명을 통해 건설한 새로운 시대를 말한다. 시민사회의 성립 배경에는 경제적 능력과 지식을 갖춘 시민계층이 있었고 사상적 배경으로는 개인의 자유와 권리를 쟁취하기 위한 자연법사상을 이념적 기초로 하였다. 이 시민사회는 상하 신분 체제의 부정, 시민의 천부인권 인정, 자유·평등·독립적 인격을 특징으로 하여 경제적 자본주의와 정치적 민주주의를 확립하는 기초가 되었다.

시민법의 지도원리(원칙)는 첫째, 사유재산원리, 둘째, 계약자유의 원리, 셋째, 과실책임(과실에 대한 자기책임)의 원리이다. 이러한 시민법의 원리는 당시에 자유방임적 경제체제를 옹호하고 지탱하였으나 자유방임적 경제체제는 빈부격차 등의 사회문제를 드러내게 되면서 시민법은 사회법으로 수정될 수밖에 없었다.

시민법은 봉건사회에 대한 시민혁명의 결과물이다. 이는 신분제가 아닌 인본주의를 전제로 하고 개인주의, 자유주의라는 당시의 사상적 배경을 토대로 성장하였다. 시민법은 모든 개인은 태어날 때부터 봉건적, 신분적 제한으로부터 완전히 자유롭고 서로 평등하며 한편으로는 이성적이면서, 이기적인 추상적 개인, 즉 개인을 인격자로 보고 인격절대주의, 자유인격의 원칙을 지향하였다. 이러한 원칙들은 신분에 따라 개인의 인격이 달리 평가받던 봉건사회의 원칙과 매우 대치되는 것들로서 시민법은 봉건사회의 많은 문제점들을 해결해줄 것으로 기대되었다.

다시 한번 살펴보면, 시민법의 주요 원리는 구체적으로 소유권 절대의 원칙(사유재산권 존중의 원칙)과 계약 자유의 원칙(사적 자치의 원칙), 과실 책임의 원칙(자기 책임의 원칙)을 천명하고 있다. 소유권 절대의 원칙(사유재산권 존중의 원칙)은 각 개인의 사유재산권에 대한 절대적 지배를 인정하고 국가나 다른 사인은 이에 간섭하거나 제한할 수 없다는 것이다. 이는 소유권이 왕이나 국가가 개인의 재산을 강탈해서는 안 된다는 의미이다. 계약 자유의 원칙(사적 자치의 원칙)은 개인이 자신의 자유의지에 따라 자유롭게 계약을 체결한다는 원칙이다. 사람은 누구나 합리적인 판단력을 가지고 있으며 개인의 활동에 있어서 국가가 간섭하지 않고 각자의 자유에 맡겨두면 사회는 조화롭게 된다는 생각을 바탕으로 한다. 왕이나 국가가 개인들의 계약에 개입해서는 안 된다는 의미이다. 과실 책임의 원칙(자기 책임의 원칙)은 개인이 타인에게 준 손해에 대해서 그 행위에 고의·과실이 있는 경우에만 책임을 지고 그렇지 않은 경우에는 책임을 지지 않는다는 원칙이다. 과실책임의 원칙에는 시민사회의 새로운 주체, 즉 신흥자본가(부르주아지)의 이익을 극대화하기 위한 의도가 깔려 있다. 신흥자본가들은 산업의 생산과정에서 발생할 수 있는 노동자의 부상과 질병 그리고 사망 등에 대한 책임 부담을 줄일 수 있다는 이점이 있다. 제3장에서 추가하여 시민법의 개념, 인간관 등을 살펴보기로 한다.

2. 사회법

사회법의 등장배경은 자본주의 발전 때문이다. 자본주의의 발전은 시민사회 내 경제적 약자와 강자의 대립 또는 빈익빈 부익부 문제들을 초래하고 사회적 갈등의 확대를 가져왔다. 결국 이러한 문제들을 가족 혹은 지역공동체에서 해결할 수 없게 되자 국가의 사회정책과 경제정책, 노동정책이 등장하고 관련 법률이 입법화되었다.

사회법의 기본원칙은 소유권 행사의 제한과 계약자유의 원칙의 수정, 무과실 책임주의이다. 소유권 행사의 제한은 공공복리를 기준으로 소유권에 대한 제한을 가하게 되는 것이다(예 주택임차). 계약자유의 원칙의 수정은 계약에 대한 국가의 개입으로, 그리고 공공복리·질서유지·신의성실 등의 법리로 하여 계약의 자유를 제한하는 것이다(예 근로계약, 금융계약, 소비자보호법). 무과실 책임주의는 산업사회의 복잡성으로 노동자의 부상, 질병, 사망 등에 대한 과실 책임을 밝히는 것이 어려워지게 되자 과실이 누구의 잘못으로 인한 것인지 따지지 않고 손해배상을 하도록 한다는 원칙이다(예 노동자재해보상, 산업재해보상보험법).

시민법은 산업혁명의 배경 속에서 큰 역할을 수행했지만 시간이 흐르면서 시민법의 3대 지도 원리들이 한계점을 나타내면서 수정될 수밖에 없었다. 이렇게 수정되어 나타난 수정시민법을 사회법이라 한다. 기본적으로 사회법의 3대 지도원리는 시민법의 지도원리를 수정하여 나타나게 된 것이다.

첫째, **사유재산제도는 소유권의 사회성원리로 수정되었다.** 개인의 사유재산을 인정하는 시민법은 그 당시 자체만으로도 대단한 것이지만 산업혁명을 바탕으로 한 초기 자본주의는 가진 자만 일방적으로 부를 갖게 되는 모순을 나타내게 된다. 따라서 사유재산을 존중하되 사회공익을 바탕으로 한 사유재산을 인정하는 방향으로 수정되게 되었다.

둘째, **계약자유의 원칙은 계약의 공정성원칙으로 수정되었다.** 초기 자본주의는 기업윤리도 지금과 같지 않았고 계약자유를 말하지만 실상은 사업주만 일방적으로 유리한 위치에서 계약이 이루어졌다. 따라서 시민법의 이러한 모순은 계약자유를 인정하되 공정한 계약이 되어야 한다는 원리로 수정되어 나타난다.

셋째, **과실책임(자기책임)의 원칙은 무과실책임(집합적책임)원칙으로 수정되었다.** 자신의 잘못한 부분은 자신이 책임지면 된다는 원리가 획기적이기는 했지만 자본주의의 산업현장에서 발생하는 수많은 재해들은 자신이 혼자 책임질 수 없는 현실이 되었다. 따라서 산업재해가 발생하면 사업주나 근로자 모두가 집합적으로 책임을 지고 대응하는 원리로 수정된 것이다. 이것은 사회책임을 일깨웠다는 점에서 의미가 있다.

이상의 내용을 토대로 하여 시민법과 사회법을 비교해 보면 <표 2-3>과 같다. 그리고 시민법의 한계와 사회법의 형성을 제3장에서 좀 더 살펴보기로 한다.

〈표 2-3〉 시민법과 사회법

구분	시민법(근대법) : 자본주의적 법질서	사회법(현대법) : 수정자본주의적 법질서
이념과 사상	자유주의, 자유 방임주의	집단주의, 사회민주주의
경제체제	자본주의 초기(상업, 산업자본주의)	독점자본주의, 수정자본주의
국가의 역할	국가는 시민사회의 질서유지자로서 경제생활에 대해 개입, 간섭, 통제, 조정을 하지 않음.	경제발전을 위해 사전적 개입, 통제, 조정을 하게 됨(시장기구에 대해 통제, 조정, 공공사업을 통한 경기 회복주도).
권리	자유권	사회권(생존권, 복지권)
인간관	평등한 추상적 인간	불평등한 현실적 인간
법원칙(원리)	계약자유의 원칙, 소유권 절대의 원칙, 과실책임의 원칙	소유권 행사의 제한, 계약자유의 원칙 수정, 무과실책임의 인정
관련 법영역	민법, 상법	사회복지법, 노동법, 경제법

3. 사회보장일반에 관한 법

사회보장일반에 관한 법은 사회보장에 관한 법으로 사회보장기본법이 대표된다고 할 수 있다. 사회보장기본법 제3조 제1호에서 **사회보장**이란 출산, 양육, 실업, 노령, 장애, 질병, 빈곤 및 사망 등의 사회적 위험으로부터 모든 국민을 보호하고 국민 삶의 질을 향상시키는 데 필요한 소득·서비스를 보장하는 사회보험, 공공부조, 사회서비스를 말한다. 사회보장기본법은 사회보장제도에 관한 기본사항을 규정하기 위한 법률임과 동시에 사회보장에 관한 다른 개별적 법들의 제·개정의 범위와 방향을 정해 준다. 여기서 헌법 제34조의 이념에 따라 **사회보장의 3대 축을 사회보험, 공공부조, 사회서비스**로 규정하고 있다.

사회보장기본법은 헌법상 생존권 규정과 개별 사회복지법 간의 중간 매개법이다. 헌법에 의한 생존권 보장규정은 궁극적으로는 개별 실정법을 통해서 실현되나 이러한 개별 실정법의 입법지침으로서 헌법은 너무 추상적이므로 헌법과 개별사회복지법들을 연결하는 중간원칙을 담은 법이 필요하다. 사회보장기본법은 헌법의 추상적 규범을 구체화하면서 개별 사회복지법들을 총괄적으로 지배하는 기본법으로서의 의의를 가진다.

여러 사회복지법들의 상위 규범으로서 사회보장기본법은 일반법의 위치에, 개별 사회복지법들은 특별법의 위치에 해당한다. 개별 사회복지법이 우선 적용되나 개별 사회복지법의 내용이 사회보장기본법의 내용을 위배해서는 안 된다.

4. 사회보험법

사회보험법은 사회보험에 관한 법으로 사회보장기본법 제3조 제2호에서 사회보험이라 함은 국민에게 발생하는 사회적 위험을 보험방식에 의하여 대처함으로써 국민건강과 소득을 보장하는 제도를 말한다. 사회보험은 사회적 위험을 보험방식으로 대처하는 것으로 적정한 기여와 적정한 급여, 강제가입, 국가의 관리로 특징되며 노후소득을 대응하기 위한 국민연금보험, 건강문제를 대응하기 위한 국민건강보험, 산업재해를 대응하기 위한 산업재해보상보험, 실업 고용촉진 등을 대응하기 위한 고용보험, 노인 및 치매인구의 요양문제를 대응하기 위한 노인장기요양보험을 실시하고 있다.

보험측면에서 사회보험과 사보험의 유사점과 차이점에 대해 살펴보면 다음과 같다. 유사점으로는 첫째, 사회보험과 사보험은 사회적 위험을 이전하고 정해진 위험을 광범위하게 공동으로 분담한다. 둘째, 사회보험과 사보험은 적용범위, 급여, 재정과 관련된 모든 조건을 구체적으로 명시한다. 셋째, 사회보험과 사보험에서 급여를 받을 자격과 급여량을 정하기 위해서는 명확한 계산이 필요하다. 넷째, 사회보험과 사보험은 운용에 필요한 비용을 충당할 충분한 기여금과 보험료가 필요하다. 다섯째, 사회보험과 사보험은 급여를 받을 때 증명된 욕구에 근거하지 않는다. 여섯째, 사회보험과 사보험은 사회 구성원에게 경제적 안정을 제공함으로써 사회 전체에 유익하게 된다.

사회보험과 사보험이 서로 다른 점은 다음과 같이 정리할 수 있다. 첫째, 사회보험은 강제적 가입이 원칙이나 사보험은 자발적 가입이 원칙이다. 둘째, 사회보험은 최저소득만을 보호하나 사보험은 개인 희망과 개인 지불능력에 따라 더 많은 양의 보호를 받을 수 있다. 셋째, 사회보험은 사회적 적절성을 강조하여 결국 복지 요소에 초점을 두나 사보험은 개인적 적절성을 강조하여 결국 보험 요소에 초점을 둔다. 넷째, 사회보험급여를 제공하는 근거는 법에 명시되어 있으나 사보험 급여를 제공하는 근거는 계약에 있다.

사회보험제도의 내용은 적용대상을 어떻게 파악하느냐와 급여를 어떤 것을 얼마만큼 제공할 것인가 등에 따라서 달라진다. 사회보험법에 속하는 법은 국민연금법, 국민건강보험법, 산업재해보상보험법, 고용보험법 등이 있다. 이러한 사회보험법의 설정은 그 대상과 함께 사회적 위험에 대응해서 발전된 것으로 풀이된다.

사회보험법의 사회보험은 다른 사회보장제도와 몇 가지 점에서 다른 특징을 지니는데 예를 들면 첫째, 사회보험은 강제가입을 법에 규정하고 있다. 둘째는 사회보험은 일종의 방빈적 소득보장의 의미를 가진다. 셋째, 사회보험은 정기적으로 가입자가 내는 기여금으로 재원이 조달되는 경우가 많고 여기에 따라서 급여가 제공된다. 넷째, 사회보험은 보험급여 등 모든 시행이 법적으로 규정되어 있으므로 기계적 자동적으로 처리된다. 따라서 급여 자격, 시기, 급여 수준 등이 법적으로 규정되어 있고 이를 변경하기 위해서는 법의 개정절차를 따라야 한다. 다섯째, 사회보험은 비영리적 국가사업이다. 여섯째, 사회보험은 소득재분배와 국민 통합이라는 정책적 목표를 향하여 추진된다.

5. 공공부조법

공공부조의 개념과 범위는 제도의 역사적 변천과 나라마다 재정 등 제 환경에 많은 영향을 받아 왔다. 공공부조법은 빈곤이 사회문제로 대두된 이래 오랫동안 국가가 빈곤문제를 해결하기 위한 시책으로 시행되어 왔다. 공공부조가 일찍이 발전하기 시작한 서구에서는 빈곤문제를 해결하기 위한 노력이 종교기관과 민간에서 자선적 또는 구호적 차원에서 이루어져 왔다. 그리고 종교개혁 이후 쇠잔해 지다가 구빈법 제정으로 구빈법에 기초하여 공적인 차원에서 조세를 재원으로 하는 공공부조제도가 실시되었다. 공공부조법은 사회보험법, 사회복지서비스법, 사회복지관련법과 더불어 사회복지법제와 실천의 중요한 위치를 차지하고 있다.

공공부조는 사회보장제도의 하나로서 자력으로 생계를 영위할 수 없는 자들로 하여금 그들이 자력으로 생활할 수 있을 때까지 국가가 책임지고 재정자금으로 도와주는 일종의 구빈제도이다. 즉 국가 및 지방자치단체가 생활유지 능력이 없거나 생활이 어려운 국민의 인간다운 최저생활을 보장하고 자립을 지원하기 위한 강제규범이며 행위규범이고 조직규범이며 사회규범이다. 공공부조법의 특징으로는 다음과 같다.

첫째, **공적인 프로그램**이다라는 것이다. 이는 민간에서 행해지는 사적인 부조와 수행 주체가 다른 공적인 프로그램이다.

둘째, **선별적 프로그램**이다. 이는 모든 국민을 대상으로 차별없이 제공되는 보편적인 프로그램이 아니라 엄격한 자산조사와 상황조사를 거쳐 선별하는 선별적 프로그램이다.

셋째, **보충적제도**이다. 이는 사회보험이 제1차적인 사회안전망의 역할을 하는데 반해 공공부조는 제2차적 사회안전망의 역할을 수행한다.

넷째, **최저생활을 유지**할 수 있도록 보호해주는 제도이다.

다섯째, 필요한 조세는 **일반조세수입**으로 충당 한다. 즉 수혜자들은 자신이 별도로 경제적인 기여를 하지 않는다. 결과적으로 재분배의 기능을 한다.

여섯째, **구분처우**를 한다. 이는 근로능력이 있는 자와 없는 자를 구분해서 다른 혜택을 제공한다.

일곱째, **사회통제**의 특징이 있다. 사회적 불안기에는 수혜대상자를 증가시키고 급여수준을 상향시켜서 불만계층의 욕구를 해소시켜 사회적 불안을 통제한다. 공공부조와 사회보험의 차이점을 살펴보면 <표 2-4>와 같다.

〈표 2-4〉 공공부조와 사회보험의 차이점

구분	공공부조	사회보험
수혜대상	절대빈곤층	일정요건을 갖춘 모든 국민
재원	일반조세수입	수혜자의 기여금과 사용자 부담금
재분배기능	강하다	약하다
전략	고통 완화 전략	사고 예방 전략
노동관련	수혜자의 노동과 관련 없이 급여가 행해짐	급여가 수혜자의 과거 노동과 관련

공공부조법은 공공부조에 관한 법으로 우리나라 사회보장기본법 제3조 제3호에서 **공공부조**라 함은 국가 및 지방자치 단체의 책임하에 생활유지 능력이 없거나 생활이 어려운 국민의 최저생활을 보장하고 자립을 지원하는 제도를 말한다. 즉 공공부조는 사회보장제도의 하나로서 자력으로 생계를 영위할 수 없는 자들로 하여금 그들이 자력으로 생활할 수 있을 때까지 국가가 책임지고 재정자금으로 도와주는 일종의 구빈제도이다. 사회보험으로 안전망을 구축할 수 없는 대상층에게 국가가 조세를 통해 소득, 건강, 각종 위급상황에 대응하는 제도이다. 공공부조제도는 생활이 곤란한 자에 대한 최저생활보장과 생활이 곤란한 자의 자립을 조장하는 두 가지 측면의 목적을 가지고 있다.

6. 사회복지사업법

사회복지사업법은 사회복지사업에 대한 기본적 사항을 규정하여 그 운영의 공정적절을 기함으로써 사회복지의 증진을 도모함을 목적으로 1970년에 제정되었다. 이후 여러 차례 개정을 거치면서 사회복지사업을 담당하는 사회복지법인 및 사회복지시설의 설립과 운영, 관리에 관한 사항을 규정하고, 지역사회복지의 체계를 구축함으로써 사회복지서비스의 전문성과 효율성을 재고하는 것을 주요 내용으로 하고 있다.

사회복지사업법은 사회복지사업에 관한 기본법으로서 사업의 구체적인 내용 및 절차는 사회복지사업법 제2조 제1항에 열거된 개별 법률의 내용에 따르지만 사회복지법인 및 시설의 설립과 운영, 사회복지서비스의 제공에 관해서는 이법의 내용을 따르도록 되어 있다. 즉 이법은 사회복지법인 및 사회복지시설에 관한 기본법인 동시에 사회복지서비스 제공에 관한 기본법이라 고 할 수 있다.

사회복지사업법은 사회복지사업 및 사회복지서비스에 관한 법으로 사회복지사업법에서 **사회복지사업**이란 사회복지사업법 제2조 제1호(개정 2017. 10. 24) 각 목의 법률에 따른 보호·선도 또는 복지에 관한 사업과 사회복지상담, 직업지원, 무료숙박, 지역사회복지, 의료복지, 재가복지, 사회복지관 운영, 정신질환자 및 한센병력자의 사회복귀에 관한 사업 등 각종 복지사업과 이와 관련된 자원봉사활동 및 복지시설의 운영 또는 지원을 목적으로 하는 사업을 말한다. 각목의 법률은 공공부조제도를 포함해서 총 28개로 규정된 법률로 구성되어 있다. 각 목은 각종 사회복지시설의 운영과 사회복지서비스사업들을 지원하고 있는 법이다.

7. 사회복지서비스

사회복지사업법 제2조 제6호에서 **사회복지서비스**는 국가·지방자치단체 및 민간부문의 도움을 필요로 하는 모든 국민에게 상담, 재활, 직업 소개 및 지도, 사회복지시설의 이용 등을 제공하여 정상적인 사회생활이 가능하도록 제도적으로 지원하는 것을 말한다. 일반적으로 사회복지서비스는 개인적 기능과 적응상의 문제가 있는 가족과 개인에게 원조를 제공하는 등 사후적 성격에 초점을 두고 있다. 사회복지서비스는 도움이 필요한 모든 국민을 대상으로 하며 경제적 능력이 있어도 도움이 필요하다면 사회복지서비스의 대상이 될 수 있다. 사회복지서비스는 내용적으로 경제보장과 더불어 비경제적 보장을 내용으로 하고 있으며, 특수적, 구체적, 개별적으로 개인이나 가족문제에 대응하는 기능적 특징을 가지고 있다.

8. 사회서비스

사회보장기본법 제3조 제4호에서 **사회서비스**는 국가·지방자치단체 및 민간부문의 도움이 필요한 모든 국민에게 복지, 보건의료, 교육, 고용, 주거, 문화, 환경 등의 분야에서 인간다운 생활을 보장하고 상담, 재활, 돌봄, 정보의 제공, 관련 시설의 이용, 역량 개발, 사회참여 지원 등을 통하여 국민의 삶의 질이 향상되도록 지원하는 제도를 말한다. 사회보장기본법의 개정(2012.1.26.)을 통하여 종래의 **사회복지서비스 및 관련 복지제도**가 인간다운 생활보장과 국민의 삶의 질 향상을 지원하는 제도를 포괄하는 개념을 가진 사회서비스로 대체된 것이다. 사회서비스는 서민 중산층까지 대상을 확충했고 서비스 내용도 범위를 확충하였으며 재가서비스까지 확대하였다(표 2-5).

〈표 2-5〉 사회복지서비스와 사회서비스

유 형	사회복지서비스	사회서비스
서비스 대상	수급자 등 빈곤계층	서민과 중산층까지 확대
서비스 내용	기본적 생활보장서비스	국민의 일상생활지원 등
재정지원 방식	공급자(기관)직원	수요자 지원방식 병행
비용부담	정부지원 중심	본인 일부 부담 도입
서비스 제공방식	시설보호 중심	재가서비스까지 확대

9. 평생사회안전망

사회복지학계에서는 사회안전망을 사회보장제도와 유사개념으로 사용하여 왔으며 사회보장 제도가 갖는 사회적 안전장치로서의 기능을 좀 더 강조하여 지칭하는 것으로 사용하여 왔다. 이러한 시각에서 보면 일반적으로 사회안전망이란 사회구성원들이 삶의 주기에서 겪을 수 있는 다양한 위험들에 대하여 사회적으로 보호해주는 제도적 장치라고 정의할 수 있다. 삶의 주기에서 겪을 수 있는 위험의 범위는 논자에 따라 넓게 규정될 수도 있고 좁게 규정될 수도 있지만, 대체로 노동시장에서의 소득의 중단과 예외적인 지출을 초래하는 것들로 말할 수 있다. 소득의 중단은 노령, 질병, 재해, 장애, 실업, 부양자의 사망으로 인한 부양능력의 상실 등으로 인해 발생하게 되며, 예외적인 지출은 아동 양육과 출산 등으로 발생하게 된다.

삶의 주기에 나타나는 위험들에 대처하는 사회안전망의 가장 큰 목적은 빈곤의 예방 및 빈곤의 제거이다. 즉 시장에서의 소득이 중단되거나 기존의 소득만으로는 감당하기 어려운 지출이 생겼을 때 공적인 보장제도를 통해 빈곤의 상태로 떨어지지 않게 하며 이미 빈곤한 상태에 있는 사람들에게는 최저한의 생활을 유지할 수 있도록 보장해주고 빈곤으로부터 탈피할 수 있도록 도와주는 것이 사회안전망이 지향하는 목표라 할 수 있다. 이때 제공될 수 있는 보장의 내용은 현금 급여를 통한 소득보장과 의료적 치료, 재활서비스 등과 같은 현물급여를 모두 포괄하게 된다. 따라서 사회안전망을 좀 더 구체적으로 다시 정의하자면 삶의 주기에 따라 누구에게나 나타날 수 있는 노령, 질병, 재해, 장애, 실업, 부양자의 사망, 출산, 아동 양육 등의 다양한 위험으로 인하여 빈곤의 상태로 떨어지지 않도록 사회적 차원에서 보장하고 이미 빈곤의 상태에 있는 사람들에게는 최저한의 생활을 보장하여 빈곤으로 붙어 탈피하게끔 하고자 하는 각종 제도적 장치라고 할 수 있다.

사회보장기본법 제3조 제5호에서 평생사회안전망은 생애주기에 걸쳐 보편적으로 충족되어야 하는 기본욕구와 특정한 사회위험에 의하여 발생하는 특수욕구를 동시에 고려하여 소득과 서비스를 보장하는 맞춤형 사회보장제도를 말한다. 사회안전망은 광의로 볼 때 모든 국민을 실업, 빈곤, 재해, 노령, 질병 등의 사회적 위험으로부터 보호하기 위한 제도적 장치로서 사회보험과 공공부조 등 기존 사회보장제도에 공공근로사업과 취업훈련 등을 포괄한다. 이러한 사회안전망의 목적은 모든 사회적 위험에 대한 포괄성과 사회구성원 모두에게 적용되는 보편성을 실현하고 국민복지기본선(National Welfare Minimum)을 보장하는 데에 있다. 즉 주거와 의료, 생계보호, 보육 그리고 복지시설 서비스 등 복지욕구 전반에 걸쳐 국가가 공적 사회보장제도를 통해 보장해 줄 수 있는 급여수준을 설정하는 것으로 사회보험과 공적부조 및 사회복지서비스 부문에 있어서 일정수준 이하인 기존 제도의 급여를 기본적인 선으로 끌어올려야 한다는 것이다. 평생사회안전망은 이러한 사회안전망을 평생의 생애주기에 걸쳐 보편적으로 충족될 수 있는 안전망을 구축한다는 의미이다.

참고 '가두는 법(法)'과 '거두어야 할 법(法)'

'法'자에서 '갈 거(去)'자의 전서인 '厺'자는 어떤 통에 무엇인가를 거두어 덮어두거나 치워둔다, 혹은 사람을 통에 넣어 (물에)버린다.'라는 뜻으로 해석되고 있다. 또한 '法'자의 삼수변으로 남아 있는 물(水)은 그 짐승을 가두어 두기 위해 물로 둘러싸는 호(濠:해자 호)를 나타냈던 것으로 밝혀졌다. 지금의 법(法)자는 최초의 법(法)자에서 그 짐승만을 생략한 글자가 되지만, 아직도 또 다른 '법 법(灋)'자로 같이 남아 있으며 그 짐승(廌: 진기한 외뿔 양) 역시 청나라 때 까지만 해도 궁정에 그냥 남아 있었다고 한다. 따라서 '법'이란 결국 그 짐승(廌: 진기한 외뿔 양)'을 가두듯이 '사람을 가두고 단속하거나, 아니면 물에 넣어 버리는 행위'에서 부터 시작되었다. 그런데 우리는 이 법(法)자를 '법이란 물(水)처럼 자연스레 흘러가는(去) 것으로, 누구든 당연히 따라야 한다.'는 식의 교육을 받아 왔다. 이는 아마도 옛날의 권력자들과 그들을 추종하는 지식인 집단들이 그 '법'을 비호하기 위해 그럴듯하게 꾸며낸 거짓말을 그대로 가르쳐 왔기 때문일 것이다.

출처: http://contents.kocw.or.kr/contents4/document/lec/2012/KonKuk/KimByungJun/1.pdf

03
CHAPTER

사회복지법의 정체성

제1절 사회복지법의 역사적 형성과 특징

1. 시민사회의 출현과 변천

1) 계몽주의와 시민사회 출현

칸트(Kant, 1783)는 계몽이란 무엇인가라는 짧은 글에서 계몽에 대해서 다음과 같이 정의하였다.

> 계몽이란 우리가 마땅히 스스로 책임져야 할 미성년 상태로부터 벗어나는 것이다. 미성년 상태란 다른 사람의 지도 없이는 자신의 지성을 사용할 수 없는 상태이다. 이 미성년의 상태의 책임을 마땅히 스스로 져야 하는 것은 이 미성년의 원인이 지성의 결핍에 있는 것이 아니라 다른 사람의 지도 없이도 지성을 사용할 수 있는 결단과 용기의 결핍에 있을 경우이다. 그러므로 과감히 알려고 하라! 너 자신의 지성을 사용할 용기를 가져라!

17세기에서 18세기 유럽에서 일어난 계몽사상은 인간이 이룩한 문화와 문명에 고취되어 인간의 지성 혹은 이성을 바탕으로 문화와 문명을 진보, 발달시키려는 사상 또는 그러한 행동을 포함하는 적극적인 상태를 가리키는 말이다. 일반적으로 계몽주의는 경험과 이성에 대한 강조 그리고 종교와 전통적 권위에 대한 불신, 자유와 세속성으로의 확대, 민주사회의 점진적 출현을 특징으로 하는 유럽의 사상운동을 말한다. 즉 개인과 사회를 과거의 억압에 묶어놓으려는 낡은 신화를 타파하기 위해 자유롭고 건설적으로 이성을 사용하고자 했던[1] 1720년에서 1780년 사이의 일련의 사상과 태도를 모두 포함한다고 볼 수 있다. 계몽주의의 특징을 보여주는 관념들이 오래전부터 존재했다고 하지만 그것들은 1세기가 되어서야 비로소 혁명적인 힘을 얻었다고 생각하기 때문이다. 모든 전통, 편견, 미신, 비합리적 권위 및 구습 등의 구속과 속박에서 벗어나 선입견에 구애됨이 없이 인간의 이성에 비추어 정치, 종교, 사회의 모든 불합리한 권위에 대한 비판적 합리적 태도를 보급시켜서 사회의 무지한 상태로부터 벗어나게 하고자 한 것이다. 그래서 계몽주의는 인간의 무지몽매함을 깨우치고 이성적 힘으로 모든 것을 판단할 수 있게 하는 합리주의적 사상이며 그 자체가 교육이라고 할 수 있다.

인간의 이성이 절대적인 위치에 서게 된 18세기에 들어서면서 1776년은 애덤 스미스의 자유방임주의 경제사상이 나타났다. 르네상스와 종교개혁을 통하여 봉건적 사조가 몰락하고 계몽주의는 잠재되어 있던 인간의 사고를 행동하는 사고로 일깨우도록 촉진시켰다. 1789년 프랑스 대혁명은 계몽주의가 일깨워준 시민들의 혁명이었다. 절대자 신에게 복종하는 사고가 약화되고 이성적 사고가 주류가 되어 있었다. 이러한 인간의 이성적 사고의 발전은 사회의 모든 영역을 변혁시켰다. 인간의 이성은 과학의 발전으로 나타났고 더 나아가 산업혁명(18세기 중엽 영국에서 시작된 기술혁신과 사회 · 경제의 변화)으로 자본주의가 시작되도록 하였다. 인간은 왕의 절대자 앞에서 또는 신의 절대자 앞에 굴복하는 존재가 아닌 인간 스스로 자유롭게 사고하는 창의성을 가진 인간으로 부각 되었다.

2) 시민법과 시민법의 원리

(1) 시민법의 형성과 원리

시민법은 시민사회를 전제로 하여 출현한 법으로 르네상스와 종교개혁을 통하여 봉건적 사조몰락, 근대적 사상의 도래, 인간의 자유와 창의성을 강조하는

1) 계몽운동은 개인 생활과 사회 생활의 다양한 측면들에 이성의 법칙을 적용하고자 하는 의식적인 노력이었다.

인문주의가 대두되었고 법적으로도 개인주의 속성이 강한 로마법의 영향력이 두드러지게 나타났다. 자연법사상에서 계몽주의, 인본주의가 나오면서 사람들이 시민의 권리를 주장하게 되었고 이를 바탕으로 시민계급이 성장하고 근대 자본주의 시민사회가 형성되면서 시민법이 등장하게 되었다. 따라서 시민법은 시민사회를 전제로 하여 출현한 법이다. 이는 기본적으로 보편적인 상품교환사회이며 상품교환과정에서 나타나는 시민 개개인의 권리와 의무를 보장하는 법체계가 곧 시민법인 것이다.

시민법은 18세기 말에서 19세기 초에 봉건사회의 붕괴와 생성된 시민사회를 지배하는 법을 지칭한다. 시민법의 법형식적 관점에서는 자본가와 노동자는 동일한 법적 지위에 근거하여 자유와 평등을 가지는 것이지만 계약자유의 원칙에서 나타나는 것처럼 열악한 위치에 있는 노동자의 자유는 상대적으로 위축되었다. 시민법적 사상의 바탕에는 자기 자신을 이롭게 하는 마음으로 자유스럽고 완전한 발휘는 궁극적으로 사회 전체의 복지를 증진하고 의식적 자리는 무의식적으로 이타의 작용을 한다고 하는 낙천적 예정 조화의 세계관이 지배하고 있다.

모든 인간은 평등하여 법률에 의하는 경우를 제외하고는 사회적·경제적인 제약을 받지 않으며 법률상의 가능성과 사실상의 가능성은 동일시된다. 따라서 시민사회에 있어서는 법률적 관계의 당사자는 마치 사람과 거울에 비친 영상처럼 상호 간 평등하며 대등하게 된다. 시민법은 각 경제주체의 활동의 자유를 보장함을 그 이념으로 하며 계약자유의 원칙, 소유권 존중의 원칙, 과실책임의 원칙을 그 원리로 한다. 따라서 시민법은 개인의 자유와 평등 이념을 구현하고 자본주의의 원활한 발전을 도모하기 위한 원칙을 지도원리로 삼았다.

(2) 시민법의 개념

자유와 평등 그리고 독립은 인간관계에 고유한 법규범의 체계로서 역사적으로는 자본주의 경제사회의 초기 역사적 단계, 즉 중간적 생산자층이 지배적 구성원이었던 사회의 산물인 것이다. 이러한 시민법의 원칙은 주로 사법 영역에서 발전했다.

첫째, 시민법은 시장경제와 민주주의라는 시민이 주체가 되는 사회의 질서를 유지하고 실현해 나가기 위한 실정법이다.

둘째, 시민법의 원리는 시민사회의 개인은 자유인, 이성인, 의사의 주체자로 자기결정의 원리가 있고 이에 따른 자기 행위에 대한 책임을 질 의무가 있다.

(3) 시민법의 인간관

시민법에서 상정한 새로운 인간형은 이윤추구와 타산으로 일관하는 상인상을 따라 도식화되었다. 새 인간형은 이기적일 뿐 아니라 자기의 이익을 추구하는 데에 아주 영리한 개인으로서 스스로 잘 이해하고 있는 이익만을 추구하며 모든 사회적 구속으로부터 자유롭고 법률적 구속에 대해서는 단지 자신이 이해하고 있는 자기의 이익에 따라 그것을 참기 때문에 그에 복종하는 인간형인 것이다. 이와 같은 인간관을 바탕으로 형성된 근대 자본주의 시민사회의 법을 시민법이라 한다.

시민법의 원리인 계약자유원리에 의해 봉건적 신분의 구속에서 해방된 노동자는 형식적으로 사용자와 함께 독립된 법적 자유와 평등을 갖고 자유의사에 의해 고용계약을 체결하게 된다. 그러나 노동자는 경제적, 사회적 약자이므로 임금, 노동시간, 해고 등에서 경제적 실질적으로 불리하게 된다. 왜냐하면 노동자는 가족의 생계유지를 위해 직장, 임금 등의 노동조건을 자신의 희망대로 선택하기가 불가능하기 때문이며, 또한 노동자에게 법적으로 보장된 퇴직의 자유는 현실적으로 노동자에게 실업과 빈곤의 결과를 가져오는 데 반해 경제적 강자인 사용자는 노동자를 해고할 법적 자유가 보장되어 있고 현실적으로 사용자가 해고권을 사용하지 않는다 하여도 해고 위협에 의하여 노동자를 일을 시킬 수 있는 것이다. 따라서 자본주의가 발전해 감에 따라 임금 등의 노동조건에서 시민법의 계약자유의 원리, 소유권 절대원리 등은 노동자에게 불리하게 작용하여 심각한 빈부격차로 경제적 불평등과 생존의 위협을 받는 한계를 가져오게 되고 노동자는 빈곤, 실업, 질병 등에 빠지는 경제 사회적 모순이 심화됨에 따라 경제적 사회적 약자인 노동자를 보호하기 위해 시민법을 수정하는 사회법이 처음으로 등장하게 된다. 즉 공법과 사법으로 구성된 시민법은 자본주의 발전에 따라 계급 간의 경제적 불평등이 심화되어 가고 이에 따라 노동자의 생존이 위협받는 한계를 가져옴에 따라 이 문제를 해결하기 위해 시민법을 수정하여 제3의 법 영역인 국가가 개입하는 사회법이 등장하게 된다.

2. 시민법의 한계와 사회법의 형성

1) 초기 자본주의에서 시민법의 한계

시민법으로 인한 산업혁명의 탄생은 자본주의의 발전으로 인한 자본의 독점과 편중으로 인한 불평등, 사회계급간의 갈등고조 등 많은 사회문제를 양산하게 된다. 특히, 사회정의를 위해 개인의 자유에 대한 제한 조치가 필요하고 최소한의 자유와 평등이 강조되는 자유와 평등사상의 변화를 가져오게 된다. 그리고 계약자유의 남용을 개선하기 위해 계약의 공정성과 소유권의 비호역할을 한 시민법에 대한 수정이 불가피하게 되고 공공복지에 대한 생존권 이념이 형성되게 된다.

(1) 사회법(수정시민법)의 등장

시민법은 계약자유의 원칙과 소유권 존중의 원칙 그리고 과실책임의 원칙의 한계점을 수정한 수정시민법인 사회법이 등장하게 되었으며 <표 3-1>과 같이 수정되었다. 사회법은 자본주의 발전에 따라 근대 자본주의 시민사회를 유지해온 기존의 시민법, 즉 공법과 사법으로 해결할 수 없는 경제적 불평등의 심화에 따른 노동문제 등의 사회문제가 나타나고 그들의 생존권 요구에 부응하기 위해 시민법을 수정한 새로운 법 영역이며 이 법은 노동법, 경제법, 사회보장법, 사회복지서비스법 순으로 발전해 왔다.

〈표 3-1〉 시민법에서 사회법으로의 수정

시민법	수정방향	사회법(수정시민법)
계약자유 (사적자치)	계약자유를 인정하되 공정한 계약	계약의 공정성
소유권 절대 (사유재산)	사유재산을 존중하되 사회공익을 바탕으로 한 사유재산 인정	소유권의 사회성
과실책임 (과실에 대한 자기책임)	산업재해 발생시 사업주나 근로자 모두가 집합적으로 책임 대응	무과실책임(집합적 책임)

(2) 노동법의 등장

시민법의 원칙이 수정되면서 노동자의 생존권 보장을 위한 근로기준법, 노동조합법, 노동쟁의조정법인 노동3법이 제정되었고 단결권, 단체교섭권, 단체행동권인 노동3권이 확보되었다. 그러나 노동법만으로 해결될 수 없는 생존권 보장을 위해 사회보장법이 등장하게 되었다.

(3) 사회보장법(사회보험법)의 등장

노동자의 사고 증가와 대처능력의 한계로 인한 사회문제 해결을 위해 사회보장법(사회보험법)이 등장하였다. 그러나 보험기여를 할 수 없는 비노동 일반 시민들에 대한 복지문제가 해결되지 않아 사회복지서비스법이 등장하게 된다.

(4) 사회복지서비스법(사회복지사업법)의 등장

사회복지서비스법은 노동법과 사회보장법의 적용을 받지 못하는 대상자와 모든 국민을 서비스 대상으로 하는 보편적 복지를 위해 다양한 사회복지서비스법이 등장하였다. 사회복지서비스법은 사회복지서비스의 제공과 연관되는 법적 규정을 말한다.

제2절 사회복지법 및 관련법 사이의 연관성

1. 사회복지법 상호 간 연관성

1) 사회보장기본법에 따른 상호 연관성

사회보장기본법에서 규정하고 있는 사회보장의 3대 축은 사회보험, 공공부조, 서회서비스이며 3대 축은 서로 밀접한 상호관련성이 있다.

2) 법적 위계에 따른 상호 연관성

최고의 규범인 헌법은 인간다운 생활과 사회보장권 실현을 위해 사회복지법이 형성되며 사회복지법의 총괄법으로 사회보장기본법이 중심축을 이루고 있다.

개별 사회복지법상 법률 > 명령 > 행정규칙 > 자치법규

2. 사회복지법과 타 법과의 관계

사회복지법과 타 법과의 관계는 사회복지법과 헌법, 노동법, 행정법, 민법, 조세법, 경제법과의 유사점과 차이점으로 연관성을 가지고 있다(남기홍, 홍성로, 2020).

1) 사회복지법과 헌법

현행 사회복지법을 지도하는 최고의 법규범은 헌법이다. 사회복지급여가 복지국가행정, 사회국가행정을 표방하고 있고 국가나 지방자치단체의 국민에 대한 의무로써 특히, 행정에 의해서 서비스가 행해지는 시대에 그러한 의무를 규

정해 놓은 헌법의 관계 조항 전체의 의미는 중요하다. 헌법 규정은 사회복지 관련법들의 존립근거가 되면서 동시에 재판의 규범으로서 기능하게 된다. 사회복지법은 헌법의 복지권인 행복추구권과 기본권 등을 구체적으로 표현한 것으로 명확한 수직적 위계구조를 가지고 있다.

헌법은 사회복지법의 가장 중요한 기본적인 법원이며 헌법은 사회복지법을 지도하는 최고 규범이다. 그리고 헌법과 사회복지법은 상위법과 하위법의 관계에 놓여 있는 것이 유사점이다(예 헌법 제34조 제1항에서 모든 국민은 인간다운 생활을 할 권리를 가진다). 차이점으로 헌법에서는 사회복지관련법 조항이 추상적이라는 점이며 사회복지법은 사회복지관련법 조항이 구체적이고 실제적이라는 것이다.

2) 사회복지법과 노동법

사회복지법과 노동법의 유사점은 생존권적 기본권에 기초하여 현대 사회법 원리를 실현하기 위한 법률이라는 것과 규범목적상 동질성을 가진다는 것이다. 그리고 기원적으로 빈민법에 기원두고 상호 연관성을 가진다는 점이다. 또한 노동능력 있는 빈민은 공장법(노동법의 전신)으로 발전하였고 노동능력 없는 빈민은 공공부조법으로 발전하였으며 사회복지법과 노동법은 사회법의 영역에 포함된다는 것이다. 차이점으로 노동법은 근로계약하의 노동자를 보호하는 법으로 노동계약관계를 매개로 하여 노동자의 생존권 실현 목적이다. 이는 노동자와 동시에 노동조합을 대상으로 소득적 소득재분배 성격이 강하며 시민법상의 계약자유의 원칙에 대해 국가 개입을 통해 수정, 보완한 법이다.

사회복지법은 실업, 노령, 질병 등 근로계약의 중단이나 종료시 노동자를 보호하는 법으로 국민의 생존권을 실현하기 위한 법이며 국민 전체를 대상으로 소득재분배를 지향한다. 사회복지법은 계약자유의 원칙을 근본적으로 수정한 법이다. 즉 사회복지법은 복지급여를 통해 전 국민이 생활상의 위험으로부터 인간다운 생활을 보장하는 전 국민의 생존권 실현이나 노동법은 개별적이고 집단적 노동관계 규율을 통해 노동자의 권익을 보호하고 인간다운 생활을 확보한다는 것이다. 대상의 경우에서 사회복지법은 특정화된 수혜자 개개인 또는 가족 대상,

가정, 가계 영위의 생활자, 소비인으로서의 노동자이며 노동법은 단체나 집단도 법률행위 주체로서 자격이 인정된다.

법 관계 측면에서 사회복지법은 국가와 개인 간의 직접적인 급여관계를 토대로 하는 공법관계와 사실적 관계에 기초한다. 반면에 노동법은 자본과 노동간의 사법적 관계와 법률적 고용계약에 의해 형성된 관계이다. 법적 성격으로 사회복지법은 자기책임의 원칙, 즉 집합적 책임의 원리를 중심으로 소유권 절대의 원칙과 계약자유의 원칙을 수정하여 제도적인 방법론으로 포함하고 있으며 노동법은 시민법상의 계약자유의 원칙, 즉 국가가 개입하여 자본가와 노동자의 불평등한 관계를 수정하고 조정하는 법으로서 차이점을 가진다.

3) 사회복지법과 행정법

행정법과 사회복지법은 밀접한 관계가 있다. 유사점으로 행정법은 행정권의 조직과 작용 및 행정구제에 관한 법으로 사회복지법의 대부분이 국가의 주요행정의 일부로 행정관청에 의해 실시되어 왔으며 국가의 강한 입법 의지를 담은 사회정책적 입법이다. 따라서 사회복지법을 급부행정법 중 사회행정법으로 파악한다.

현대국가는 복지국가로 국가에 의해 주도되는 복지행정을 규율하는 법들이 사회복지법이다. 따라서 사회복지법은 행정법적 속성을 지닌다. 두 법은 인간다운 생활의 보장이 국가의 강한 행정행위에 의하여 실현된다는 점이다. 차이점으로 행정법은 국가의 행정권을 확보하는 법으로 급여 주체의 하나인 국가조직과 급여 및 서비스 전달과 절차에 관련된 법이다. 이는 행정법은 급부행정법으로 급여 제공의 주체 입장에서 주체와 대상 간의 급여 전달과정을 규율하는 법이다. 반면에 사회복지법은 사회적 자원의 할당의 원칙과 수급권자의 입장을 보호하는 것이다. 따라서 행정법은 국민의 생존권 확보를 위한 국가의 책임이라는 규범목적을 이행하기 위한 기술적이고 절차적인 법일 때 존재의 의미가 있고 사회복지법상 국가조직과 급여 및 서비스 전달과 절차에 관련된 법으로서 의의가 있다. 이러한 경우에도 수급권자의 상황이 고려되어야 하며 사회복지법상

행정공무원의 행정행위는 일반 행정법적 원칙보다는 사회복지법의 규범력에 종속되어야 하고 사회복지법의 목적에 봉사하는 것이 행정법이어야 한다.

※ 사회복지법은 기본적으로 행정법적 속성을 가지고 있음.

4) 사회복지법과 민법

사회복지법과 민법의 유사점으로 사회복지법에는 민법의 해당 조항을 준용한다는 규정이 많다. 예를 들면, 법인에 관하여 이 법에 규정된 것을 제외하고는 민법과 공익법인의 설립·운영에 관한 법률을 준용한다(사회복지사업법 제32조)는 것이다. 또한 민법 중 친족상속법이 사회복지법과 밀접한 관계를 가진다. 예를 들면, 국민기초생활보장법 제2조 제5호(부양의무자)에서 부양의무자라 함은 제5조의 규정에 의한 수급권자를 부양할 책임이 있는 자로서 수급권자의 1촌의 직계혈족 및 그 배우자를 말한다. 제5조 수급권자의 범위는 수급권자는 부양의무자가 없거나, 부양의무자가 있어도 부양 능력이 없거나 부양을 받을 수 없는 자로서 소득인정액이 최저생계비 이하인 자로 한다. 이는 유추를 통한 방법으로 사회복지법에 규정이 없을 때 사회복지법의 본질적 특성과 규범 목적의 범위 내에서 민법의 규정을 유추하여 적용한다.

민법의 일반원칙이 사회복지법에서도 직접 적용되는 경우로는 관리운영주체의 하자 있는 행위로 수급권자에게 이익이 된 위법한 행정행위를 취소할 때와 사회복지급여에 관한 관리운영주체의 확약이나 의무의 위반, 수급권자의 위법 또는 의무위반으로 인한 권리의 상실 등과 관련이다. 그리고 민법상의 개념이 사회복지 법규의 기초가 된 경우로 민법상의 규정은 사회복지법 해석에 중요한 영향을 미치게 되며 친족상속법의 규정상 친족의 범위가 변경되었을 때와 사회보험의 가입자격을 판단할 때이다. 두 법의 차이점으로 사회복지법은 국가와 개인 간의 법률관계를 규정한 요소가 강한 법으로 공법적 요소가 강하나 민법은 개인 당사자 간의 법률관계를 규정한 법이라는 점이다.

5) 사회복지법과 조세법

사회복지법과 조세법의 유사점으로는 조세법에서는 소득재분배, 소득공제, 조세감면 등을 통해 저소득자 보호 등 사회보장법의 기능을 수행하고 있다. 사회정책의 재원이 조세수입에 의존하므로 사회복지법과 조세법의 관계는 밀접하다. 또한 사회보험의 경우 강제로 부과되는 기여금(보험료)과 직접세인 소득세, 목적세와 양태가 유사하다(예 강제로 부과되는 기여금, 기여금 체납시 국세징수 절차에 따라 압류 등의 조치가 이루어짐).

두 법의 차이점으로는 입법 목적상으로 조세법은 국민으로부터 구체적 대가 없이 조세를 강제 징수하여 불특정 다수의 국민을 위한 사업에 활용하는 반면 사회복지법은 특정화된 개별수급자를 위해 구체적으로 적용된다. 즉 사회보험은 기여한 만큼의 권리가 보호되지만 납부한 세금에 대해서는 청구권적 반대급부권이 없다. 다시 말하면 입법 목적상의 차이로 조세는 국가가 그 경비를 충당하기 위해 일반 국민들로부터 대가없이 강제 징수하여 불특정 다수의 국민을 위한 국가적인 일반 사업에 쓴다. 반면에 사회보험료는 특정화된 개별 수급자에게 급여를 제공하기 위함이다. 즉 인간다운생활의 보장과 최저생활수준의 보장 등의 목적을 구체적이고 개별적으로 실시하기 위함이다.

6) 사회복지법과 경제법

경제법은 경제질서를 유지하고 경제질서의 실질적인 민주화를 꾀하고 근로자를 경제적, 사회적으로 최저생활을 보장하는 측면에서 사회복지법과 공통적인 측면을 가지고 있다. 양법이 국가의 적극적인 개입을 추구하는 것이 사법과 공법의 혼합적인 분야라는 점에서 공통적 성격을 지니고 있다. 결과적으로 사회복지법과 경제법은 근로자의 경제적 사회적 최저생활을 보장하는 측면에서 유사점이 있다.

차이점을 보면, 경제법은 경제정책적 입법으로서의 성격이 강한 반면 사회복지법은 사회정책적 입법으로서의 성격이 강한 편이다. 경제법과 사회복지법은 동질성을 가지면서도 법체계의 이념이나 대상은 차이가 나는 법이며 독자성을 가지는 법이다.

04 CHAPTER 인권, 시민권, 사회복지수급권

제1절 인권의 개념과 역사 그리고 사회복지

1. 인권의 개념

1) 인권의 역동성

출처 : 네이버지식백과(http://terms.naver.com)

인권은 인간으로서의 존엄을 유지하기 위해 필요한 기본적인 권리이며 인간의 가치와 존엄성이 침해되는 상황을 정의롭게 개선하려는 인간의 부단한 노력으로 형성되고 발전되어온 개념이다.

인권은 시대와 사회적 조건에 따라 변화되고 풍부해지는 역동적인 개념이다. 이는 사람이기 때문에 당연히 가지는 권리로서 사람이 사람답게 살아가기 위해서 반드시 누구에게나 보장되어야 하는 권리이며 한 인간의 완전한 인간성을 실현할 권리 그리고 모든 사람들이 인간다운 삶을 누릴 수 있는 권리로 **인류의 가장 아름다운 약속**이다.

인권은 인간의 권리로서 사람으로서 사람답게 살기 위해 요구되는 권리로 인간이 태어날 때부터 인간이기 때문에 자연스럽게 인정되는 권리로 자연권과 천부인권과 동일한 의미이다. 인권은 인종, 국적, 장애, 연령, 성별, 직업을 떠나 인간이면 누구에게나 항구적으로 인정되는 보편적인 권리이다. 타인의 권리나 공동체의 이익을 위해 제한될 수 있으나 누구라도 타인의 인권을 침해할 수 없다는 점에서 개인 불가침 성격을 가진다.

2) 주요 문서에서의 인권

모든 인류는 타고난 존엄성과 평등하고 남에게 넘겨줄 수 없는 권리를 가지고 있다. 이 권리를 인정하는 것이야말로 세계의 자유와 정의와 평화의 기본이 되는 것이다. 인권에 대한 무시와 멸시는 인류의 양심을 짓밟는 만행을 저질러 왔다. 모든 인류가 최고로 바라는 것은 인간이 언론의 양심과 자유를 누리고 공포와 결핍으로부터 자유로울 수 있는 세상을 만드는 것이다(UN, 1948). 인류사회의 모든 사람이 나면서부터 가지고 있는 존엄성과 평등하고 남에게 넘겨줄 수 없는 권리는 인간의 고유한 존엄성에서 나오는 것임을 인정한다(UN, 1966). 또한 모든 국민은 사람으로서 존엄함과 가치를 가지고 있으며 행복을 추구할 권리를 가진다. 국가는 개인이 가지는 침해할 수 없는 기본인권을 확인하고 이를 보장할 의무를 진다(헌법 제10조).

3) 인권의 속성

인권은 법으로 보장되는 권리만으로 한정되지 않는다. 현재 법이 보장하고 있지 않더라도 인간의 존엄성을 보장하는데 필요한 권리라면 인권으로 인정될 수 있다. 인권은 보편적이고 불가분하며 양도할 수 없고 포기할 수 없는 권리이며 다음과 같은 속성이 있다.

첫째, **인권은 기본적이고 필수적인 권리이다.**
둘째, **인권은 보편적이다.**
셋째, **인권은 국가권력의 정당성을 판단하고 국가권력을 제한한다.**
넷째, **인권은 법으로 보장되는 권리 이상의 것이다.**

결국 인권의 속성은 권리주체의 보편성과 권리상대방의 일반성, 도덕적 정당성, 인권대상의 근본성, 실정법에 대한 우선성, 근본적인 도덕적 권리로서의 인권, 제도화를 요구할 수 있는 강한 의미의 청구권으로서의 인권이다.

2. 인권의 역사[1)]

1) 인권의 발전과정

인권의 역사를 이해하는 것은 인권을 이해하는 중요한 방법 중 하나이다. 우리가 누리고 있는 인권이 어떤 과정을 통해 현재와 같은 내용을 갖게 되었는지를 이해하는 것은 각 권리들에 담겨 있는 의미를 제대로 이해하는 방식이기도 하다. 인권을 얘기할 때 가장 먼저 떠올리는 말 중 하나가 '**천부인권**'이다. 천부인권은 왕에게만 독점되었던 권리를 모든 사람에게로 되돌려 준 중요한 근거였다. 중세의 절대왕정을 극복하고 근대로 이양하는 과정에서 천부인권은 왕권에 맞서 인민의 권리를 주창하는 중요한 무기였다. 특히, 기독교적 가치관을 배경으로 하는 서구 정치사상에 있어서 '신'이 부여한 자연권 또는 자연법이라는 울타리는 그 어떤 명분으로도 침범하기 어려운 영역이었다.

왕 또는 국가권력에 앞서 모든 사람이 하늘로부터 부여받은 권리를 갖고 있다는 논리는 인류의 역사를 바꿀 만큼 대단한 위력을 발휘했다. 그런데 이 천부인권은 마치 인권이 '**한 상 제대로 차려져 있는 밥상**' 같다는 느낌을 준다는 것에 함정이 있다. 즉 그 밥상에 숟가락을 얹고 먹기만 하면 될 것 같은 착각에 빠지게 만드는 것이다. 그러나 인권은 험난한 역사적 과정을 거치면서 '**인간의 투쟁**'에 의해 쟁취되어 왔다. 계몽주의 사상가들에 의해 풀어 헤쳐진 선물 보따리의 실상은 밥과 국 정도가 놓여 있는 가난한 밥상에 불과했다. 그 밥상 위에 무엇을 놓고 먹을지는 인간의 선택과 투쟁을 통해 하나씩 하나씩 늘려왔던 것이다. 국가가 함부로 간섭하지 말라는 '**자유**'에서부터 '**사회적 생존**'을 위해 국

1) https://vkdlfl11.tistory.com/485 재구성

가가 적극적으로 개입해야 한다는 것으로, 나아가 집단적인 것도 인권이 될 수 있다는 것까지이다. 오늘날 우리가 누리고 있는 인권이라는 밥상은 인간의 역사에 의해 만들어진 것이다. 그리고 그 역사는 지금도 계속되고 있는 현재진행형이다.

인권의 역사를 이해하는 것은 어디에 초점을 두고 이해하느냐에 따라 맥락이 약간 달라질 수 있다. 인권을 기록했던 각종 문헌을 중심으로 이해하는 방식과 각 권리들이 인정되었던 시대적 배경을 중심으로 이해하는 방식, 그리고 권리의 주체가 확장되었던 사람을 중심으로 이해하는 방식이 있다.

2) 문헌으로 본 인권의 역사

(1) 마그나 카르타(1215)

대헌장이라고도 불리는 마그나 카르타는 1215년 내란의 위협에 직면한 영국의 존 왕이 반포한 것으로 왕이 다른 세력에게 굴복해 작성한 최초의 인권 문헌이다. 존 왕의 실정에 견디지 못한 귀족들이 런던 시민의 지지를 받아 왕에게 승인하도록 한 귀족 조항을 기초로 작성되었다.

출처 : http://mbiz.heraldcorp.com/view.php?ud=20150203000159

마그나 카르타는 본래 귀족의 권리를 재확인한 봉건적 문서였으나 17세기에 이르러 왕권과 의회의 대립에서 왕의 전제에 대항하여 국민의 권리를 옹호하기 위한 최대의 근거로 활용되었다.

(2) 권리청원(1628)

권리청원은 의회와 갈등을 빚고 있던 영국의 왕 찰스 1세를 굴복시킨 중요한 내용을 담고 있다. 신체 자유권의 확인, 상납금의 금지, 의회 동의 없는 과세의 금지, 특별재판의 금지, 이유의 명시 없는 체포나 구금의 금지, 군대의 강제 민박 금지 등 마그나 카르타에서도 이미 확인된 내용이기는 하지만 의회를 통해 중산층의 보편적 자유권에 대한 주장이 반영되었다는 점이 특징이다. 무엇보다도 국왕보다 법이 우위에 있다는 원칙 아래서 의회가 국왕의 권력과 법률적 권위 사이에 명확한 경계선을 그은 시도라는 데 그 의의가 있으며 주권이 왕으로부터 국민을 대표하는 의회로 넘어가게 된 첫걸음이란 평가를 받고 있다.

출처 : https://ko.wikipedia.org/wiki/권리청원

(3) 권리장전(1689)

권리장전은 영국 국민과 의회가 스튜어트 왕가를 상대로 벌인 오랜 투쟁의 산물이다. 제임스 2세가 프랑스로 탈출해 공석이 된 영국 왕위를 윌리엄과 그의 아내 메리가 승계할 때에 의회가 내건 권리장전을 승인하게 된다.

권리장전의 주요 내용은 왕이 법률을 무시하고 특별한 승인 없이 과세를 하거나 평화 시 상비군을 유지하는 행위 등이 불법임을 확인하고 있다. 또한 자유선거의 실시, 언론의 자유 보장, 의회와 재판과정에 대한 왕의 불간섭 원칙을 확인해 절대왕정을 대신하는 입헌군주제가 자리 잡는 결과로 이어졌다.

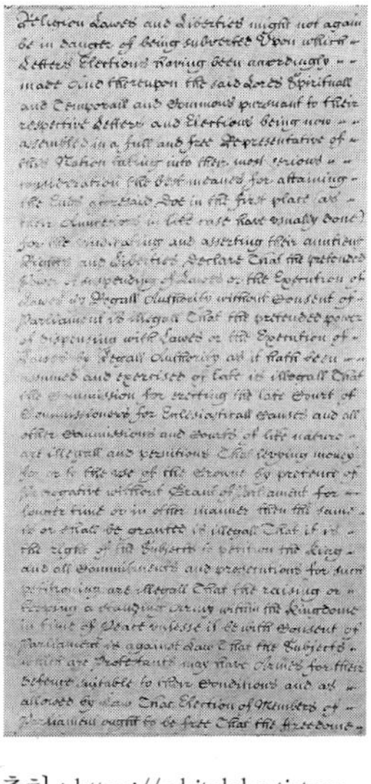

출처 : https://whitelake.tistory.com/204

(4) 미국 독립선언서(1776)

영국 정부는 늘어난 국가 채무 일부를 아메리카 식민지에 부담시키기 위해

설탕법, 인지세법, 타운센트법 등을 제정했다 폐기하기를 거듭했다. 이로 인해 아메리카 식민지인들의 불만이 고조되었고, 결국 1773년의 보스턴 차 사건으로 나타나게 된다. 1776년 13개 식민지가 독립된 공화국을 세우기 시작했고 이들이 모여 대륙회의를 구성하고 독립선언서를 채택하기에 이른다.

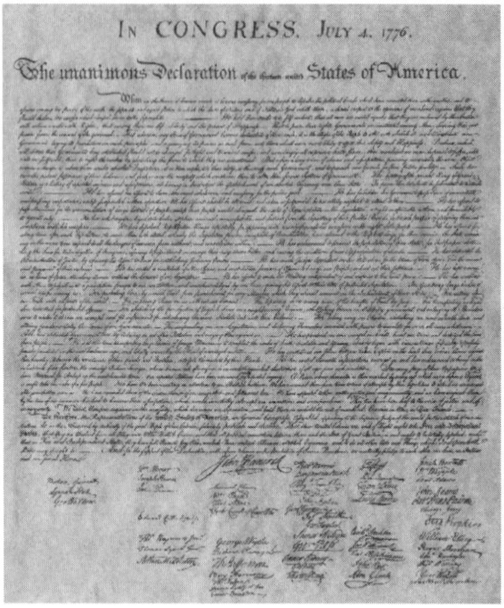

출처 : https://blog.daum.net/gmania65/1336

미국 독립선언서는 식민지에서의 해방을 선언한 것이기도 하지만 영국의 왕으로부터 인간의 권리를 선언한 인권선언으로서의 의미를 갖는다. 독립선언서의 두 번째 문장이 이를 명확하게 확인하고 있다. "**우리는 다음과 같은 사실을 자명한 진리로 확신한다. 모든 인간은 태어나면서부터 평등하고, 창조주로부터 불가양의 권리를 부여받았으며, 그 권리 중에는 생명의 자유와 행복을 추구할 권리가 포함되어 있다.**"

(5) 프랑스 인권선언(1789)

인간과 시민의 권리 선언으로 불리는 프랑스 인권선언은 프랑스 혁명 당시 인간으로서 그리고 시민으로서 누려야 할 권리에 대하여 프랑스 국민의회가 공포한 선언을 말한다. 절대왕정을 붕괴시키고 시민들의 통치를 선언했다는 점에서 다른 인권문헌에 비해 완성된 인권문헌으로 평가된다. 17개 조항으로 구성된 이 선언에서 "**인간은 자유롭게 그리고 평등한 권리를 가지고 태어났다.**"는 것을 기본원칙으로 한다. 기본적으로 천부인권사

출처 : https://qq9447.tistory.com/492

상에 기초하였으며 권력분립, 자연권 사상, 국민주권론, 소유권 불가침의 원칙 등을 담고 있으며 이후 세계인권선언과 다른 나라의 헌법에 영향을 미쳤다.

프랑스 인권선언은 프랑스 대혁명(1789.7.14~1794.7.27)의 산물이다. 절대왕정이 지배하던 프랑스의 구체제를 무너뜨린 것은 면세의 혜택을 누리면서 권력과 부와 명예를 독점하고 있었던 성직자와 귀족에 맞서 무거운 세금을 시달려야 했던 인구의 98%를 차지하고 있던 제3계급(평민)이었다. 7월 14일 아침, 파리 민중들이 혁명에 필요한 무기를 탈취하기 위하여 바스티유 감옥을 습격, 점령하면서 시작된 혁명은 2년간에 걸쳐 프랑스의 전 체제를 전복시켰다. 혁명은 구체제를 무너뜨렸지만, 혁명 후 수립된 공화정이 나폴레옹의 쿠데타로 무너지는 등 굴곡진 정치 상황이 이어졌다. 그러나 역사적으로 프랑스 혁명이 민주주의 발전에 크게 이바지한 점은 부정할 수 없다. 라파예트(1757~1834) 등이 기초한 프랑스 인권선언문은 영국의 권리장전과 미국의 독립선언서와 함께 근대 민주주의 발전을 드러내는 대표적인 문서로 불린다.

(6) 바이마르헌법(1919)

출처 : https://m.khan.co.kr/people/people-general/article/201108102117385#c2b

바이마르헌법은 1919년 8월 11일에 제정된 독일공화국의 헌법을 말한다. 이는 근대법상 처음으로 자유로운 안간임을 넘어 인간다운 생존(생존권)을 명시적으로 보장한 것이었다. 사회보장과 사회복지를 국가의 의무로 규정한 사회국가의 입장을 취했다는 점에서 20세기 현대 헌법의 전형으로 꼽힌다. 비록 이 헌법은 나치가 정권을 잡으면서 실효성을 잃게 되지만 사회권적 기본권을 헌법에 처음으로 도입했다는 점에서 중요한 인권문헌으로 평가된다. 그당시 인류가 만들어낸 가장 자유롭고 민주적인 헌법이자 현대 복지국가의 초석까지 다진 헌법이다. 제1차 세계대전의 패배는 독일에는 재앙이었다. 하지만 그 결과로 만들어진 바이마르헌법은 독일은 물론, 인류 전체에 희망의 빛이 될 수 있었다.

(7) 유엔헌장(1945)

유엔헌장 제1조에서는 유엔을 창설하게 되는 이유를 명시적으로 확인하고 있다. 헌장은 제1조에서 "**경제적·사회적·문화적 혹은 인도주의적 국제문제들을 해결하기 위한 국제적 협력을 얻어 내고 인종, 성별, 언어 및 종교 등에 의한 차별대우 없이, 모든 사람의 인권과 기본적 자유를 존중하도록 장려하고 촉구하기 위해서 유엔을 설립한다.**"고 밝히고 있다. 다시 말하면 2차 세계대전의 참화를 경험한 국제사회가 서로 연대해 유엔을 창설하게 되는 이유는 바로 인류의 인권보장에 있다는 것을 천명한 것이다. 당초에는 유엔헌장에 인권에 대한 구체적인 기준을 포함하려고 했으나 합의에 도달하는데 시간이 걸린다는 이유에서 별도의 선언으로 추진하게 된다.

(8) 세계인권선언(1948)

세계인권선언은 일개 국가의 한계를 넘어 국제기구에 의하여 확인된 최초의 포괄적인 인권문서이다. 세계인권선언은 '**인류사회의 가장 아름다운 약속**'이라고 불리기도 한다.

1948년 12월 유엔총회에서 만장일치로 채택된 이 선언은 법적인 구속을 갖는 조약은 아니지만 이 선언이 갖는 도덕성 및 법적·정치적 중요성 때문에 현재는 국제관습법의 지위로까지 인정받고 있다. 이런 이유로 선언은 인류의 자유와 존엄성을 향한 투쟁의 역사적 이정표로 인정받고 있으며 현재는 유엔이나 국제여론, 국제 NGO 등에서 단순한 선언이 아닌 개별국가가 지켜야 할 의무로까지 받아들이고 있다.

3) 인권의 범주로 보는 인권의 역사(인권의 삼 세대)

인권은 권리 목록별로 나눌 수 없다는 불가분성의 원칙이다. 그러나 역사적으로 인권으로 인정받은 권리의 영역들은 구분되기도 한다. 따라서 대개 인권의 범주는 **자유권, 사회권, 집단권**으로 구분할 수 있으며 이들 권리의 영역들은 처음으로 인간의 권리가 확인된 근대 시민혁명 시기부터 현재까지 순차적으로 인권의 영역으로 인정받았다. 이처럼 권리의 범주가 어떤 순서로 인정받았는지를 아는 것이 인권의 역사를 이해하는 한 가지 방법이다.

(1) 자유권

자유권은 **1세대 인권**으로 지칭되고 흔히 시민적·정치적 권리로 설명한다. 자유권은 인권의 개념이 처음 등장했던 18세기에 확립된 인권으로 신흥 부르주아 계급과 계몽주의 사상가들 사이에서 자연권과 저항권 인식이 싹트면서 확립된 인권의 내용이다. 미국의 독립혁명과 프랑스 혁명을 통해 전통과 인습, 왕권의 독단에서 벗어나 인간이 자유롭고 존엄한 존재임을 확인하고 있는 것이 핵심이다. 다시 말하면 비로소 자유로운 인간임을 확인하는 권리의 내용이다. 영국 권리장전, 미국 독립선언, 프랑스 인권선언 등의 문서를 통해 인간의 권리를 최초로 확인하고 명문화했다. 이 때 확인된 인권의 내용은 다음과 같다.

국가권력은 영장 없이 국민을 체포·구속·압수·수색할 수 없고, 어떠한 경우에도 고문을 할 수 없고, 불공정한 인신구속 절차나 재판과정을 강제해서도 안된다. 또한 국민은 선거를 통해 정치과정에 참여할 수 있으며, 피선거권과 공직취임권을 누릴 수 있다. 사상과 양심, 종교의 자유는 국가권력이 간섭할 수 없는 절대적인 자유이자 권리임을 확인한다. 통상 '국가로부터의 자유'로 일컬어진다.

(2) 사회권

사회권은 **2세대 인권**으로 지칭되며 경제·사회·문화적 권리를 말한다. 인권의 개념이 확장되었던 19세기에 확립된 인권으로 산업혁명에 따른 도시발달과 인구의 급증에 따라 대규모 도시빈민 노동자층이 형성되었고 이들에 대한 생존권 보장의 필요성이 제기되었다. 사회주의 운동과 노동자층의 결합을 통해 국가가 국민의 사회적 생존권을 보장해야 할 의무가 있음을 확인하고 있는 내용 들이다. **"장미(자유)가 아니라 빵(생존)을 달라."**는 민중들의 외침에 대한 국가의 화답이라고 할 수 있다. 1917년 멕시코 헌법, 1918년 소련의 노동 피착취

인민의 권리선언, 1919년 독일 바이마르헌법에 의해서 명문화되었으며 2차 세계대전 후에 탄생한 국가의 헌법에서는 거의 예외 없이 사회적 권리를 규정하고 있다(안경환, 2009). 이 때 확인된 인권의 내용은 다음과 같다.

밥을 먹고 살아갈 집이 있어야 하며, 가정을 꾸리고 건강을 지킬 수 있어야 한다. 합리적인 노동시간과 임금, 휴가를 보장받고, 여유를 즐기고 교육을 받을 수 있어야 한다. 예술과 과학의 업적을 인정받고 사회보장의 혜택을 누릴 수 있어야 함을 확인한다. '~에 대한 권리'라는 형식으로 기술되며, '국가에 대한 적극적 요구'라고 할 수 있다.

(3) 집단권

집단권은 **3세대 인권**으로 지칭되며 연대와 단결의 권리 또는 집단적 권리로 설명한다. 세계인권선언이 채택된 이후 본격화된 인권으로 인권이 개인의 권리를 넘어 집단적 차원에서 논의될 수 있음을 확인하고 있다. 3세대 인권은 확립된 인권이라기보다는 현대에 와서 새롭게 논의되고 있다고 할 수 있으며 어디까지를 인권으로 인정할 것인지에 대해 아직 합의되지는 않았다. 3세대 인권으로 논의되고 있는 내용은 다음과 같다.

자결권, 국제법 질서에서 인류사회가 연대할 권리, 평화로운 사회생활을 누릴 권리, 환경에 대한 권리, 문화유산에 대한 권리, 개발이익의 분배에 참여할 권리, 인도주의적 재난구제를 받을 권리 등이 여기에 속하며, 확립된 인권이라기보다는 생성단계에 있는 권리라고 할 수 있다.

참고

세대명칭	제1세대 자유권 (시민적, 정치적 권리)	제2세대 사회권 (경제·사회·문화적 권리)	제3세대 집단권 (연대, 단결, 집단적 권리)
기원	자유주의	사회주의, 사회민주주의	경제학, 개발학, 녹색이념
사례	투표·집회·언론의 자유, 공정한 재판에 대한권리, 고문·학대받지 않을 권리, 차별받지 않을 권리 등	교육·주거·의료·고용·적정소득·사회보장 등에 관한 권리 등	경제개발과 성장에 대한 권리, 경제성장의 혜택, 사회적 조화, 건강한 환경과 깨끗한 공기 등에 대한 권리 등
행위자	법률상담소, 국제사면위원회, 인권감시단, 난민사업	복지국가, 제3섹터, 민간의 시장복지	경제개발기구, 지역사회개발계획, 그린피스 등
지배적 전문직	법	사회복지	지역사회개발
사회복지	옹호, 난민사업, 보호시설 조사자, 교도소개혁 등	직접적 서비스, 복지국가 운영, 정책개발과 옹호, 조사연구	지역사회개발, 사회적·경제적·정치적·문화적·환경적·개인정신적 개발

4) 권리주체의 관점에서 본 인권의 역사

인권의 역사를 조금 다른 관점에서 보면 **'사람이 되어가고 있는 역사'** 또는 **'사람의 범주에 들기 위한 역사'**라고도 할 수 있다. 기본적으로 인권은 **'누구나'** 라고 하는 보편성을 가장 큰 원칙 중 하나로 본다. 사람이라면 누구나 인권을 가지고 있고 누릴 수 있다는 것이다. 그러나 인권의 실상은 달랐다. 인간의 권리를 확인받았던 근대 시민혁명시기, 그 거대한 역사적 전환기의 열매가 **'모든 사람'**에게 돌아가지는 않았다. 영국의 권리장전, 미국 독립선언서, 프랑스 인권선언에 적힌 인간의 권리는 소위 **'제3신분'**에게까지만 해당되었다. 가난하고 평범한 시민들, 유색인종에게 인권은 그저 문헌상의 치장에 불과했다. 어느 계급에 속해있건 여성은 **'모든 사람'**에서 배제되었다. 사회적 약자와 소수자들은 인권의 달콤한 열매를 먹지 못했던 것이다.

인권의 역사는 **'모든 사람'**에서 배제된 사람들이 사람으로 확인받기 위한 역사이기도 했다. 민주주의의 근간을 이루는 참정권이 지불능력이 있는 백인 남성에서부터 시작되어 지불능력이 없는 남성과 여성 모두에게 확대되기까지 당사자들은 눈물과 피를 흘려야 했다. 노예제를 폐지하고도 **'흑백분리'**, **'아파르트헤이트'**[2)]라는 인종차별을 넘어 유색인종이 '인간'의 범주에 들기에는 오랜 시간이 걸렸다. 장애인에게도 이동할 수 있는 권리가 있다는 것을 확인하기 위해 장애인들은 자신의 몸을 버스에 지하철에 쇠사슬로 묶고서야 비로소 가능할 수 있었다. 따라서 인권의 역사를 권리주체의 입장에서 보자면 **'사람이 되어가고 있는 역사'**라고 할 수 있는 것이다.

3. 인권과 인간의 욕구

인간이 인간답게 존재하기 위해서는 욕구를 충족해야 한다. 예를 들면, 어머니가 사회활동의 권리와 아동의 보호에 대한 권리로써 보육시설에 대한 욕구가 있을 때 인간답게 살기 위한 가장 기본적인 욕구는 권리로 간주하는 것이 정당하며 인간의 욕구를 파악해 정당화하는 것은 인권을 실현하는 것이다.

인권은 권리 중심으로 사회복지실천이 이루어져야 한다. 이는 인간이 처한 상황과 상관없이 인간으로서 갖는 권리에 기초해 서비스를 제공하는 것으로 욕구중심의 접근과 비교할 때 잠재적으로 클라이언트에 더 많은 권한을 부여하는 특징을 지닌다. 문제의 원인을 개인에서 찾지 않고 개인의 권리가 보장되지 못하는 시스템에 있다고 보기 때문에 사람을 판단하기보다 권리의 보장에 초점을 맞추는 관점이다. 개인을 무언가 부족한 존재로 보는 역량강화 접근과 인권관점의 접근은 상반되는 것이 아니다. 두 접근방식은 상호보완적이다. 이들의 병행을 통해 효과성을 높일 수 있다.

2) 아파르트헤이트는 모든 사람을 인종 등급으로 나누어 백인, 흑인, 유색인, 인도인 등으로 분류하였으며, 인종별로 거주지분리, 통혼금지, 출입구역분리 등을 하는 등, '차별이 아니라 분리에 의한 발전'이라는 미명하에 사상 유례가 없는 노골적인 백인지상주의 국가를 지향하였다(https://ko.wikipedia.org/wiki/).

4. 인권과 사회복지

인권은 공동체 수준에서 모두를 연결시킬 수 있는 하나의 기반이며 이를 바탕으로 사회복지를 실천하는 것이 매우 중대한 과제이다. 인간 본성을 실현키 위한 필수적 요소와 입법과 정부정책에 의한 인권 그리고 일상에서 타인과의 경험으로부터 규정된 인권과 사회복지실천으로 사회복지사가 인권분야 활동가가 되어야 하며 이를 인권의 세 가지 전통으로 확립할 필요가 있다. 이는 인성의 가치를 발견하고 개발하는 것, 법적 권리와 권한부여의 공정함을 위한 권익옹호 및 복지국가의 역할, 공동체의 권리와 의무 등 사회복지에서 중요한 가치들과 인권실천은 상당히 밀접하며 인권은 사회복지와 분리된 개념이 아니다.

사회복지사는 업무에서 사회복지와 인권이 통합적으로 적용되고 있는지 항상 살펴봐야 한다. 또한 올바른 사회복지는 인권과 관련된 업무이며 사회복지사들의 인권실천 현장에서 사회복지사의 인권실천은 중요하다. 결과적으로 인권에 대한 명확한 문화가 없다면 모든 법과 규정은 실생활에서 그다지 효과를 미치지 못한다. 인권은 법으로도 제정되는 동시에 문화적으로도 완전히 이해돼야 하며 인권관련 종사자와 사회복지사들이 문화적 관점에서 인권을 이해하는 것이 필수적이다.

인권과 사회복지 두 영역은 서로 접목되어야 한다. 기본방향은 사회복지에서 인권이 실천되어야 한다. 사회복지의 인권 실천은 사회복지에 보다 구체적인 철학적, 이론적, 제도적 및 실천적 방향을 제시하여 사회복지의 정체성을 강화시킨다. 사회복지는 곧 인권을 실현하는 전문적 실천이며 사회복지법은 인권법의 의미를 가진다. 따라서 인권의 내용과 법의 근거가 되는 개념으로 법으로 현상될 수 있고 법 또한 인권을 반영하고 있다. 사회복지법은 대상자들의 욕구, 즉 인권을 반영하고 보장하는 형식이기 때문에 법 규범을 통해서 또는 법 제정 외의 실천을 통해 인권을 실현할 수 있다. 인권은 자유권(참정권, 재산권 포함), 경제적, 사회적, 문화적 권리, 환경권 등을 포함하고 있는 것으로서 사회복지법은 경제적, 사회적, 문화적 권리를 법적으로 표현한 것이기 때문에 인권과 욕구의 개념이 더 넓고 크다.

5. 인권의 쟁점과 사회복지의 과제[3)]

1) 인권은 보편적인가 상대적인가?

인권은 인간이기에 마땅히 누려야 할 권리로서 본질적으로 보편성을 지향하고 있다. 20세기 후반기 인권을 시대의 정신으로 정착시킨 유엔의 세계인권선언(Universal Declaration of Human Rights, 1948)도 보편적이라는 수식어가 붙어 있다. 세계인권선언문에서 인류사회 모든 구성원의 타고난 존엄성과 평등하고도 양도할 수 없는 권리를 인정하는 것은 전 세계의 자유와 정의와 평화의 기초라고 규정하고 있다. 또한 인간의 생존과 존엄성, 자유와 안녕 그리고 복지를 위해 필수불가결한 전제가 되는 인권은 사회적 조건에 따라 제한될 수 없다. 따라서 다른 사람이 임의로 가져가거나 빼앗을 수 없다는 점을 분명히 하고 있다(유네스코 한국위원회 1995). 탈냉전 이후 새로운 국제질서에 대응하여 인권을 재정립하고자 개최된 1993년 비엔나 세계 인권회의에서도 인권과 자유의 보편적 속성에 대해서는 의심의 여지가 없다고 명시하고 있다.

인권의 보편성은 누구나 동등한 권리를 향유 할 수 있다는 평등성과 누구에게도 양도할 수 없다는 절대성을 핵심적 구성요소로 한다(Donnelly, 2006). 그러면 현실세계에서 이러한 평등성과 절대성이 구현될 수 있는가? 인권이 규범적 선언의 수준을 넘어서 일상적 삶의 질의 향상을 통해서 인간의 존엄성을 유지하는 개념이라면 이를 실현시킬 의무의 주체가 명확하여야 하는데, 그 주체는 바로 국민국가이다. 이러한 점에서 인권의 개념은 개인과 국가 사이의 관계를 의미하며 한 개인의 신분이나 지위, 청구권, 그리고 의무는 국민국가의 관할영역 내에서 이루어진다. 그러나 국민국가는 제각각 역사적 정체성, 가치 정향, 사법구조 그리고 경제 수준 등에서 천차만별이기 때문에 이러한 국가 간 차이와 인권의 보편성 사이의 긴장감이 현실 세계에서 인권의 본질적 속성을 규정한다고 할 수 있다. 이러한 이유로 1993년 비엔나 선언에서도 인권의 보편성을 확인하면서도 국가별, 지역별 특수성과 다양한 역사적, 문화적, 종교적 배경들의 중요성에 유념한다는 제한을 가한 것이다.

---

3) 문진영(2013). 인권과 사회복지 재구성.

2) 국제사회의 인권준칙이 국민국가에 강제될 수 있는가?

인권은 인종과 국적을 넘어서는 인류 보편의 가치이기 때문에 인권의 출범 초기부터 국제사회의 규범으로 기능해왔다. 하지만 인권의 국제적 준칙(regimes)이 주창하는 인권의 당위적 가치가 현실 세계에서 실현되는 과정은 전혀 다른 차원의 문제이다. 왜냐하면 국제사회가 만든 인권의 준칙도 이를 실행하기 위해서는 거의 전적으로 국민국가 정부의 집행력에 의존할 수밖에 없기 때문이다(Donnelly, 2006). 인권의 숭고한 목적과 가치에 대한 국제사회의 강조에도 불구하고, 지금도 세계의 많은 국가에서 자국민에 대한 인권의 보장을 외면할 뿐만 아니라 일부 국가에서는 고의적이고 체계적으로 자국민의 인권을 유린하고 있는 것도 사실이다.

3) 인권에 기반한 사회복지: 저항패러다임에서 복지패러다임으로

인권 담론이 사회복지에 주는 함의는 비교적 명확하다. 어떠한 사회복지제도이던 권리에 기초하지 않으면 언젠가는 축소되거나 철회될 수 있다는 사실이다. 따라서 인권에 기반한 사회복지제도를 만들고 유지하고 발전시키는 것이 반드시 필요하다(Stainton, 2005; 조효제 2006).

첫째, 사람들이 자신의 주장을 정확하게 표출할 수 있도록 지원하여야 한다.
둘째, 사람들이 자신의 요구를 충족시키기 위해 필요한 지원체계를 알아내고 확보하고 직접 관리할 수 있도록 도와야 한다.
셋째, 사람들이 자원에 대한 통제권을 행사할 수 있도록 하여야 한다.
넷째, 이런 지원체계가 사회정책 거버넌스의 핵심요소가 되어야 한다는 것이다.

인권의 쟁점과 사회복지는 개인이 국가에 대해서 소극적으로 '**제발 나를 그냥 내버려 두라**'는 자유권을 보장하는 것과 개인이 국가에게 '**나에게 필요한 것을 채워달라**'고 적극적으로 요구하는 사회권을 보장하는 것이라 할 수 있다. 즉 인권 1세대에 해당하는 자유권을 보장하는 것이 저항 패러다임을 대표한다면, 사회권을 보장하는 2세대 인권인 복지 패러다임을 상징한다고 하겠다. 이러한 인권의 패러다임적 전환, 즉 저항패러다임에서 복지패러다임으로의 전환은 인권이 사법적 판단을 내리는 법의 영역에서 인간의 삶의 조건을 개선시키는 사회정책의 영역으로 강조점이 바뀌었음을 뜻한다. 그리고 인권과 정책이 제일 먼저 제일 활발하게 만난 분야가 바로 사회복지라고 할 수 있다(조효제, 2006).

참고 사회복지와 인권(기고문)

경제발전과 민주화사회로의 이행은 국민들의 인권신장과 삶의 질이 크게 향상되었다. 그러나 1997년 IMF사태 이후 빈부의 양극화가 가속화되면서 부의 분배가 소수의 상위계층에 편중됨에 따라 상대적으로 소득수준의 격차가 지속적으로 심화되는 경제적 불평등이 확대되었고 다수의 가난한 사람들이 개별적으로 차별과 배제를 받는 사회적 소수자로 전락하였다. 또한 노인학대 문제와, 맞벌이로 인해 방치된 아이들, 고독사, 탈북모자의 아사사건 등이 방송되며 사회적 이슈가 되어 인권의 사각지대에서 사회 구조상의 모순으로 인해 인권침해가 상당수 벌어지고 있다. 물론 가해자의 개인적인 도덕성 결여로 인권침해가 벌어질 수도 있겠지만 상당수가 사회적으로 배제된 경제적 약자들이 주로 인권침해를 당하고 있는 것은 시장만능주의에 따른 부작용이라고 볼 수 있다. 인권이라는 가치를 배제한 형식적인 사회복지시스템과 서비스 제공으로 인해 수많은 사회문제와 갈등이 우리사회에서 여전히 해결되지 못하고 있다. 공공부조, 노인복지, 장애인복지 등 복지서비스의 급여제공을 가난한 사람들의 권리가 아닌 시혜적인 것으로 보는 사고방식이 주류를 형성하고 있다는 것은 해결해야 할 당면과제이다.

제2절 시민권

1. 시민권의 이해

1) 일반적 정의

시민권은 관습이나 법률에 따라 주권 국가의 합법적 구성원 이거나 국가에 속한 것으로 인정된 사람의 지위를 말한다. 국적은 종종 시민권과 같은 것으로 받아들여진다(https://www.unamwiki.org/w/시민권).

2) 시민권의 개념

시민(市民, citizen)은 도시 지역 및 국가 구성원으로서 정치적인 권리를 갖고 있는 주체를 말하거나 민주주의 사회의 백성을 뜻하는 용어이다. 이 시민으로서 행사할 수 있는 권리를 시민권(市民權, citizenship)이라고 한다. 시민권이란 근대 국가를 구성하는 시민들에게 **보편적 권리이자 자격권**으로서의 의미를 지닌 개념이다. 이러한 시민권 개념은 근대 이래 가장 먼저 자유주의 사상가들에 의해 정초되었지만 이후 역사적 발전에 따라 노동계급, 여성, 흑인 등 다양한 집단들에 의해 도전을 받게 된다. 자유주의자들이 정의한 보편적인 성격을 지닌 근대적 시민권은 실제로 현실세계 속에서는 오로지 백인 남성 부르조아 개인의 권리 보장으로 귀결되었고 노동계급을 비롯한 기타 다른 소수집단들을 배제하는 협소한 개념에 불과했다는 것이다.

마샬(Marshall)은 시민권을 '**어떤 공동체의 완전한 구성원에게 주어지는 지위**'로 개념 정의하고 이 지위가 부여하는 권리와 의무는 평등하다고 주장하였다(Marshall, 1950). 즉 시민권은 지위이면서 동시에 그 지위에 따르는 권리이기도 한 것이다. 여기서 지위란 개인이 할 수 있는 것, 즉 개인이 가진 능력이 무엇인가를 의미하며 권리는 바로 이 지위에서 결부되어 도출된다(Barbalet, 1988). 이러한 의미에서 본다면 시민권은 **개인이 가진 지위의 결과로서 어떤 행동을 할 수 있는 능력이나 기회 또는 역량**을 발휘한다는 점에서 중요한 의의를 가진다.

마샬은 시민권을 공민권, 정치권, 사회권 세 가지 구성요소로 나누고 하나로 엮여 있던 세 요소들이 역사적으로 분화되면서 발전해왔다고 보았다.

첫째, 가장 먼저 발전한 **공민권**은 1832년 선거법 개정 이전에 정립된 권리로서 개인의 자유에 필수적인 권리, 즉 신체의 자유를 비롯하여 언론과 사상, 신념의 자유, 소유권, 정당한 계약을 체결할 권리, 재판을 받을 권리 등이다.

둘째, 19세기에 발전한 **정치권**은 정치권력을 부여받은 기구의 구성원으로서 또는 그 기구의 구성원에 대한 유권자로서 정치권력 행사에 참여할 수 있는 권리이다.

셋째, 20세기에 발전한 **사회권**은 적정한 수준의 경제적 복지나 보호의 권리를 비롯하여 사회적 유산을 완전히 공유하고 그 사회에 통용되는 기준에 맞는 문명화된 생활을 할 수 있는 권리를 말하며 이 권리와 가장 밀접하게 관련된 제도는 교육제도와 서비스이다.

마샬은 세 가지 요소로 구성된 시민권의 개념을 정의하는 데 그치지 않고 자본주의체제에서 시민권이 갖는 중요한 의의에 주목하였다. 마샬에 따르면 20세기 시민권과 자본주의 계급체계는 전쟁을 벌이고 있으며 세 가지 유형의 시민권 가운데 사회권은 계급축소를 목표로 하고 그 목표는 단순히 그 사회의 가장 열악한 계층의 빈곤을 축소시키는 것이 아니라 사회불평등의 전반적 형태를 완화시키는 것이라 보고 있다. 이같은 시민권 개념은 타협과 합의를 바탕으로 한 사회정책에서 매우 유용한 개념이며 현대 자본주의경제의 위기 속에서 경제적 시장원리가 우선시되는 상황에 반대하여 사회공동체 구성원을 평등하게 고려하도록 하는 사회·정치적 개념의 울타리가 될 수 있다는 점에서 중요한 의의를 지닌다(공정원, 2014). 따라서 마샬이 주장한 시민권은 사적영역에서 타인의 간섭을 받지 않고 자유로울 권리인 공민권과 공적영역에서 정치권력 행사에 참여할 권리인 정치권 그리고 사회적 삶을 영위하는 데 필요한 조건에 대한 권리인 사회권으로 되는 셈이다.

2. 시민사회

시민사회가 국가와 뚜렷이 대비되는 개념으로 사용된 것은 헤겔과 마르크스, 그람시에 의해서이다. 오늘날 흔히 사용되고 있는 국가에 대립되는 개념의 시민사회는 바로 이들에 의해서 정립된 것이다.

1) 헤겔의 시민사회

헤켈은 시민사회를 개인들의 욕구를 위해 만들어진 것으로 이해하였지만 집단을 이룬 개인들은 자신만 알고 자신의 욕구를 추구하려는 개별성의 극과 동시에 실제적인 것을 알고 의식하는 보편성의 극을 자기 내에 포함하고 있다고 상정한다. 이때 개별성의 극은 시민사회에서 발현되고 보편성의 극은 직능단체 등을 통하여 보편이성인 국가와 연결된다고 하였다(나혜심, 1993). 헤겔은 보편적인 원리에 기초한 정치사회인 국가와 대비되는 사회의 구성부분으로 시민사회를 구분했다.

시민사회는 사회성원들의 본능과 특수한 욕구에 기초하고 있기 때문에 갈등으로 필연적인 자기해체의 속성이 강하다. 이를 극복하기 위해 시민사회는 이성적인 국가에 의해 통제되어야 하며 따라서 국가는 인간이 이성에 합치된 삶을 가능하게 하는 유일한 조직이 된다(신광영, 1994). 헤겔은 개인들은 보편적 이기주의에 입각하여 행동하는 경향이 강하기 때문에 국가라는 이성적이고 보편적인 실체에 의하여 개인들의 갈등이 극복될 수 있다고 보았다. 국가는 어떤 특수한 목적들에 봉사하는 것이 아니고 이성적이고 보편적인 절대정신에 의하여 이루어지기 때문에 국가의 통제에 의하여 시민성이 유지된다고 보았다. 따라서 헤겔은 시민사회를 개인들의 욕망이 충돌하는 부정적인 측면에서 이해하고 오히려 이러한 개인들의 탐욕적인 욕망은 이성적인 국가를 통해서 극복된다고 파악하였다.

2) 마르크스의 시민사회

마르크스에게 있어서 시민사회는 물질적 관계를 통해 파악되었고 노동, 사적소유, 이기적인 경쟁이 특징인 경제영역으로 이해하였다. 특히, 마르크스는 정치경제학적인 분석방법을 통해 자본주의 사회에서 계급적인 모순을 발생시키는 생산관계를 중심으로 시민사회를 파악하였다. 따라서 마르크스의 시민사회 개념은 기본적으로 국가와 사회의 이분법적 구분을 바탕으로 하고 있다. 자본주의 생산양식에서 사회(시민사회)의 개념은 경제사회를 의미했으며 사회적인 것을 모두 경제영역으로 보거나 혹은 경제에 의해서 규정되는 것으로 파악하였다(신광영, 1994).

마르크스는 국가를 이성적인 실체로 보기보다는 오히려 지배계급의 이익을 보호해주는 억압기구로 이해하고 있다. 국가는 경찰, 군대, 관료기구, 사법부, 입법부 등을 통하여 노동자 계급의 자율적인 행동을 억압하고 탄압하는 기구이다. 따라서 그에게 있어서 국가는 헤겔이 이해하고 있는 이성적인 실체가 아니라 오히려 시민사회의 성장을 저해하고 억압하는 것으로 나타난다. 마르크스가 파악하는 시민사회는 일차적으로는 소외된 개인으로 분열되고 이차적으로는 브르주아지 대 프롤레타리아트라는 대립적인 구조로 나타나며 이러한 시민사회의 모순은 프롤레타리아트의 소외가 혁명을 통해서 지양된다.

마르크스에게 시민사회는 자본을 둘러싼 관계로 구성된 자본주의 사회에서 공민의 영역을 상실한 경제적 관계내의 부르주아사회라는 의미로 해석할 수 있다.

3) 그람시의 시민사회와 헤게모니

그람시는 마르크스와는 다른 방식으로 시민사회를 논의하고 있다. 마르크스가 경제적 영역을 중심으로 시민사회를 바라보았다면 그람시는 상부구조를 중심으로 시민사회를 파악하였다. 그람시는 상부구조를 시민사회와 정치사회(또는 국가)로 구분하는데 전자는 사적인 것으로 일컬어지는 기관들이나 조직들의 집합체로서 지배집단이 행사하는 헤게모니의 기능이 수행되는 영역이고 후자는 국가의 영역으로서 특히, 행정부와 사법부를 통해 행사되는 직접지배와 법과 명령 등의 강제력이 행해지는 영역이다.

> 지금 이순간 우리가 할 수 있는 것은 상부구조를 두 가지의 **'차원'**으로 고정시키는 일이다. 그 하나는 우리가 시민사회라 부를 수 있는 것으로서 흔히 **'사적'**이라 불리는 조직체들의 총체의 차원이며 다른 하나는 **'정치사회'** 또는 **'국가'**의 차원이다. 이들 두 차원들은 한편으론 지배집단이 사회를 통하여 행사하는 **'헤게모니적'** 기능에 상응하며 또 다른 한편으론 국가와 **'법률적'** 정부를 통하여 행사되는 **'직접적 지배'** 또는 명령에 상응한다(Gramsci, 2020).

그람시의 시민사회는 단순한 상부구조의 개념만은 아니다. 그람시의 시민사회 논의에서 항상 문제가 되는 것이 시민사회의 성격에 관한 것인데 그람시는 시민사회를 상부구조의 한 영역으로 보면서도 상부구조의 기반, 즉 상부구조적 토대의 개념으로 파악하고 있다.

그람시의 시민사회 개념은 경제적 관계에 의해서만 결정되지 않는 사회적 관계와 영역들을 포괄하는 개념으로 파악할 수 있다. 그람시에 있어서는 시민사회는 경제적 관계만큼이나 강력한 실천력 규정력인 동의의 계기나 지도력이 중요하다. 따라서 그람시의 시민사회 내에서 경제력 관계뿐만 아니라 상부구조적인 관계와 같은 힘을 행사할 수 있는 여지를 가지게 된다(허범구, 1992). 이러한 관계들은 헤게모니를 통해서 가능해진다. 그람시는 헤게모니를 윤리적, 정치적인 것뿐만 아니라 경제적인 것으로 파악하고 있다.

3. 시민사회와 시민운동

선진자본주의 국가들이 복지국가의 건설을 통해 점진적인 사회주의 이행전략을 수행하였으나 이러한 국가 중심적인 해방전략이 미래에 대한 확고한 비전을 제시하지 못했다는 현실적 한계를 드러냈기 때문이다. 서구사회에서는 복지국가 전략이 비판받고 있지만 한편으로 복지국가는 시민사회 영역을 확대시켜 주는 계기를 만들어 주었다. 사회적 생산력의 발전은 노동시간을 단축시키고 이에 따라 자유시간이 증가하면서 시민사회 영역의 중요성이 증대되었다. 또한 노동자 중심의 노조운동이 국가의 장악을 통한 사회변혁이 불가능해짐에 따라 노조운동은 퇴조를 맛보는 반면 오히려 신중간층을 중심으로 하는 시민사회의 영역은 확대되게 되었다.

서구사회에서 계급운동의 침체와 더불어서 새로운 사회운동의 활성화가 이루어지는 이유를 복지국가의 출현과 이에 따른 복지국가의 위기에서 찾고 있다. 복지국가의 출현은 생산과 투자원리를 통한 경제성장, 자유주의적 복지정책에 기초한 분배구조개선, 공산주의에 대한 방어를 통한 민주국가의 보호에 기초한 것이다. 정치적으로는 전문화되고 제도화된 이익집단과 정당들이 지배적인 집합행위자들로 등장하고 집합적 협상, 정당경쟁 대의적 정부가 사회, 정치적 갈등 해결의 주도적인 기제로 활용된다(김호기, 2000). 그러나 복지국가를 계속 존속시키기 위한 높은 세금과 복지기금은 국가의 재정위기를 불러온다. 정치적으로는 정당의 권위주의화와 관료의 증대는 의사결정의 형식적 제도화, 대중에 대한 정치적 조장을 낳는다.

이러한 복지국가의 위기는 새로운 패러다임을 요구하게 되었고 새로운 패러다임에 근거한 심리사회운동이 등장하게 된다. 이는 환경운동, 반전평화운동, 민권운동, 여성운동, 소비자 운동 등의 다양한 사회운동들은 전통적인 노동운동이 제기했던 경제적 이슈나 계급적 이슈와는 전혀 다른 이슈들을 제기했다.

4. 한국에서의 시민운동과 방향

한국의 시민사회는 법적 시민권의 보장과 생활양식과 사회조직의 분화 등 상당한 양적성장의 범주에 머물러 있을 뿐, 철저한 권력분산의 보편화와 시장참여의 제도화 그리고 시민의식의 내면화 등 질적 성숙의 측면에서는 여전히 매우 취약한 수준이다. 즉 형식적 대의민주주의의 틀은 그런대로 유지하고 보완해 나가고 있으나 실질적 민주주의 혹은 경제적, 사회적 민주주의와 직접민주주의의 구축을 위한 제도적 개혁과 규범적 내면화는 상대적으로 지지부진한 상황이다(김성국, 1998).

서구의 시민사회가 각 정파의 자유로운 정치참여라는 자율적인 정치공간의 토대 위에서 성장하여 왔다면 한국사회는 아직도 시민사회가 활동할 수 있는 공간이 물리적으로 제약받고 있다. 우선 시민사회의 운동이 전개될 수 있는 정치적인 영역이 자유롭지 못하다. 따라서 한국의 시민운동의 위상과 성격을 분명히 하기 위해서는 운동의 주체와 연대의 수준, 운동의 내용과 성격, 운동의 목표와 전망이 새롭게 설정되어야 한다.

첫째, 운동주체의 설정에서 보면 서구의 시민운동은 탈계급적인 성격을 띠고 있으나 한국에서는 노동조합을 배제하는 운동이 아니라 노동조합과 연계를 하는 시민운동이 되어야 한다. 시민운동의 성격상 진보적 지식인이나 의식 있는 시민이 주체가 되지만 생산의 주체인 노동자와의 연계는 어떤 방법으로든 필요하다.

둘째, 운동의 내용과 성격에서 비시적(非視的)이고 형식적인 요구에서 벗어나서 근본적인 해결을 할수 있는 총체적 입장이 필요하다. 예를 들어 환경운동의 경우도 생산자의 영역에서 일어나는 환경의 문제를 건드리지 않는다면 소비영역에서의 요구는 근본적인 한계를 가지는 것이다.

셋째, 운동의 목표를 현 체제의 테두리 내에만 국한시키지 않고 한국자본주의가 안고 있는 근본적인 모순을 해결하는 방식이 되어야 한다.

제3절 사회복지수급권

1. 사회복지수급권과 시민사회

사회보장기본법 제9조에서 모든 국민은 사회보장 관계 법령에서 정하는 바에 따라 사회보장급여를 받을 권리(사회보장수급권)를 가진다. 즉, 사회복지수급권은 사회복지법상 사회복지서비스를 받을 권리가 있다는 것이다.

1) 시민사회의 성립과 사회복지법의 출현

사회복지제도가 보편적 제도로서 자리 잡은 것은 오래된 것은 아니다. 사회복지제도는 20세기에 들어와서 자본주의 발달과 시민사회의 성숙 그리고 2차에 걸친 세계대전의 경험과 민주주의의 고귀함이 역사적으로 혼합되면서 나타난 소산인 것이다. 사회복지제도의 실천이 사회복지법에 의거한 것이라면, 결국 사회보장제도 혹은 사회복지제도의 일반화와 보편화의 배경에는 사회복지법의 생성과 발전이 놓여 있다는 사실은 당연하다.

시민사회의 사상적·이념적 특징은 개인의 생활을 존중하고 자유를 중시한다는 점이다. 경제적으로는 자본주의를 토대로 한 반면 법질서는 사법 중심의 시민법에 있다. 국가는 개개인의 사생활에 가능한 한 개입하지 않는 이른바 야경국가의 성격을 띤 국가 형태가 지배적이었다. 이러한 시민사회에서 개인의 생활문제나 사회문제는 거의 대부분 개인적이 측면에서 그 원인과 해결책을 모색하는 관념이 지배적이었다. 그러므로 이러한 시대의 사회복지의 특징은 구빈법적인 억압의 요소를 지니고 있는 점이 많았으며 사회복지의 대상은 소수의 빈민이나 취약계층에 한정하여 주어졌다. 또한 시민사회의 법적 자유는 형식적 추상적인 것으로 되어 경제적 불평등을 증대시키고 노동자 계층은 자유의 이름으로 부자유를 강제당하게 되었다.

시민사회의 발달에 따라 이러한 원리는 당연히 변화할 수밖에 없었다. 시민사회는 우선 경제체제와 법체제의 관리 속에서 여러 가지 모순과 사회적 문제를 낳게 되고 이의 해결을 도모하는 과정에서 오늘날의 사회복지법이 출현하고 사회복지제도가 발전된 것으로 생각할 수 있다.

2) 시민사회의 발달과 사회복지법 관계 분야의 변화

18세기에서 19세기를 거치면서 시민사회의 이념은 집단주의 혹은 사회민주주의로 경제체제는 독점자본주의나 수정자본주의체제로, 법체제는 공법 또는 사회법으로, 이에 따라 개인의 권리는 사회권, 혹은 생존권이 중시되는 상황으로 변모하였다. 동시에 국가 형태의 측면에서는 국가가 개인의 사생활에 적극적으로 개입하여 불평등을 해소하고 국민 모두의 복지를 증진시키려는 복지국가에로 전환하는 역사적 경향을 가져왔다.

결론적으로 사회복지법은 시민사회의 발전에 따른 결과로 생겨난 것이며 국민의 생존 혹은 생활에 필요한 여러 가지 조건의 확보를 국가에 대하여 요구할 수 있는 권리인 생존권 혹은 복지권(사회권)을 핵심으로 삼고 있다고 볼 수 있다.

2. 사회복지법상 사회복지수급권의 규범적 구조

1) 규범적 구조의 정의

생존권을 실현하기 위한 권리로서 사회복지서비스를 받을 권리, 즉 수급권의 내용은 어떠한가에 대해서는 역사적으로 특정 국가의 발달 정도나 정치·경제·사회·문화적 성숙도에 따라 수급권의 내용과 실현방식이 다르다고 볼 수 있다. 즉 국가의 발전 정도가 앞선 나라일수록 수급권의 내용과 구조 또한 발전하고 다양하다는 사실이다. 또한 시간이 흐름에 따라 계속해서 수급권의 구조와 형식이 발전해 가고 있으며 복지대상자의 욕구는 시대의 흐름과 사회 변화에 따라 새롭게 생겨나거나 변화하고 있다. 사회복지법상 수급권의 규범적 구조란 이러한 수급권의 내용과 형식을 체계적으로 정리하는 것을 의미한다.

2) 규범적 구조의 형태

사회복지서비스 수급권의 내용과 구조는 학자들마다 각기 다른 관점에서 여러 가지 견해를 제시하고 있다. 사회복지수급권의 규범적 구조는 일반적으로 실체적 권리, 수속적 권리, 절차적 권리로 분류할 수 있다. 실체적 권리는 사회보험청구권, 공공부조청구권, 사회서비스청구권으로, 수속적 권리는 사회보장급여정보요구권, 사회보장상담권, 사회보장적법진행보장권으로, 절차적 권리는 사회복지급여쟁송권, 사회복지행정참여권, 사회복지입법청구권으로 구분하여 살펴볼 수 있다. 사회복지법과 관련되는 사회복지수급권의 규범적 구조를 체계화하여 도식화하면 ❙그림 4-1❙과 같다.

(1) 실체적 권리

실체적 권리는 모든 국민에게 인간다운 생활을 보장하기 위한 헌법상 권리를 구체화하는 법이 제정되었을 때 국민이 해당 법률에 의해 사회복지급여를 청구할 수 있는 권리를 말한다. 사회복지법은 수급권자, 수급요건, 급여종류 및 수준, 재원조달, 전달체계, 수급권의 보호와 제한 등을 포함시키고 있으며 이를 통해 실체적 권리를 보장하고 있다. 실체적 권리의 유형에는 사회보장의 종류에 따라 사회보험청구권, 공공부조청구권, 사회서비스청구권이 있다.

① 사회보험청구권

사회보험청구권은 사회보험법에 의한 연금, 요양급여, 실업급여 등을 청구할 수 있는 권리이다.

예 국민연금법 제50조 제1항에서 급여는 수급권자의 청구에 따라 공단이 지급한다.

② 공공부조청구권

공공부조청구권은 공공부조법에 의한 생계급여나 의료급여 등을 청구할 수 있는 권리이다.

예 국민기초생활보장법 제21조 제1항에서는 수급권자와 그 친족, 그 밖의 관계인은 관할 시장・군수・구청장에게 수급권자에 대한 급여를 신청할 수 있다.

③ 사회서비스청구권

사회서비스청구권은 사회서비스법에 의한 사회서비스를 청구할 수 있는 권리이다

예 장애인복지법 제49조 제1항 국가와 지방자치단체는 장애인의 장애 정도와 경제적 수준을 고려하여 장애로 인한 추가적 비용을 보전하게 하기 위하여 장애수당을 지급할 수 있다.

(2) 수속적 권리

수속적 권리는 사회복지급여를 받기 위해 적절한 절차에 참가하는 권리로 불평등하게 취급당하지 않을 권리를 말한다. 복지신청에서 조사를 거쳐 수급권이 결정되고 급여가 실시되는 모든 과정이 인간다운 생활에 알맞게 전개되도록 요구하는 권리이다. 수속적 권리는 수속전 단계와 수속단계로 구분할 수 있다. 수속전 단계는 사회보장급여정보요구권, 사회보장상담권으로 그리고 수속단계는 사회보장적법진행보장권이 있다.

① 사회보장급여정보요구권

수속전 단계인 사회보장급여정보요구권은 각종 정보를 요구하는 권리이다.

예 사회보장기본법 제33조에서는 국가와 지방자치단체는 사회보장제도에 관하여 국민이 필요한 정보를 관계 법령에서 정하는 바에 따라 공개하고, 이를 홍보하여야 한다

② 사회보장상담권

수속전 단계인 사회보장상담권은 상담과 조언을 요구할 수 있는 권리이다.

예 사회보장기본법 제34조에서는 국가와 지방자치단체는 사회보장 관계 법령에서 규정한 권리나 의무를 해당 국민에게 설명하도록 노력하여야 한다.

③ 사회보장적법진행보장권

사회보장적법진행보장권는 사회서비스청구권 수속단계인 신청, 조사, 결정, 실시의 각 단계에서 사회복지대상자의 권리가 침해되지 않도록 진행될 것을 요구하는 권리이다.

예 사회보장기본법 제39조에서는 위법 또는 부당한 처분을 받거나 필요한 처분을 받지 못함으로써 권리 또는 이익을 침해받은 국민은 행정심판법에 따른 행정심판을 청구하거나 행정소송법에 따른 행정소송을 제기하여 그 처분의 취소 또는 변경 등을 청구할 수 있다.

(3) 절차적 권리

절차적 권리는 실체적 권리의 실현이 보장되지 않는 경우 이를 보전, 이해, 강제를 구체적으로 실현하는 절차와 관련된 권리이다. 절차적 권리의 유형으로는 사회복지급여쟁송권, 사회복지행정참여권, 사회복지입법청구권이 있다.

① 사회복지급여쟁송권

실체적 권리인 사회복지급여청구권이 위법 또는 부당한 행정기관의 조치로 침해되었을 때, 이의 구제를 신청하는 권리이다. 이에는 행정쟁송제도로써 행정심판인 행정적 구제와 행정소송을 통한 사법적 구제가 있다. 즉 행정쟁송제도는 행정상의 법률관계에 관한 분쟁 등을 행정청이나 법원을

통해 권리구제를 받기 위한 제도이다. 행정적 구제제도인 행정심판은 사회복지급여수준 및 자격요건 등과 관련하여 행정기관 조치에 불복하여 이의를 하거나 심사요청을 하는 행위이다.

예 국민기초생활보장법 제38조 1항에서는 수급자나 급여 또는 급여 변경을 신청한 사람은 시장・군수・구청장(제7조 제1항 제4호의 교육급여인 경우에는 시・도교육감을 말한다)의 처분에 대하여 이의가 있는 경우에는 그 결정의 통지를 받은 날부터 90일 이내에 해당 보장기관을 거쳐 시・도지사(특별자치시장・특별자치도지사 및 시・도교육감의 처분에 이의가 있는 경우에는 해당 특별자치시장・특별자치도지사 및 시・도교육감을 말한다)에게 서면 또는 구두로 이의를 신청할 수 있다. 이 경우 구두로 이의신청을 접수한 보장기관의 공무원은 이의신청서를 작성할 수 있도록 협조하여야 한다.

사법적 구제제도인 행정소송은 사회복지관련법상 규정되고 설치되어 있는 각종 심사위원회 혹은 재심사위원회의 과정을 통하여 결정된 결과에 대하여 이의가 있을 경우이다.

예 사회보장기본법 제39조에서는 위법 또는 부당한 처분을 받거나 필요한 처분을 받지 못함으로써 권리 또는 이익을 침해받은 국민은 행정심판법에 따른 행정심판을 청구하거나 행정소송법에 따른 행정소송을 제기하여 그 처분의 취소 또는 변경 등을 청구할 수 있다.

② 사회복지행정참여권

사회복지행정참여권은 사회복지행정과정에 사회복지대상자나 국민이 참여할 권리를 의미한다. 사회복지행정은 급여가 금전적 급여뿐 아니라 비금전적 급여가 많아 행정기관의 재량의 여지가 많음으로 행정기관의 재량권 남용을 막고 공평하고 적절한 욕구의 충족에 기여하기 위해 필요하다.

예 국민건강보험법 제4조, 건강보험정책심의위원회

심의위원회는 위원장 1명과 부위원장 1명을 포함하여 25명의 위원으로 구성한다. 심의위원회의 위원장은 보건복지부차관이 되고, 부위원장은 제4항 제4호의 위원 중에서 위원장이 지명하는 사람이 된다. 심의위원회의 위원은 다음 각 호에 해당하는 사람을 보건복지부장관이 임명 또는 위촉한다.

1. 근로자단체 및 사용자단체가 추천하는 각 2명
2. 시민단체(「비영리민간단체지원법」 제2조에 따른 비영리민간단체를 말한다. 이하 같다), 소비자단체, 농어업인단체 및 자영업자단체가 추천하는 각 1명
3. 의료계를 대표하는 단체 및 약업계를 대표하는 단체가 추천하는 8명
4. 다음 각 목에 해당하는 8명
   가. 대통령령으로 정하는 중앙행정기관 소속 공무원 2명
   나. 국민건강보험공단의 이사장 및 건강보험심사평가원의 원장이 추천하는 각 1명
   다. 건강보험에 관한 학식과 경험이 풍부한 4명

③ 사회복지입법청구권

사회복지입법청구권은 생존권보장을 위해 사회복지급여를 제공하는 구체적인 법률이 제정되지 않았거나 제정되었더라도 불충분한 경우 사회복지입법을 추진하거나 그 개정을 청구할 수 있는 권리이다.

예 헌법 제107조 1항에서는 법률이 헌법에 위반되는 여부가 재판의 전제가 된 경우에는 법원은 헌법재판소에 제청하여 그 심판에 의하여 재판한다.

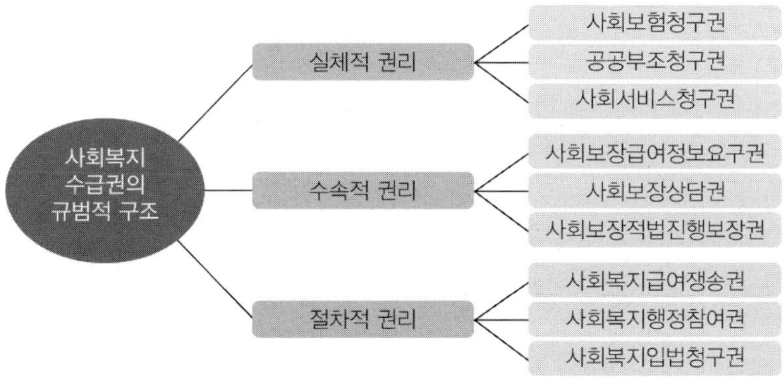

❙그림 4-1❙ 사회복지수급권의 규범적 구조

3. 사회복지수급권의 보호와 제한

1) 사회복지급여 수급권의 취약성

사회복지급여의 수급권은 기본적 권리의 하나로서 파악된다고 할지라도 그 실현을 위해서는 여전히 장애요소가 존재하고 있다. 헌법에서 명시되고 있는 생존권 조항과 하위법인 국민기초생활보장법이나 아동복지법 등에서 사회복지급여 수급권에 대한 규정이 있음에도 불구하고 사회복지급여 수급권이 하나의 기본적 권리로서 인정받지 못하는 취약성은 있다.

첫째. **수급권의 법적 효력에 대한 인식**이다. 그것은 헌법상의 규정을 하나의 프로그램 규정으로 인식하고 있다. 따라서 사회복지급여에 수급권은 국가 행정행위의 반사적 이익으로 파악하기 때문이다.

둘째. **수급권의 내용상 특성**이다. 사회복지급여 수급권이 권리로서 취약성을 지닐 수밖에 없는 이유는 사회복지급여 수급권 내용 자체에서 찾아볼 수 있다. 법은 항상 보수성을 지니며 현실 사회의 표준화된 사항을 중시하는 특성에서 사회복지급여는 항상 유동적이며 개별적이며 계량화·표준화가 쉽지 아니한 성격을 대상으로 하는 것이므로 그만큼 권리성이 약화되는 점을 지니게 된다.

셋째, **수급권 권리성의 이중성**이다. 사회복지급여 수급권의 법적 성격에서 볼 때 이것이 갖는 사적 측면의 존재가 권리성을 어렵게 하고 있다. 사회복지급여 수급권은 자기의 생활유지라고 하는 수급자의 사적 이익에 관한 측면이되 사회적 청구권으로서의 생존권의 공적 성격과 불가분하게 결합되어 있다. 그러므로 사회복지급여 수급권이 지닌 이러한 이중성으로 인하여 사적 측면에 대해서는 국가가 끊임없이 개인 책임으로 돌리려는 한편, 공적 측면으로는 사회복지행정의 급여행정적 측면이 지닌 재량권의 소극적 특성이 사회복지급여 수급권을 하나의 권리로서 확립되기 어려운 것으로 만들게 된다.

넷째, **수급권과 행정조치**이다. 사회복지급여 수급권과 행정조직, 즉 사회복지행정기관의 각종 행정행위와 관련하여 권리로서의 허약성이다.

이런 점에서 행정기관의 재량권이 적절하게 실행되어야 하고 사회복지 전문인력의 배치를 위한 법적 · 제도적 장치 또한 요구되고 있다. 현재 우리나라의 실정에서 이러한 측면에서 볼 때, 사회복지 전문인력의 배치와 자격, 임용, 교육, 훈련, 그리고 사회복지 전달체계의 개선 등에 대한 재검토가 요구된다고 하겠다.

4. 사회복지급여 수급권의 보호

사회복지급여를 받을 권리는 사회권으로서 이미 여러 나라에서 하나의 권리로서 인정하고 있으며 이에 따라 구체적 법률을 통하여 사회복지급여가 국민들에게 제공되는 성격과 함께 사회권(생존권)으로서 공적권리로서의 이중성을 지니고 있다. 그러므로 국가는 수급권을 가진 개인의 생활을 보장하는 목적으로 이들에 대한 특별한 보호를 필요로 하는 것이다. 국가는 개인의 권리실현에 장애가 되는 요소를 제거할 뿐만 아니라 적극적으로 권리실현을 할 수 있도록 원조를 하게 된다.

1) 수급권의 처분 · 압류의 금지

사회복지급여 수급권자는 자기가 가지고 있는 사회복지급여 수급권을 타인에게 양도하거나 또는 담보로 제공할 수 있는지, 사회복지급여 수급권자의 채권자는 자기 채무자의 사회복지급여 수급권을 압류하거나 또는 수급권자에 대한 자기의 채무와 상계할 수 있는가이다. 우리나라의 경우 사회복지급여 수급권은 독일 사회법에서처럼 통일된 규정은 없으나 개별규정에 의거하고 있고 규정이 없더라도 일반적으로 수급권의 금지가 이루어지고 있다고 볼 수 있다. 사회복지급여 수급권을 실제로 수급권자에게 직접 귀속시켜야 할 개인적 · 사회적 필요성에서 압류 · 양도 · 담보 제공 등을 금기시킨 것과 동일한 이유에서 상계도 금지됨은 당연하다.

2) 조세 기타 공과의 금지

각종 사회복지급여에 대하여 각국의 사회복지 입법례에서는 거의 공통적으로 조세나 기타의 공과금을 금지하고 있다. 이것은 사회복지급여를 통하여 최소한의 삶을 영위하게 하는 데 목적이 있으므로 조세나 기타 공과금을 부과하는 것은 바람직하지 않기 때문이다.

3) 불이익 변경의 금지

사회복지급여가 결정된 경우 그것은 일종의 기득권적인 성격을 지니므로 정당한 이유 없이 불이익하게 변경될 수 없다. 이러한 규정은 가능한 한 피보호자인 사회복지급여 수급자를 보호하려는 취지에서 만들어진 내용으로 생각된다.

5. 사회복지급여 수급권의 제한

1) 수급권 제한의 의의

사회복지급여 수급권은 스스로 사회생활을 유지할 수 없는 상태에 처한 사회적 약자에게 인간다운 생활을 영위할 수 있도록 하는 사회복지의 제도적 장치로써 구체적으로 실현된다. 그러므로 사회복지급여가 마땅히 필요한 상태, 즉 요보호상태가 사회복지 수급권자(요보호자)의 책임으로 돌릴 수 있는 행위로 인하여 발생하거나 또는 그로 인하여 그 상태가 악화되거나 또는 호전되는 것을 방해할 때, 또는 사회복지급여지급에 필요한 여러 가지 협조 의무에 응하지 않는 경우에도 사회적 보호만을 고려하여 그에게 사회복지급여를 지급하여야 하는가의 문제가 대두된다.

이와 같이 사회복지급여 수급권의 제한은 여러 가지 사정이 있을 경우, 수급을 받을 권리가 타당하고 정의로움에 반대된다는 인식을 하게 될 때 형식적으로 수급요건이 있다고 보여지는 경우에도 급여를 행하지 않는다는 것에 제한의 의의가 있다.

2) 사회복지급여 제한의 일반원칙

(1) 과잉사회복지급여의 제한 및 금지

사회복지급여는 급여대상자(요보호대상자)가 스스로 자신의 생활을 영위하는 것을 목표로 하고 있으며, 변화 상태에 따라 급여지급을 종결하게 된다. 즉 사회복지급여는 언제나 수급권을 유지할 수 있도록 원조한다. 그것은 개인의 자율적이고 자기 결정적인 생활을 유지케 함으로써 스스로 인간으로서의 존엄성을 유지·확보케 하는 데 기여함을 목적으로 하고 있기 때문이다. 그러므로 사회복지급여 수준과 내용은 수급권자의 자립에 기여할 수 있도록 적정한 것이어야 한다. 따라서 사회복지 급여 내용은 너무 적지도 많지도 않아야 하며 중복된 급여를 지양해야 한다.

(2) 사회복지급여의 남용금지

사회복지급여는 급여대상자 가정에 상부상조의 정신에 입각한 위험공동체에 있다. 현실적으로 사회복지급여는 국민의 세금이나 사회보험, 기여금 등에 의존하고 있으므로 이러한 공동체의 다른 구성원들에게 부당하게 불이익을 가져오는 행위가 배제되어야 한다. 그러므로 사회복지급여 수급권자는 사회복지수급 조건에 따른 의무를 성실하게 이행함은 물론 사회복지수급 사유 및 조건을 인위적으로 직접·간접으로 발생케 하거나 연기시키는 행위 등에 대하여 마땅히 사회복지급여 수급권을 제한·금지당하게 된다.

(3) 사회복지급여의 악용의 제한

사회복지급여를 지급받기 위한 목적으로 고의로 사회복지급여 지급 사유를 발생시킬 경우에는 사회복지급여 수급권을 제한하는 것이 통례로 되어 있으며 고의 범죄행위에 의한 경우도 똑같이 취급하는 것이 보통이다.

3) 사회복지급여 수급권 제한의 구체적 사유

(1) 고의행위에 의한 수급권의 제한

사회복지급여 수급권자이거나 혹은 아니라도 특정의 고의적 행위를 통하여 사회복지수급권을 가지게 될 경우는 이에 대해 수급권을 제한한다. 고의행위에 의한 수급권의 제한 내용에는 다시 세 가지로 세분할 수 있다.

① 목적 있는 자해행위

사회복지급여를 지급받기 위한 목적에서 사회복지급여 지급 사유를 고의로 발생시킨 행위인 목적 있는 자해행위이다.

② 고의의 범죄행위

사회복지급여 지급 사유가 수급권자의 고의의 범죄행위 수행으로 인하여 발생한 경우 수급권의 발생을 배제한다.

③ 고의행위

고의행위는 고의로 사회복지급여 지급 사유의 원인이 되는 사유를 발생시킬 경우(고의의 사고) 사회복지급여 수급권을 배제하고 있다. 고의로 사회복지급여 지급사유를 발생시킨 경우는 가장 일반적으로 사용되고 있는 사회복지급여 수급권 발생의 배제 사유이다. 그리고 고의로 요양에 관한 지시에 따르지 아니할 경우로 수급권자이거나 수급권자로 될 수 있는 자가 고의로 요양지시에 따르지 아니함으로써 장애로 사망하거나 장애를 악화시키고 그 회복을 방해한 때에는 적극적으로 그 사유를 발생시킨 경우와 마찬가지로 사회복지급여를 배제한다.

(2) 과실 있는 행위에 의한 수급권의 제한

오늘날 과실에 의한 행위가 사회복지급여 수급권 발생의 제한 사유가 되는 경우는 극히 드물다. 그것이 비록 배제 사유가 된다 하더라도 다만 중과실에 한하는 것이 보통이다.

(3) 부정급여자에 대한 급여 제한

사기 또는 기타의 부정한 행위에 의해서 사회복지급여를 받았거나 받고자 할 때에는 그 벌칙으로 일정기간 동안 당해 사회복지급여를 전부 또는 일부를 제한한다.

(4) 사회복지급여의 병급금지 또는 조정

사회복지급여 수급 사유에 대하여 중복급여를 제한하거나 다른 사회복지법 체계를 통하여 이미 수급을 받은 사유와 연관하여 수급권자의 권리를 실현시키는 것으로서 보상 및 배상과 연관되는 경우가 많다. 이것은 수급권자가 동일 급여 수급 사유에 대하여 중복수급을 하거나 민법 또는 타법과의 연관에서 이중으로 보상 또는 배상함으로써 사회적 형평의 원칙에서 위배되는 것을 방지하기 위한 것이다.

05 CHAPTER 사회적 기본권의 법적 성격

제1절 헌법상 사회적 기본권의 성격[1]

헌법상 사회적 기본권의 실효성 확보의 이론적 기반이 된다고 할 수 있는 사회적 기본권의 법적 성격 문제를 사회적 기본권의 핵심이자 사회보장수급권의 연원이 되는 **'인간다운 생활을 할 권리'**를 중심으로 관련 학설과 헌법재판소 결정례에 대한 분석을 통해 살펴본다.

사회적 기본권의 보장 연혁 및 취지, 규정 형식, 그리고 헌법소원제도 도입 및 운용실제 등에 비추어 볼 때 현행 헌법상 사회적 기본권이 구체적 권리임은 부인하기 어렵다. 다만 헌법소원제도가 시행된 이후 사회적 기본권의 법적 성격을 둘러싼 종래의 학설들 간에 실질적인 측면에서 의미 있는 차이점을 찾기는 어렵다. 오늘날 사회적 기본권에 대한 구체적 권리성 인정의 실천적 함의는 실체법적 측면에서는 **권리**로서의 사회적 기본권의 구체적 내용 내지 보호영역을 규명하고 소송법적 측면에서는 사회적 기본권의 **제한**에 대한 보다 충실한 사법심사 방안을 모색하는 데에 있는 것이라고 본다.

1) 김복기(2014)에서 재구성

1. 헌법의 기본권 개념

헌법은 전문에서는 실질적 평등사회 건설의 이념을 천명하고 제10조에서 인간의 존엄과 행복추구라는 기본권보장의 대원칙을 선언하면서, 제34조 제1항에서는 "**모든 국민은 인간다운 생활을 할 권리를 가진다.**"라고 규정함으로써 사회적 기본권보장의 기본원칙을 밝히고 있다(김철수, 2007).

실업과 빈곤은 현대 자본주의 사회의 생존의 문제이며 오늘날 각국의 헌법상 사회적 기본권 내지 사회국가 원리에 관한 규정은 이러한 구조적 현상에 대한 반영이다. 우리 헌법상 인간다운 생활을 할 권리를 비롯한 개별 사회적 기본권에 관한 규정 역시 이러한 현대 자본주의 사회의 구조적 문제점을 국가가 적극적으로 해결하도록 하는 헌법제정권자의 의지 내지 합의의 결과라고 보아야 할 것이다. 그런데 이러한 사회적 기본권의 구체적 보장 내지 실효성 문제는 좁게는 개별 입법의 구체적 내용 및 입법방식 그리고 법집행기관의 성격과 재판의 공정성에 따라, 넓게는 기본권의 이론적 기반 및 현실적 기초, 그리고 헌정질서의 성격, 즉 헌법문화의 수준과 같은 법 풍토의 영향에 따라 영향을 받는다.

2. 헌법상 생존권적 기본권과 사회복지수급권

독일 바이마르헌법에서의 생존권은 그 내용과 성격이 다양하지만 그 목적은 개인의 생존을 보장하기 위해 국가가 적극적으로 개인생활에 개입하며 그 구체적 내용은 공공정책이나 사회복지정책을 통해서 실천하게 된다는 것이다. 그 구체적 생존권의 보장방식은 헌법의 하위법인 각종 법률이나 명령(시행령), 규칙(시행규칙) 등에 의거한 행정행위에 달려 있다는 의미이다. 그러나 헌법상에 규정된 생존권 조항의 법적 효력, 즉 헌법상에 생존권 조항이 갖는 하위법령들과의 관계와 그 내용은 생존권의 실현에 관건이 되므로 그 성격을 규명하는 작업이 매우 중요한 일로 남아 있다. 헌법상의 생존권 조항을 둘러싼 법적 성격 논쟁은 크게 프로그램 규정설과 법적 권리설로 나누며, 다시 법적 권리설은 추상적 권리설과 구체적 권리설로 분리되어 학계에서 논의되고 있다.

3. 권리부인설

1) 프로그램 규정설(입법방침규정설)

바이마르헌법 하에서 사회적 기본권은 그 자체로는 법적 구속력을 가지지 못하며 구체적 입법에 의하여 비로소 법적 구속력을 갖는 것으로 해석되었다(계희열, 2007). 이 학설은 사회적 기본권에 관한 헌법규정은 구체적·현실적 권리를 부여한 규정이 아니라 국가의 사회정책적 목표 내지 정치적 강령을 선언한 것으로 국가권력에 대하여 정치적·도의적 책임을 지운 것에 불과하다는 견해이다(권영성, 2009). 이 견해는 기본권규정을 권리규범과 객관적 법규범으로 분류하고 후자를 다시 직접적으로 효력을 갖는 규범과 직접적으로 적용되지 않고 집행법률에 의한 현실화를 요하는 규범으로 나누어 후자의 것을 입법부에 대한 프로그램규정이라고 하는데 사회적 기본권이 바로 여기에 속한다고 한다(박일경, 1990). 프로그램 규정설에 따르면 생존권은 국가의 사회정책적 목표와 강령을 선언한 것에 불과하므로 국가가 그 권리의 실현에 필요한 입법이라든가 시설을 하지 않는 한 그에 관한 헌법 규정만으로는 국가에 대한 구체적 청구권이 인정되지 아니하며 그 입법의 태만을 헌법위반이라 하여 법원의 법령심사권을 통하여 시정할 수 없다고 한다.

프로그램 규정설은 그 이론적 근거로, 사회적 기본권은 국가의 사회적·경제적 역량 특히, 재정적 능력에 크게 의존하는 것이므로 헌법에서 사회적 기본권을 규정하고 있는 경우에도 현실적으로 국가와 국민 전체의 경제력이 미치지 못하면 그것은 단지 사회정책의 기본방침으로서 장래에 대한 정치적 공약을 선언한 것에 불과하다는 점과 사회적 기본권에 관한 헌법규정은 사회적 기본권을 법적 권리가 되게 하는 데 필요한 구체적 입법, 즉 누가, 어떤 조건하에서, 어떤 내용을, 어떤 경우에, 어떠한 절차와 방법에 따라 요구할 수 있는가 하는 점 등이 명문으로 규정되어 있지 않다는 점을 들고 있다(김복기, 2014).

결국 이러한 프로그램 규정설에 의하면 국가가 그 권리의 실현에 필요한 입법 또는 시설을 하지 아니하는 한 일반 국민은 그에 관한 헌법 규정만으로는 국가에 대하여 그 의무 이행을 재판상 청구할 수 없으며 그에 관한 입법의 태만을 헌법위반이라 하여 사법적 구제를 구할 수 없게 된다(권영성, 2009). 현재 국내에서 이 설을 명시적으로 주장하는 사람은 없는 것으로 이해되고 있다.

2) 객관적 규범설

객관적 규범설은 사회적 기본권을 개인의 주관적 권리가 아니라 사회적 기본권을 실현해야 할 국가의 목표나 의무를 부과하는 객관적 규범(국가목표규정, 헌법위임이나 입법위임 등)으로 이해하는 견해이다(한수웅, 2012). 즉 객관적 규범설은 개인이 사회적 기본권을 구체화하는 입법을 통하여 비로소 사회적 기본권을 행사할 수 있다는 점에서는 프로그램규정설과 같으나 프로그램설과는 달리 사회적 기본권에 관한 규정을 국가기관을 구속하는 법적 구속력을 가지는 헌법규범으로 이해한다.

구체적으로 사회적 기본권이 국가목표규정이라는 견해는 사회적 기본권이 모든 국가활동에 원칙과 지침을 제시하고 명령과 지시를 통하여 특정의 방향으로 국가활동을 정향(定向)시키고 실질적 과제를 부여한다고 보며(계희열, 2007), 사회적 기본권을 입법위임 규정으로 보는 견해는 사회적 기본권을 입법자에게 특정 내용의 입법활동을 하도록 의무를 과하는 헌법적 지시라고 본다(홍성방, 2013). 국가목표규정과 입법 위임규정은 모두 국가에 대하여 활동의무를 부과한다는 점에서 공통점을 갖고 있으나, 국가목표규정은 입법, 행정, 사법의 모든 국가작용을 구속하는 데 반해 입법위임은 입법자만을 구속한다고 한다. 입법 위임은 국가목표규정보다 강한 구속력을 갖는다고 하는데, 그 이유는 입법위임규정은 특수하고 구체적으로 표현되기 때문이라고 한다(정태호, 2007). 사회적 기본권이 입법위임이라는 견해에 따르면 입법자가 내용과 범위가 정해져 있는 법 정립에 대한 명시적인 헌법위임을 이행하지 않을 뿐만 아니라 또한 이러한 위임이 특정 범위의 사람들의 개인적 이해관계와 관련이 있는 경우 개인은 입법부작위에 대하여 헌법소원을 제기할 수 있다고 한다. 한편 사회적 기본권을 헌법위임으로 보는 견해는 우리 헌법에 규정되어 있는 사회적 기본권은 주관적 공권이 아니라, 일차적으로 기본전제를 형성하라는 입법자에 대한 구속적인 헌법위임규정이라는 입장이다. 여기서 헌법위임이란 국가권력에게 일정한 방향으로의 활동을 수행하여야 하는 의무를 부과하는 헌법적 명령을 말한다. 즉, 헌법위임이란 그에 표현된 국가목표를 적합한 조치를 통하여 실현하여야 할 국가기관, 무엇보다도 입법자의 객관적 의무(헌법적 입법위임)이다. 이 견해에 따르면 원칙적으로 입법목적의 선택의 측면에서 자유로운 입법자에게 헌법적으로 입법과정에서 고려하여야 할 구속력 있는 국가목표가 부과되며, 이와 관련된 입법자의 부작위나 의무의 명백한 해태는 헌법적으로 허용되지 않는다(한수웅, 2012).

4. 법적 권리설

1) 추상적 권리설

추상적 권리설은 헌법이 사회적 기본권을 권리로 규정하고 있기 때문에 사회적 기본권은 법적 권리로서의 성격을 가지나 이 권리는 입법을 통해 구체화되어야만 현실적인 소구(訴求)가 가능한 구체적 권리가 된다고 한다(김철수, 2007). 이 견해의 이론적 근거로는 우선 사회적 기본권과 같이 처음부터 정비된 법체계를 가지지 아니한 기본권이 그에 관한 헌법 규정만으로 사법상의 권리와 동일한 의미의 구체적 권리가 될 수 없음은 당연하지만 그렇다고 하여 사회적 기본권에 관한 규정을 곧 프로그램규정이라고 하는 것은 논리적 비약이고, 국가의 경제체제가 자본주의경제라는 것이 사회적 기본권을 권리가 아니라고 부정할 근거는 되지 않으며, 또한 보장방법이 애매하다는 점은 사회적 기본권이 권리로서 불완전하다는 것을 시사하는 것이라 할 수 있지만 그러한 사정은 비단 사회적 기본권에 국한된 것은 아니라 그 실현을 위하여 국가의 행위를 필요로 하는 그 밖의 기본권(재판청구권, 공무담임권 등)에도 해당하는 점 등을 들고 있다(권영성, 2009). 요컨대, 추상적 권리설에 따르면, 사회적 기본권은 비록 추상적인 것일지라도 법적 권리이며 또한 국가의 의무이행이 사법적 절차에 의하여 강제될 수 없을지라도 사회적 기본권 보장을 위한 국가적 의무는 헌법에 의거한 법적 의무라고 한다.

추상적 권리설은 생존권이 비록 추상적일지라도 법적권리이며 또 국가의 의무이행이 재판에 의하여 강제될 수 없을지라도 국가의 생존권보장의 의무는 헌법에 의거한 법적 의무라고 한다. 이 추상적 권리설은 현재 우리나라의 다수설이다.

2) 구체적 권리설

구체적 권리설은 사회적 기본권에 관한 헌법규정은 그것을 구체화하는 입법이 존재하지 아니하는 경우에도 직접 효력을 가지는 규정이고 구체적 권리로서의 사회적 기본권을 보장하는 것이라는 입장으로, 사회적 기본권도 자유권적 기본권과 같이 구체적으로 입법권, 행정권, 사법권을 구속한다고 본다(한수웅, 2012). 이 입장의 기본 논거는 다음과 같다.

첫째, 모든 헌법규정은 공동체 구성원들의 헌법생활과정에서 그 내용이 반드시 실현되어야 할 재판규범이라는 점이다. 어떠한 헌법규정은 재판규범이고 어떠한 헌법규정 은 프로그램규정이라는 해석은 헌법에 그에 관한 명문이 존재하지 아니하는 한 독단적·자의적 해석일 수밖에 없기 때문이다.

둘째, 사회적 기본권의 보장은 인간 존엄의 중요한 부분이며 인간 자유 실현의 기초를 의미한다는 점이다. 최소한의 인간다운 삶이 보장되지 않는 곳에서는 자유조차도 그 의미를 가지기 어렵고 궁핍한 상황에 있는 인간에게 있어 생존의 문제는 자유보다도 더욱 절박한 문제이다. 즉 경제적으로 열악한 상황에 처한 절대빈곤층에게는 자유권적 기본권이나 정치적 기본권보다 사회적 기본권의 실질적 보장이 더욱 절실한 의미를 가진다.

셋째, 역사적으로 사회적 기본권은 자본주의적 생산과 분배과정에서 생긴 제모순이 점차 확대되고 경제공황 등 자본주의의 위기가 격화됨에 따라 그 모순을 해결하기 위해 국가가 사회적·경제적 제관계에 전면적으로 개입하여 국민의 사회적·경제적 생활을 보장하도록 국가에 의무 지우고, 이러한 개입과 관여가 헌법상 정당시된다는 권리구조에 입각한 것이므로, 사회적 기본권은 자본주의 자체의 요청에 의하여 헌법상 법적 권리로 보장된 것이며, 따라서 사회적 기본권의 발생 모태인 자본주의를 근거로 하여 사회적 기본권의 권리성을 부정하는 것은 자가당착이라는 점이다.

넷째, 현행 헌법은 공권력의 행사 또는 불행사에 의한 국민의 기본권 침해에 대하여 헌법소원심판을 인정하고 있다는 점이다. 즉 사회적 기본권에 관한 입법부작위에 의하여 사회적 기본권이 침해된 경우에 국민은 헌법소원을 통하여 권리구제를 받을 수 있다.

권리설 중 구체적 권리설에 따르면 생존권에 관한 헌법규정은 그 규정을 구체화하는 입법이 존재하지 않는 경우에도 현실적 효력을 갖는 규정이고 완전한 권리로서 생존권을 보장하는 것이라고 한다. 따라서 국가의 생존권 실현에 관한 부작위는 현실적·구체적 권리의 침해가 되어, 국민은 국가의 부작위위헌확인소송 또는 작위의무화소송(의무이행소송)을 제기할 수 있다고 한다.

사회보장과 사회복지 방법의 구체적인 표현은 헌법의 하위법인 국민기초생활보장법에서부터 아동복지법, 노인복지법, 장애인복지법, 모자보건법, 의료보험법, 국민연금법 등 사회복지법 전체를 통하여 실천되고 있는 셈이다. 그러므로 모든 사회복지법에 규정되어 있는 사회복지서비스를 받을 권리, 즉 수급권은 헌법에 명시되어 있는 생존권, 혹은 협의의 복지권을 실현함으로써 궁극적으로는 현대 자본주의 사회에서 스스로 자신의 생활을 유지하지 못하는 사회적 취약계층을 포함하여 모든 국민이 인간다운 생활을 보장하게 하는 수단이라고 할 수 있다. 이런 점에서 사회복지법상의 수급권과 헌법상의 생존권은 내적으로 상호 연결되어 있다.

제2절 인간다운 생활을 할 권리

1. 판례의 태도

헌법재판소는 1995년 7월 21일 선고된 국가유공자 등 예우 및 지원에 관한 법률 제9조의 본문 사건에서 '**인간다운 생활을 할 권리**'는 여타 사회적 기본권에 관한 헌법 규범들의 이념적인 목표를 제시하고 있는 동시에 국민이 인간적 생존의 최소한을 확보하는 데 있어서 필요한 최소한의 재화를 국가에게 요구할 수 있는 권리를 내용으로 하고 있다(헌재 1995.7.21. 93헌가14, 판례집 7-2, 20면)고 전제하면서 인간다운 생활을 할 권리로부터는 …… 인간의 존엄에 상응하는 생활에 필요한 '**최소한의 물질적인 생활**'의 유지에 필요한 급부를 요구할 수 있는 구체적인 권리가 상황에 따라서는 직접 도출될 수 있다고 할 수는 있어도, 동 기본권이 직접 그 이상의 급부를 내용으로 하는 구체적인 권리를 발생케 한다고는 볼 수 없다고 할 것이다.

이러한 구체적 권리는 국가가 재정 형편 등 여러 가지 상황들을 종합적으로 감안하여 법률을 통하여 구체화할 때에 비로소 인정되는 법률적 권리라고 할 것이라고 판시한 바 있다(헌재 1995.7.21. 93헌가14, 판례집 7-2, 30-31면). 즉 헌법재판소는 적어도 일정한 경우에는 최소한의 물질적 생활의 유지에 필요한 급여를 국가에 요구할 수 있는 권리가 헌법상 인간다운 생활을 할 권리로부터 도출될 수 있음을 밝혔다.

2. 비판적 검토

우리 헌법 제34조 제1항이 "**모든 국민은 인간다운 생활을 할 권리를 가진다.**"라고 하여 실정헌법상 명문으로 명백히 "**권리를 가진다.**"라고 규정한 점에 비추어 볼 때 권리성을 부인하는 제학설은 기본적으로 받아들이기 어렵다. 이른바 객관설은 독일처럼 헌법이 사회적 기본권을 규정하지 않고 사회국가원리만을 규정한 경우에는 그 이론적 타당성을 가질 수 있을지는 모르겠으나 우리나라처럼 개별적인 사회적 기본권을 헌법에 권리 형식으로 명시적으로 규정하고 있는 경우에는 수용하기 힘들다(강경근, 1998).

사회적 기본권은 단지 정치적 구호나 입법방침이 아닌 헌법의 명문에 의하여 규정된 국민의 구체적인 권리이다. 사회적 기본권에 의해 국민이 받을 이익은 결코 국가의 은혜 내지 사회정책상의 시책에 수반되는 반사적 이익에 불과한 것이 아니라 법적 이익이며, 자유권의 실질화는 바로 이러한 법적 이익의 보장을 통해서만 가능하다.

추상적 권리설은 구체적 입법이 없는 한 현실적 권리로서 사법적 구제를 받을 수 없다고 하고 있는 점에 있어서 프로그램 규정설과 다를 바 없으며(계희열, 2007), 권리는 있으나 구체적 청구권을 주장할 수 없다고 하는 같은 잘못을 범하고 있다. 현재 우리나라는 공권력의 행사 또는 불행사에 의하여 기본권이 침해된 경우 헌법소원을 청구할 수 있도록 하였기 때문에 추상적 권리설은 이론적 기반을 찾기 어렵다고 본다(김철수, 2007).

제3절 사회복지법상의 권리구제[2)]

1. 권리구제의 개념과 의미

1) 권리구제의 개념

사회복지의 권리구제와 쟁송은 사회복지 관련법률에 있어서 제반 사회복지

2) http://kowon.dongseo.ac.kr/~knamij/law05.htm에서 재구성.

급여 수급권자가 수급자격과 보험제도의 경우에는 보험료, 급여 등과 관련하여 당해 처분에 대하여 이의가 있거나 불복이 있는 경우, 사회복지 관련법상에 규정되어 있는 각종 심사위원회나 혹은 법원에 그 처분의 시정을 구할 수 있는 절차를 말한다. 현행 사회복지관련 법률에는 공통적으로 이의신청과 관련된 규정을 두고 있다. 일반적으로 사회복지관련법상의 이의신청 규정은 각종 법상의 처분에 의해 권익을 침해당한 자가 사법상이나 공법상의 구제 절차에 앞서 행정심판 혹은 행정심사로서의 성격을 가진 심사위원회 등의 기구를 통하여 이의 시정을 구함으로써 사회복지급여 수급권자 권익을 보호하고 복지를 증진시키는 데 목적이 있다.

2) 권리구제의 의미

사회복지법에서 이의신청이나 재심사 등의 권리구제 장치를 마련하는 가장 큰 이유는 급여대상자인 사회적 약자의 생존권을 신속하게 확보하려는 입법상의 의의나 목적에 있다고 하겠다. 대부분 사회복지법의 수급권자나 요호보대상자는 사법적 판단과정에 소요되는 재정적·시간적 여유를 가지지 못하는 현실을 반영하여 권리구제의 장치를 통해 인간다운 생활을 보장하려는 것으로 풀이할 수 있다. 심사청구제도를 두는 근본적인 목적 혹은 의의는 세 가지로 요약할 수 있다.

첫째, **자율적 행정통제의 의미**를 가진다. 행정의 적법성, 타당성을 행정권 스스로 자율적으로 보장하려고 하는 행정의 자기통제 내지 행정감독의 제도로서 의미를 지닌다.

둘째, **사법의 보완적 기능을 통한 국민의 권리구제를 위한 목적**이다.

셋째, **행정의 능률을 보장하기 위한 목적**이다. 사법절차에 의한 행정사건의 심판은 심리절차의 공정과 신중으로 상당한 시일이 소요되며 사법절차에 앞서 신속, 간편한 행정심판을 거치게 함으로써 행정사건에 관한 분쟁을 신속히 해결할 수 있어 행정능률에 기여한다고 볼 수 있다.

2. 권리구제의 유형

1) 심사 및 재심사청구 등

권리구제를 위한 심사청구의 유형은 모든 사회복지분야에 걸쳐 있다. 사회보험뿐만 아니라 공적부조와 사회복지사업 분야에도 각각 심사청구제도가 있다. 국민연금법상에는 제88조에서부터 제92조까지가 심사청구 및 재심사청구 관련 내용이다. 국민기초생활보장법상의 이의신청도 역시 2심제를 기본 골간으로 하고 있다. 국민기초생활보장법 제38조에서 제41조까지가 이의신청 부분이다.

2) 법적쟁송

법적쟁송은 사법기관인 법원에서 두 번에 걸친 심사청구 등의 전심절차에 불복한 각종 복지급여 관련처분이나 조치를 해결하려는 것을 말한다. 경우에 따라서는 민사소송이나 행정소송 혹은 헌법소원 등 다양한 법적쟁송이 있을 수 있다. 그리고 그 내용면에서도 심사청구와 마찬가지로 사회보험 분야에서부터 공적부조 및 사회복지사업 분야에 이르기까지 다양한 유형의 법적쟁송이 존재할 수 있다.

(1) 행정소송

행정소송의 경우는 사회복지 관련법상 규정되고 설치되어 있는 각종 심사위원회 혹은 재심사위원회의 과정을 통하여 결정된 결과에 대하여 이의가 있을 경우에 제기될 수 있다.

(2) 민사소송

일반적으로 사회보험 관련법에 있어서 여러 가지 형태의 민사소송이 있을 수 있다. 이는 피보험자와 보험자가 아닌 제3자에 의하여 보험사고가 발생하였을 경우 일어날 수 있다. 이는 넓게 보아 피보험자인 사회복지 대상자의 권리구제의 한 범주로 해석할 수 있다. 국민연금법 제94조가 바로 여기에 속한 것이다. 제1항에 의하면, 국민연금관리공단은 제3자의 행위에 의하여 장해연금 또는 유족연금의 지급사유가 발생하여 장해연금 또는 유족연금을 지급한 때에는 그 급여액의 범위 안에서 수급권자의 제3자에 대한 손해배상청구권에 관하여 수급권자를 대위한다라고 되어 있다.

3. 권리구제의 절차

사회복지법상의 권리구제는 좁게는 이의신청이나 심사청구, 재심사청구 등과 같은 형태로 신속하고도 효율적으로 처리하는 일종의 행정심판과 같은 방식이 있는 반면, 넓게는 이러한 행정심판에 불복이 있을 경우 사법적 판단에 맡기는 방식도 포함된다.

1) 권리구제 절차와 기관 그리고 실천

(1) 절차

사회복지법상 권리구제는 사법적 심판이 이루어지기 전에 거치는 전심절차로 간주된다. 이는 각각의 법에서 규정하고 있듯이 관할 운영주체와 주무부서에서 관할하고 있는 경향인데, 여기에는 사회복지급여 등의 다툼을 신속하게 처리함으로써 적용대상자의 생존권보장과 행정적 전문성과 편의를 함께 도모하려는 것으로 풀이할 수 있다.

권리구제와 관련되는 전심절차는 보통 이의신청과 심사청구(국민건강보험법), 심사청구와 재심사청구(산재보험법, 국민연금법 및 고용보험법), 두 번에 걸친 이의신청(국민기초생활보장법) 등의 이중으로 만들어져 있다. 이 경우 최초의 심사는 이의신청으로서 성격을, 그리고 재심사는 행정심판으로서의 성격을 갖는다. 실제 국민연금법, 산업재해보상보험법 및 고용보험법 등은 이를 명시하여 심사위원회의 심사는 행정심판으로 본다고 규정하고 있다.

2) 절차기관

권리구제의 절차는 거의 이중으로 되어 있으며 각각의 절차상의 기관과 그 구성을 알아보면 다음과 같다.

(1) 산업재해보상보험법

산업재해보상보험법의 권리구제는 심사청구와 재심사청구로 이루어지는데 이를 행정심판을 대체하는 성격으로 규명하고 있다. 심사청구는 근로복지공단이 관할하고 재심사기관은 고용노동부 내에 설치되어 있는 산업재해보상보험심사위원회에서 관할한다.

(2) 국민건강보험법

국민건강보험법상의 권리구제는 이의신청 및 심사청구로 이루어진다. 이의신청은 국민건강관리공단에서 관할하고 심사청구는 건강보험분쟁조정위원회에서 관할하는데 후자는 보건복지부에 설치되어 있다. 그리고 심사청구 등에 불복하는 자는 행정소송법이 정하는 바에 따라 행정소송을 제기할 수 있다.

(3) 국민연금법

국민연금법상의 권리구제는 심사청구와 재심사청구로 구성되어 있다. 심사청구는 국민연금관리공단이, 재심사청구는 보건복지부에 설치된 국민연금재심사위원회에서 관할한다. 국민연금재심사위원회의 재심사는 행정심판법을 준용하고 행정심판으로 간주한다고 되어 있다.

(4) 고용보험법

고용보험법상의 권리구제는 심사청구와 재심사청구로 이루어지는데 심사청구는 지방노동청에 배치된 고용보험심사관 그리고 재심사청구는 고용노동부에 설치되어 있는 고용보험심사위원회에서 관할 한다.

(5) 국민기초생활보장법

국민기초생활보장법상의 권리구제는 이의신청을 두 번에 걸쳐 할 수 있다고 규정하고 있다. 첫 번째 이의신청은 시장・군수・구청장을 통해 시・도지사에게 전달되며 여기에 대해 결정을 할 수 있다. 그리고 여기에 대해 이의가 있을 경우에는 시・도지사를 거쳐 보건복지부 장관에게 다시 이의신청을 할 수 있도록 제도적 장치를 마련하고 있다.

3) 권리구제의 실천적 절차

(1) 산업재해보상보험법

산업재해보상보험법상의 권리구제 절차는 다음과 같다. 보험급여에 불복이 있는 자는 당해 보험급여에 관한 결정을 행한 공단의 소속기관을 거쳐 공단에 제기한다. 이때 심사청구는 결정이 있음을 안 날부터 90일 이내에 하여야 하며, 심사청구를 받은 공단의 소속기관은 5일 이내에 의견서를 첨부하여 이를 공단에 송부하여야 한다. 공단은 제103조 제4항에 따라 심사 청구서를 받은 날부터 60일 이내에 심사위원회의 심의를 거쳐 심사 청구에 대한 결정을 하여야 한다. 다만, 부득이한 사유로 그 기간 이내에 결정을 할 수 없으면 한 차례만 20일을 넘지 아니하는 범위에서 그 기간을 연장할 수 있다. 제1항 본문에도 불구하고 심사청구 기간이 지난 후에 제기된 심사청구 등 대통령령으로 정하는 사유에 해당하는 경우에는 심사위원회의 심의를 거치지 아니할 수 있다. 제1항 단서에 따라 결정기간을 연장할 때에는 최초의 결정기간이 끝나기 7일 전까지 심사청구인 및 보험급여 결정 등을 한 공단의 소속기관에 알려야 한다.

제105조 제1항에 따른 심사 청구에 대한 결정에 불복하는 자는 제107조에 따른 산업재해보상보험재심사위원회에 재심사 청구를 할 수 있다. 다만, 판정위원회의 심의를 거친 보험급여에 관한 결정에 불복하는 자는 제103조에 따른 심사 청구를 하지 아니하고 재심사 청구를 할 수 있다. 제1항에 따른 재심사 청구는 그 보험급여 결정등을 한 공단의 소속 기관을 거쳐 제107조에 따른 산업재해보상보험재심사위원회에 제기하여야 한다. 제1항에 따른 재심사 청구는

심사 청구에 대한 결정이 있음을 안 날부터 90일 이내에 제기하여야 한다. 다만, 제1항 단서에 따라 심사 청구를 거치지 아니하고 재심사 청구를 하는 경우에는 보험급여에 관한 결정이 있음을 안 날부터 90일 이내에 제기하여야 한다. 재심사 청구에 관하여는 제103조 제4항을 준용한다. 이 경우 "심사 청구서"는 "재심사 청구서"로, "공단"은 "산업재해보상보험재심사위원회"로 본다.

(2) 국민건강보험법

국민건강보험법상의 권리구제 절차 역시 다음과 같이 이루어진다. 가입자 및 피부양자의 자격·보험료 등·보험급여 및 보험급여비용에 관한 공단의 처분에 이의가 있는 자는 공단에 이의신청을 할 수 있다. 그리고 요양급여비용 및 요양급여의 적정성 평가 등에 관한 심사평가원의 처분에 이의가 있는 공단, 요양기관 또는 그 밖의 자는 심사평가원에 이의신청을 할 수 있다. 처분이 있음을 안 날부터 90일 이내에 문서(전자문서를 포함한다)로 하여야 하며 처분이 있은 날부터 180일을 지나면 제기하지 못한다. 다만, 정당한 사유로 그 기간에 이의신청을 할 수 없었음을 소명한 경우에는 그러하지 아니하다. 그리고 그 이의신청에 대한 결정에 불복이 있는 자는 건강보험분쟁조정위원회에 재심사청구를 할 수 있는데 그 기간은 역시 90일 이내이다.

(3) 국민연금법

국민연금법상 심사청구와 재심사청구 절차는 아래와 같이 규정되어 있다. 가입자의 자격, 표준소득월액, 연금보험료 기타 국민연금법에 의한 징수금과 급여에 관한 공단의 처분에 이의가 있는 자는 공단에 심사청구할 수 있다. 이때 심사청구는 그 처분이 있음을 안 날로부터 90일 이내에 문서로 하여야 하지만, 정당한 사유로 인하여 기간 내에 심사청구를 할 수 없었음을 증명한 때에는 기간이 지난 후에라도 심사청구를 할 수 있도록 하였다. 그리고 위의 결정에 대하여 불복이 있는 자는 그 결정통지를 받은 날부터 90일 이내에 국민연금재심사위원회에 재심사청구를 할 수 있도록 제도적 장치를 마련하였다.

(4) 국민기초생활보장법

국민기초생활보장법상의 권리구제는 이의신청을 통해서 할 수 있도록 법적 규정을 마련해 놓고 있다. 수급자나 급여 또는 급여변경의 신청을 한 자는 그 결정의 통지를 받은 날부터 60일 이내에 시장·군수·구청장의 처분에 대하여 이의가 있는 경우에는 당해 보장기관을 거쳐 시·도지사에게 각각 서면 또는 구두로 이의를 신청할 수 있다. 이 경우 구두로 이의신청을 접수한 보장기관의 공무원은 이의신청서를 작성할 수 있도록 협조하게 하였다. 이러한 이의신청을 받은 시장·군수·구청장은 다시 10일 이내에 의견서와 관계서류를 첨부하여 이를 시·도지사에게 송부하여야 한다. 시·도지사는 이의신청서를 송부받아 30일 이내에 필요한 심사를 하고 이의신청을 각하하거나 당해 처분을 변경 또는 취소하거나 기타 필요한 급여를 명하도록 규정하였다. 그리고 그 내용을 신청인과 시장·군수·구청장에게 각각 서면으로 통지하도록 하였다.

위의 처분에 대해 이의가 있을 경우에는 그 처분등의 통지를 받은 날부터 60일 이내에 시·도지사를 거쳐 보건복지부 장관에게 서면 또는 구두로 이의를 신청할 수 있다. 시·도지사는 이의신청이 있은 때에는 10일 이내에 의견서와 관계서류를 첨부하여 이를 보건복지부 장관에게 송부하여야 한다. 그리하여 송부받은 보건복지부 장관은 30일 이내에 필요한 심사를 하고 이의신청을 각하하거나 당해 처분의 변경 또는 취소의 재결을 하도록 법적으로 규정하였다. 그리고 그 내용을 시·도지사와 신청인에게 각각 서면으로 재결 내용을 통지하도록 되어 있다.

4. 권리구제의 현황

1) 국민연금법

국민연금제도는 제도의 시행이 의료보험제도에 비하여 늦을 뿐만 아니라 수급자격이 10년 이상의 가입기간을 필요로 하는 장기보험의 성격을 지니고 있어, 현재까지는 이의신청에 따른 심사건수가 많지 않다. 국민연금제도의 심사건수는 두자리 수이지만 점차 급속하게 늘어가고 있으며 급여관리와 연관된 이의신청이 많고, 상대적으로 보험료 징수 관계의 다툼은 적다. 또 급여 종류에 따른 심사건수는 장해연금이 많은데, 이것 역시 발생 가능성이 다른 급여 종류에 비하여 높기 때문에 그만큼 분쟁이 상대적으로 많은 것으로 보인다. 그리고 결정 구분의 측면에서 본다면, 인용보다는 기각이 많은 것으로 판단하여 국민연금의 제도실시가 합리적으로 이루어지고 있음을 생각할 수 있다.

2) 의료보험법

의료보험제도의 심사청구를 통한 권리구제와 연관된 다툼은 거의 모든 쟁점에 있어 연도별로 급속하게 증가하는 경향이다. 심사청구의 쟁점별 현황은 보험급여의 제한사항에 관한 것과 보험급여 비용처분에 관한 것이 상대적으로 다수를 차지하고 있다. 심사결정의 결과에 대하여 알아보면, 원처분이 취소되고 청구인의 청구취지를 받아들이는 청구인용이 1980년대 말 이후로 상대적으로 감소되고 있다. 이러한 배경에서 볼 때, 심사제도는 결과적으로 의료보험제도의 합리적 운영과 피보험자의 복지를 증진시키려는 본래의 취지에 충실한 제도적 장치임이 드러나고 있다.

3) 산업재해보상보험법

산업재해보상보험법은 의료보험이나 국민연금에 비하여 제도실시가 매우 빨랐을 뿐만 아니라 근로자와 그 가족에게 미치는 영향이 매우 중요한 제도이니 만큼 심사와 재심사가 비교적 활발하게 이루어지고 있다. 이것은 1985년도 이래 심사 및 재심사 건수가 빠르게 증가하고 있다. 급여 종류별 산재보험 심사 및 재심사 현황은 유족급여가 청구건수는 비록 상대적으로 적으나 청구율은 높고, 심사청구 건수는 요양급여가 가장 많고 그 다음으로 휴업급여가 많았다. 심사청구의 원인별·상병부위별 심사 현황은 작업과 관련하여 일어난 사고 중 업무상 재해로 인정받지 못하여 심사청구를 하는 경우, 장해등급 판정에 대한 불복 등이었다.

06
CHAPTER

국제법과 실천적 사회복지

제1절 국제법에 대한 이해

1. 국제법의 개념

국제법은 국제사회의 법으로서 원칙적으로 국가 간의 합의에 의해 성립하는 것이 원칙으로 국가간의 관계를 규율하는 법률이다. 따라서 국가의 의사에 반해 국제법을 성립시킬 수 없다. 국제법은 국가 간의 명시적 합의인 조약과 국가 간의 묵시적 합의인 국제관습법이 있다. 그리고 사회복지관련 국제법규는 상징적인 각종 선언문에 의해 영향을 받으며 주로 국제조약으로 구체화되고 있다. 국제조약은 국제법의 주체 간에 일정한 권리의무를 당사자 간에 발생하게 하기 위해 서면의 형식으로 한다.

국제법의 규율에 따라서 체결되는 국제적 합의이며 조약을 체결할 수 있는 국제법의 주체는 원칙적으로 국가이다. 그리고 국제기구도 조약체결의 기능을 가지며 협약, 협정, 규약, 헌장, 규정, 제정서 등의 여러 명칭으로 불린다. 국제협약은 상호협정과 동맹이라는 기초위에 국제관습법의 조직적 상부구조라고 할 수 있다.

우리나라에서 국제법의 효력은 헌법 제6조 제1항에 헌법에 의해 체결, 공포된 조약과 일반적으로 승인된 국제법규는 국내법과 같은 효력을 지닌다. 또한 국제관습법규와 우리나라가 체결 당사국이 아닌 조약이라도 일반적으로 규범성이 인정된다. 헌법 제6조 제2항에서 외국인은 국제법과 조약이 정하는 바에 의하여 그 지위가 보장된다. 개별국가들 간에 사회복지에 관한 협약이 비준된 경우는 국가간 상호주의에 입각하여 자국민에 준하는 사회복지 혜택을 상대국 국민에게도 부여하고 있다.

2. 사회복지법의 국제화 원인

1) 인간다운 생활 보장의 보편화

모든 국민에게 인간다운 생활을 보장하는 사회복지 목적이 오늘날 보편적인 국가의 목적이다. 따라서 국제적인 공통성을 기초로 국제적인 기준과 발전 방향이 정립되고 국제적인 사회복지기관들이 탄생되었다.

2) 근로자의 국제적 이동

현대는 근로자들의 국경을 초월한 이주가 이루어지고 각국은 상호주의 원칙에 따라 상대국에서 활동하고 있는 자국민에 대해 동일한 혜택을 기할 수 있게 하고 있다.

3) 노동자 대표의 국제기구 참여활동

사회복지수급권자의 상당수가 노동조합의 조합원으로 구성되어 있다. 각국의 노동조합은 타국의 노동조합과 국제적 연대를 형성하고 사회복지에 관한 다양한 요구를 하고 있다. 국제노동기구(ILO)는 국제적 노동자조직으로서 노동자대표들이 참여하여 근로자복지향상에 노력하고 있다.

4) 국제적 사회복지 기준의 설정

사회보장과 노동 그리고 보건 등과 관련된 국제기구들은 전 세계적으로 적용할 수 있는 국제적 사회복지기준을 설정하고 있다. 각 국가들이 사회복지법을 제정하고 실시할 때 기준으로 삼도록 권고하고 있다. 복지 후진국들에게는 향후 사회복지 발전 방향과 목표를 설정하는데 가이드라인 역할을 한다.

3. 사회복지관련 국제기관

1) 국제연합(UN)

국제연합은 제2차 세계대전 후 1945년 10월 24일 전쟁 방지, 평화유지를 위한 목적으로 결성된 국제기관이다. 우리나라는 1991년 9월 17일 북한과 동시 가입 하였다. 국제연합은 총회에서 주요선언이나 권고협약을 채택한다. 사회복지분야 뿐만이니라 여러분야에서 국제적인 기준을 설정하고 있다.

2) 국제노동기구(ILO)

국제노동기구는 UN 산하기관이다. 1919년 6월 베르사이유 평화조약이 조인됨으로써 설립된 국제기구이다. 국제노동기구는 노동조건을 개선하고 사회정의확립과 세계평화공헌을 목적으로 하며 근로조건의 국제적 기준을 설정하는 것이 본래의 임무였다. 제2차세계대전 후 UN의 경제사회이사회와 협력하여 근로조건 뿐만아니라 사회복지활동도 활발히 전개하고 있다. 우리나라는 1991년 12월 9일 152번째로 회원국이 되었다.

3) 세계보건기구(WHO)

세계보건기구는 보건분야의 UN 전문기구이며 1948년 발족하였다. 세계보건기구의 목적은 국제보건사업의 지도조정, 회원국 정부의 보건부문 발전을 위한 원조제공, 전염병, 풍토병, 기타 질병 퇴치활동, 보건관계 단체간의 협력관계 증진을 위해 만들어 졌다. 약품법의 통일이나 국제위생조약을 채택하고 특히, 장애인복지와 관련해 많은 활동을 하고 있다.

4) 국제사회보장협회(ISSA)

국제사회보장협회는 ILO 제10차 총회의 결의에서 질병보험 관련 협약을 처음 채택하였다. 1927년 각국의 질병보험기금에 관한 국제적인 조직으로 설립되었다. 현재는 사회보장에 관한 연구조사, 국제세미나 등 ILO와 밀접한 관계를 가지면서 국제사회보장발전을 시도하고 있다. 우리나라는 1979년 의료보험협회가 가입하면서 현재 국민연금공단과 국민건강보험공단이 가입되어 있다.

5) 유럽협의회(Council of Europe)

유럽협의회는 1949년 회원국의 사회보장제도를 발전시키기 위해 설립되었다. 1961년 사회보장의 권리를 기본적인 사회적 권리로 규정하는 유럽사회헌장을 채택되었으며 최소한 ILO의 사회보장최저기준 조약수준으로 사회보장제도를 유지해야한다고 선언하고 1946년 유럽사회보장법전을 제정하였다.

6) 유럽경제공동체(EEC)

유럽경제공동체는 1957년 로마조약에 의해 설립된 서유럽국가들의 경제협력기구로 사회보장에 관한 활발한 조사와 연구활동을 하고 있다. 1958년 해외이주근로자의 사회보장에 관한 규칙을 제정하였다.

7) 국제사회복지협의회(ICSW)

국제사회복지협의회는 1928년에 창립되었다. 이 기구는 사회복지에 관한 정보교환과 경험교류, 연구토의, 국제적인 협력관계 형성을 목적으로 하는 국제적협의체이다. 주요사업으로는 2년에 1회씩 국제사회복지회의, 지역회의, 세미나 개최와 각종 정보자료를 간행한다. 민간조직이지만 국제연합의 자문기관이다.

8) 경제협력개발기구(OECD)

경제협력개발기구는 1948년 4월 16일 서유럽국가를 회원국으로 설립한 국제기구이며 회원국간의 경제와 사회발전을 모색한다. 이 기구는 세계경제의 문제에 공동으로 대처하기 위한 정부 간의 정책논의 및 협의기구이다. 우리나라는 1996년 가입하였다.

4. 사회복지에 관한 국제적 선언

사회복지에 관한 국제선언은 2차 세계대전 후 국제적으로 도덕적, 윤리적, 정치적 비중을 가지는 문서이며 법적 구속력은 없다. 그리고 참여당사국 간의 법적 의무를 부여하지 않아 제한적 효력을 가지는 한계가 있다. 즉 각 국가의 인권문제에 관해 추구해야 할 표준을 선언한 것에 불과하다.

1) 세계인권선언(1948)

세계인권선언은 1948년 12월 10일에 유엔총회에서 채택된 세계인권선언문이다. 제2차 세계 대전이 끝나고 추축국들이 저지른 만행이 세상에 알려지자 이와 같은 비극이 다시 반복되는 것을 막기 위해서 만들어졌다. 수많은 소중한 생명이 참혹하게 죽은 끔찍한 전쟁을 치른 후 국적을 불문하고 모두가 함께 지켜야 할 하나의 윤리 기준을 세우기 위한 선언이었다. 모든 사람은 의식주, 의료 및 필요한 사회복지를 포함하여 자신과 가족의 건강과 안녕에 적합한 생활수준을 누릴 권리와 실업, 질병, 장애, 배우자 사망, 노령 또는 기타 불가항력의 상황으로 인한 생계 결핍의 경우에 보장을 받을 권리를 가진다. 즉 보편적 사회보장을 받을 권리를 선언하고 자신 및 그 가족의 건강과 안녕을 유지함에 충분한 생활수준을 보유할 권리를 가진다. 생활의 곤궁 시 생활보장을 받을 권리를 가지며 모성과 유약은 특별한 보호와 원조를 받을 권리를 가진다. 그러나 실정법이므로 법적구속력은 가지지 않고 모든 국가와 국민이 달성해야 할 공통의 기준을 선언한 것에 불과하다. 국제인권규약이 1966년 12월 16일 UN총회의 결의로 채택되어 인권에 대해 법적 구속력과 도덕적 권위를 갖춘 조약으로 만들어 실시를 의무화하였다.

2) 대서양헌장(1941)

대서양헌장은 제2차 세계대전 당시인 1941년 8월 14일 미국 루즈벨트 대통령과 영국 처칠수상이 대서양 해상의 영국 군함 프린스 오브웨일스호에서 회담 후 공동선언하였으며 연합국 공동의 전쟁목표와 국제연합의 이념적 기초를 제시하였다. 이는 공포와 결핍으로부터의 자유와 서방국가들로 하여금 사회보장에 관한 권리를 국민의 기본권으로 인정하고 있다.

3) 필라델피아선언(1944)

필라델피아선언은 국제노동기구의 필라델피아 총회에서 채택한 ILO의 목적에 관한 선언이다. 필라델피아 선언에서 가장 유명한 구절 가운데 하나는 **"노동은 상품이 아니다."** 이다. 노동은 상품이 아니므로 노동의 담지자인 노동자도 상품이 아니다. 필라델피아선언은 인간을 사물화했던 30년 전쟁이 초래한 치명적 결과를 반성하면서 인간의 존엄성을 절대적인 가치로 세웠다. 다른 권리나 가치는 서로 간에 조정이 필요하지만 인간의 존엄성은 그런 타협을 허용하지 않는다. 인간의 존엄성은 논증의 대상이 아니다. 아무리 과학적이고 객관적이고 합리적인 논증이라 할지라도 만약 인간의 존엄성이 논증의 대상이라면 논증에 실패하는 순간 인간은 수단으로 전락할 것이다(매일노동뉴스, http://www.labortoday.co.kr). 표현과 결사의 자유는 진보를 위해 불가결한 요인이며 일부의 빈곤은 사회전체의 번영에 있어 위험이 된다. 따라서 문제해결을 위해 정부, 노동자, 사용자, 대표들이 계속적, 협조적인 국제적 노력을 기울여야 한다.

4) 사회보장헌장(1961)

사회보장헌장은 1961년 모스크바에서 개최된 제5회 세계노동조합회의에서 채택된 것으로서 세계조합연맹의 제5차회의에서 사회보장에 관한 노동조합의 입장을 밝힌 것이다. 사회보장은 노동자의 권리이며 사회보장의 기본원칙을 선언하였다. 기본원칙으로는 근로자 무기여 원칙, 의료의 사회화 원칙, 완결성의 원칙, 포괄성의 원칙, 무차별보장의 원칙이 있다.

5) 유럽사회보장법전(1964)

유럽사회보장법전은 1964년 서유럽의 17개국으로 구성된 유럽협의회 설립되었다. 사회보장에 관한 최고기준에 해당하는 유럽적 수준으로 설립시킨 사회보장조약이다.

5. 국제기구의 사회복지협약

1) 국제인권규약(1966)

국제인권규약은 세계인권선언(1948)이 배경이 되어 있는 것으로 세계인권선언에서 제창된 이상을 실현하기 위하여 1966년 12월 16일 제21차 UN총회에서 국제인권규약이 채택되었고 1976년 3월 23일 발효되었다. 이 규약은 UN인권위원회가 원안을 만들었고 A · B규약은 모두 제1조에서 민족자결권과 천연의 부와 자원에 대한 영구적 권리에 대해 규정하고 있다.

국제인권규약의 구성은 경제적 · 사회적 · 문화적 권리에 관한 규약(A규약), 시민적 · 정치적 권리에 관한 규약(B규약) 그리고 B규약의 부속선택의정서로 구성되어 있다. A규약에서는 생존권적 기본권을 대상으로 노동기본권, 사회보장권, 생활향상 · 교육권에 대한 권리를 명시했다. 가입국은 자국 내의 법에 입법조치 하도록 하고 실시상황을 UN에 보고할 것을 의무화하였다. B규약에서는 자유권적 기본권을 대상으로 비인도적 처우금지, 소수민족의 권리 등을 보장받을 권리가 명시되어 있고 가입국은 이를 존중할 것을 의무화하였다. 이의 실현을 위해 인권심사위원회, 필요하면 특별조정위원회를 설치하고 선택의정서 가입국은 개인이 인권심사위원회에 직접 청원할 수 있도록 했다. A규약의 경우 제 권리의 실현은 점진적으로 이뤄져도 좋지만 B규약의 제 권리는 체약국이 되는 순간부터 실현해야 할 의무를 지닌다.

1976년 처음 국제인권규약의 발효시에는 3년마다 보고서를 제출하도록 했으나 1988년부터는 5년마다 보고서를 제출하도록 하였다. 국제인권규약은 조약으로서 가입국이 되면 법적 구속력을 가지게 된다는 점이 특징이다. 또 다른 특징은 A・B규약은 모두 제1조에 민족자결권과 천연의 부와 자원에 대한 영구적 권리에 대해 규정하고 있다는 점도 특징이다. 우리나라는 1990년 4월에 A・B규약의 체약국이 되었다(표 6-1).

〈표 6-1〉 국제인권 A・B규약

규약	내용
국제인권 A규약	□ 세계 143개국이 체결함 □ 우리나라는 1990년 7월 10일부터 이 규약을 적용해오고 있음. □ 법적 실효성을 가지고 있음 □ 생존권적 기본권을 대상으로 함 □ 경제적・사회적・문화적 권리 □ 체약국이 입법조치로 실현달성해야 할 사항 → 노동기본권/사회보장권/생활수준향상/교육권 등
국제인권 B규약	□ 1966년 12월 16일 유엔총회에서 채택 □ 1976년 3월 23일 발표 □ 전 세계 147개국이 체결 □ 시민적・정치적 권리 □ 우리나라는 1990년 7월 10일부터 이 규약을 적용해오고 있음 □ 법적 실효성을 가지고 있음 □ 자유권적 기본권을 대상으로 함

2) 아동에 관한 권리선언 및 협약

(1) 아동권리에 관한 제네바선언(1924)

세계인권의 역사에서 아동인권은 뒤늦게 주목받기 시작했다. 어른들이 일으킨 1차 세계대전의 폐허 속에서 기아와 질병에 신음하는 아동을 보호하기 위해 영국에서 에글렌타인 젭 여사(세이브 더 칠드런 창시자)가 1923년에 기초한 아동권리 선언문을 1924년 국제연맹 총회가 그대로 채택하여 아동의 권리에 관한 제네바 선언을 발표하였다. 이후 많은 국가의 지지를 받게 되었으며 1959년 UN이 아동권리선언을 채택하고 아동은 충분한 성장을 위하여 애정과 물질적인 안정 속에서 성장할 권리가 있으며 부모와 사회는 그 책임을 진다고 규정하였다.

(2) 아동권리협약(1989)

1924년 UN에서 채택한 선언의 내용은 2차 세계대전을 겪으면서 1959년 유엔이 채택한 아동의 권리선언으로 보완됐고 선언을 넘어서 법적 구속력을 가진 국제조약을 통해 보장해야 한다는 필요성에서 아동권리협약은 1989년 11월 20일 UN에서 채택되었다. 이 협약은 1990년 9월 2일부터 발효된 국제적인 인권조약이다. 우리나라는 1990년 9월 25일 서명하였다. 1991년 12월 20일 UN 아동권리에 관한 국제협약 당사국이 되었다. 아동권리협약의 특징으로는 18세 미만의 모든 아동에게 평등하게 적용되며 아동을 단순한 보호대상이 아닌 존엄성과 권리를 지닌 주체로 보고 아동들의 생존, 발달, 보호에 관한 기본권리를 명시하였다. 더불어 아동의 이익을 지향하면서도 부모의 지도를 존중하였다. 협약국은 인정된 권리를 실현하기 위해 최대한의 입법, 사법, 행정적조치를 취하도록 의무화하였으며 가입 뒤 2년 안에 그 뒤 5년마다 어린이의 인권상황에 대한 국가보고서를 제출해야하는 의무를 부여하였다.

아동권리협약의 기본원칙으로는 어린이를 보호의 대상뿐만 아니라 적극적인 권리의 주체로 인식하고 무차별의 원칙, 아동의 최선의 이익 우선, 아동의 생존, 보호발달 및 아동의 참여 네 가지 주요원칙을 중심으로 아동의 권리를 <표 6-2>와 같이 명시하고 있다.

〈표 6-2〉 아동권리협약의 기본원칙

기본원칙	내용
무차별	모든 아동은 부모님이 어떤 사람이건, 어떤 인종이건, 어떤 종교를 믿건, 어떤 언어를 사용하건, 장애가 있건 없건, 모두 동등한 권리를 누려야 한다.
아동 최선의 이익	아동에게 영향을 미치는 모든 것을 결정할 때는 아동의 이익을 최우선으로 고려해야 한다.
생존과 발달의 권리	아동은 특별히 생존과 발달을 위해 다양한 보호와 지원을 받아야 한다.
아동 의견 존중	책임감 있는 어른이 되기 위해 아동은 자신의 능력에 맞게 적절한 사회활동에 참여할 기회를 갖고 자신의 생활에 영향을 주는 일에 대하여 의견을 말할 수 있어야 하며 그 의견을 존중 받아야 한다.

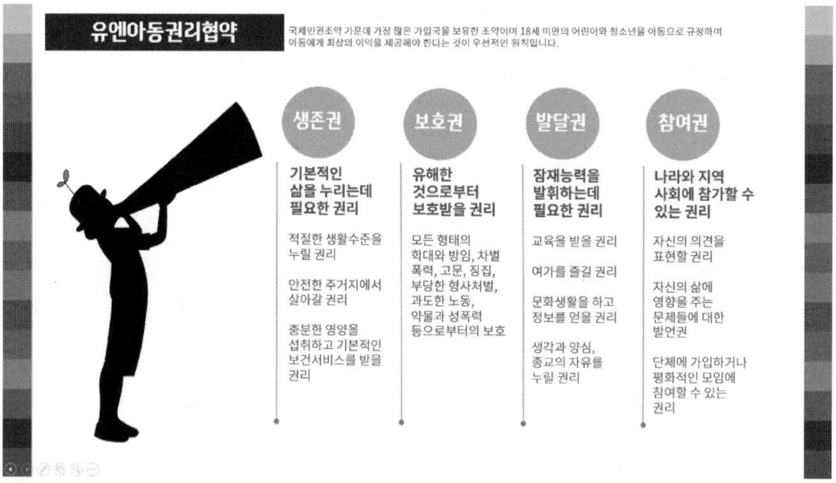

출처: https://children365.or.kr/international-announcement

3) 장애인의 권리에 관한 협약(2006)

장애인의 권리에 관한 협약은 신체장애, 정신장애, 지적장애를 포함한 모든 장애가 있는 이들의 존엄성과 권리를 보장하기 위한 유엔인권협약이다. 이 협약은 21세기 최초의 국제 인권법에 따른 인권조약이며 2006년 12월 13일 제61차 유엔총회에서 채택되었다. 2008년 4월 3일까지 중화인민공화국과 사우디아라비아를 포함한 20개국이 비준하였고 2008년 5월 3일에 발효되었다. 2012년 12월 기준으로 비준국은 126개국이다. 유럽연합의 경우 2010년 12월 23일에 함께 집단 비준한 바 있다.

제2절 사회보장관련 국제조약 및 선언

1. 국제연합(UN)

국제연합은 1945년 10월 24일 미국·영국·프랑스·중국·소련과 그 밖의 회원국 과반수가 제2차 세계대전 종전을 기념하며 국제연합 헌장을 비준하며 공식 출범하였으며 유엔(UN: United Nations)이라고도 한다. 이 명칭은 미국 대통령 프랭클린 루스벨트(Franklin Delano Roosevelt)가 고안하여 제2차 세계대전 중 26개국 대표가 모여 추축국(독일·이탈리아·일본)에 대항하여 계속 싸우자고 결의하였던 1942년 연합국 선언에서 처음 사용하였다. 본부는 미국 뉴욕 주 뉴욕 시에 있으며 각국에서는 매년 10월 24일을 국제연합의 날로 지정하여 기념하고 있으며 사회보장으로 의료, 질병급여, 출산급여, 폐질급여, 노령급여, 유족급여, 업무상 재해와 사회복지 등 여러 분야에서 국제적 기준을 설정하고 있다.

국제연합은 세계인권선언과 국제인권 규약 등에서 인간의 생존권적 기본권을 규정하고 있다. 국제연합은 세계인권선언 제22조에서 인간은 누구나 사회의 일원으로서 사회보장을 받을 권리를 가지며, 또한 국가적 노력 및 국제적 협력을 통하여, 나아가서 각국의 조직 및 자원에 따라 자기의 존엄성과 인격의 자유로운 발전을 위해 없어서는 안될 경제적·사회적 및 문화적 권리를 실현할 권리가 있다고 규정하고 있다.

2. 국제노동기구(ILO)

국제노동기구(ILO)는 1919년에 설립하여 실업보험, 1925년에 산재보험, 1927년에 질병보험, 1933년에 노령·폐질·유족연금 실시를 각국에 권고하는 등 각국의 사회보장법 제정에 커다란 영향을 미쳤다. 또한 1952년에 모성보호조약, 1964년에 산업재해 직업병 급여에 관한 조약, 1967년에 노령·장애·유족연금에 관한 조약, 1969년에 의료급여에 관한 조약 등을 채택하여 각국에 사회보장제도 실시를 권고하였다. 국제노동기구(ILO)의 사회보장 원칙으로는 대상의 보편성 원칙, 비용부담의 공평성 원칙, 급여 수준의 적절성 원칙이 있다.

1) 대상의 보편성 원칙

사회보장은 전 국민을 포괄적으로 적용대상으로 한다는 원칙이다. 그러나 개발도상국의 경우 일시에 전 국민을 대상으로 한다는 것을 불가능한 일이기 때문에 장기적인 목표 아래 점진적으로 확대시켜나갈 수밖에 없으며 이 경우에도 대상의 보편적 원칙이 적용된다고 본다.

2) 비용부담의 공평성 원칙

사회보장의 최저기준에 관한 조약 제71조에 사회보장의 재정에 관한 기본원칙 3개항으로 규정되어 있다.

첫째, 사회보장은 공동부담으로 하되 그 원칙은 재원은 보험료 또는 세금으로 충당하며 재산이 적은자에게 과중한 부담이 되지 않도록 하여야 하며 피보험자의 경제적 상태를 고려하여 결정해야 한다.

둘째, 보험료에 대한 피보험자의 부담 한계는 피보험자계층의 직접 보호를 위해 지급되는 전체 재원의 50%를 초과해서는 안된다. 나머지는 사용자 부담, 특별세수입, 일반재정으로부터의 보조금, 자본수입 등으로 충당되어야 한다. 이것은 각출금에 대한 불가침 원칙을 말하는 것으로, 피보험자로부터 갹출되는 보험료는 피보험자들에게 직접 지급되는 보호비용으로만 사용되어야 하며 관리비 등에 충당되어서는 안된다는 것을 뜻한다.

셋째, 어떤 경우는 보험 자체의 수지로 운영이 어려울 경우 궁극적으로 국가가 책임을 져야한다는 원칙이다.

3) 급여 수준의 적절성 원칙

급여 수준의 적절성 원칙은 보험의 급여 수준 및 급여 방법에 관한 원칙을 말하는 것으로 사회보장은 현금급여를 원칙으로 하고 부득이한 경우를 제외하고는 일시급여 대신 정기적 급여를 권장한다. 정기급여에 관한 기준은 다음과 같다.

(1) 비례급여의 원칙

비례급여의 원칙에서 급여수준은 각 개인이 사회적으로 영위하는 생활의 정도가 모두 다르기 때문에 그것에 상응하는 정도의 급여 수준이 되어야 한다. 이것은 각 개인의 임금, 보수 등에 비례하는 급여를 행하는 것으로 **개인별 급여제**라고도 한다. 이러한 지급방법의 채택은 자본주의 사회가 지니는 자유의 양을 최대한 보장하는 하나의 방법이 되기도 한다. 이것은 베버리지의 동일 급여의 원칙과는 다른 것이다.

(2) 균일급여의 원칙

균일급여의 원칙에서 보험급여는 어느 수급권자에게도 동액의 급여를 행한다는 원칙이다. 이 원칙은 보험급여가 기본급여와 부가급여로 이원화되어 있는 경우 기본급여에 적용되는 것이고 우리나라의 경우 기초생활보장에 이 원칙이 적용되어야 한다.

(3) 부양수준의 원칙

부양수준의 원칙은 현금급여의 총액과 수익자의 자력을 합한 것이 최저생활이 되도록 하려는 원칙이다. 그러나 이 원칙만으로 실제적 급여가 충분한 것이 못되고 생계비 변동에 따르는 급여 조정이 필요하고 물가와 임금의 변동에 따르는 자동 연동장치도 필요하다. 특히, 장기 급여에 있어서는 급여의 등시성으로서의 현금보상제도라 할 수 있는 연동제가 채택되어야 한다.

3. 세계보건기구(WHO)

세계보건기구(World Health Organization, WHO)는 국제 공중보건을 책임지는 유엔 전문기구이다. 2020년 기준으로 194개 회원국이 WHO에 가맹되었으며 그 목적은 세계 인류가 가능한 한 최고의 건강 수준에 도달하는 것이다. 세계보건기구는 세계인권선언에서 규정한 건강권 문제인 의식주와 의료 등을 해결하기 위해 1948년에 설립된 국제기구이다. 세계보건기구 본부는 스위스 제네바에 있고 조직 특성상 세계 각지에 여섯 개 지역 기구로 분산되어 있으며 지역 기구마다 지역위원회와 지역사무국으로 구성되어 있다. 특히, 전세계적인 전염병 예방과 퇴치에 큰 노력을 기울이고 있다. 이러한 노력의 결과로 1980년 유사 이래 최초로 천연두를 완전박멸하는데 성공하였다. 천연두와의 전쟁 과정에서 전 세계에 걸친 연락 체계를 수립하였고 현재도 작동하고 있다. 세계보건기구는 이후로도 말라리아, 홍역, 소아마비 등 수많은 전염병을 퇴치하기 위해서 노력하고 있으며 범유행전염병(팬데믹)에 항상 주의를 기울이고 있다. 또한 에볼라, 조류독감, 사스, 메르스, 코로나19[1] 등 신종전염병이 등장할 때마다 뉴스

1) 중국 우한에서 발생한 폐렴은 신종 코로나 바이러스인 '2019-nCoV'가 원인으로 알려졌다. 이 신종 바이러스는 2019년 말 처음 인체 감염이 확인됐다는 의미에서 '코로나-19'로 명명되었다.

에 가장 많이 등장하는 곳이다. 하지만 2010년에 들어 세계보건기구가 추구하던 활동의 목적과 방향성 등이 변질되면서 이런 얘기는 점차 옛날 얘기가 되어가고 있는 추세다. 2020년대에는 코백스 퍼실리티를 통해 전 세계에 백신을 균등 배분하는 활동을 진행 중이다. 우리나라는 1949년 가입 이후 세 차례 이사국으로 진출하였고 2003년 결핵국장 이종욱 박사가 제56차 총회에서 사무총장으로 선출되어 활동하였다. 현재 세계보건기구가 지정한 전염병 유행단계는 아래의 <표 6-3>과 같다.

〈표 6-3〉 전염병 유행단계

단계		감염
전염병 확인	1	동물에 한정된 감염
	2	동물간 전염을 넘어 소수의 사람에게 감염
광범위한 감염	3	인체 감염이 발생했지만, 사람 간 접촉으로 감염되는 위험이 낮음
	4	사람 간 감염이 확산
	5	사람 간 감염이 널리 확산
범유행전염병	6	팬데믹 단계, 대륙 간 전염이 확산

4. 경제협력개발기구(OECD)

경제협력개발기구(Organization for Economic Cooperation and Development; OECD)는 세계적인 국제 기구 중 하나이다. 회원들 중엔 민주주의와 시장경제가 제대로 안착된 선진국이 많은 편이지만 아닌 경우도 있다. OECD의 목적은 경제성장과 개발도상국 원조 그리고 무역의 확대 등이고 활동은 경제 정책의 조정과 무역 문제의 검토, 산업 정책의 검토, 환경문제, 개발도상국의 원조문제 논의 등의 일을 한다. 1948년 미국의 마셜 플랜 관련 지원을 받은 유럽경제협력기구(OEEC, Organization for European Economy Cooperation)에서 시작하여 1961년 가맹국 18개국과 함께 미국, 캐나다가 합쳐서 OECD가 만들어지게 되었다. 최고 의사 결정기구는 매년 한 차례 5월쯤 프랑스 파리 OECD 본부에서 열리는 각료이사회이다. 사무총장은 2006년 이래 15년간 OECD를 이끌어온 앙헬 구리아의 뒤를 이어 코먼 전 호주장관이 2021년 6월부터 맡고 있다. 임기는 5년에 연임 가능하다. 한국의 경제 규모가 커지면서 한국은 미국과 유럽 여러나라들의 개방 압력을 피할 수 없었다. 이미 1980년대 말부터 OECD가 한국의 OECD 가입을 촉구해왔지만 시장개방 압력이 더 커질 것을 두려워하여 한국 정부는 적극적인 태도를 보이지 않았다. 그러나 점차 무역 갈등이 커지자 우리나라는 1990년대 초 세계 경제질서 변화에 능동적으로 대응한다는 명목으로 OECD 가입을 구체적으로 준비하기 시작하였다. 1990년 3월 OECD 비회원국으로서 최초로 아시아 신흥공업국 6개국을 포함한 OECD 비공식 경제정책 협의회 회의를 서울에 유치하였다. 그리고 OECD 산하 위원회에 참여하여 활동하기 시작했다. 한국 정부는 1991년 4월 OECD 가입절차를 논의하기 위해 조사단을 파견하였고 1996년 12월 OECD의 회원국이 되었다(https://ko. wikipedia.org/wiki/경제협력개발기구).

5. 국제연합아동기금(UNICEF)

국제연합아동기금(United Nations Children's Fund, UNICEF)는 1946년 12월 11일 설립되었다. 원래 이름은 국제연합국제아동긴급기금(United Nations International Children's Emergency Fund)이었으나 1953년 현재 이름으로 바뀌었으며 약자인 유니세프(UNICEF)로 널리 알려져 있다. 유니세프는 156개 가난한 국가의 굶주리는 어린이를 위해 활동한다. 긴급 구호, 영양, 예방 접종, 식수 문제 및 환경 개선, 기초 교육 등과 관련된 일을 하고 있다. 개발도상국의 어린이와 여성을 돕기 위한 기금이며 1965년 노벨평화상을 수상하기도 했다. 유니세프는 세계적으로 33개국에 국가위원회가 있는데 각각의 위원회는 독립적인 로컬 비정부단체 이름 아래 설립되었다. 국가위원회들은 사립 기구로부터 후원금을 모으고 각 나라의 아동권리를 지키고 보호하기 위해 옹호 활동을 펼친다. 유니세프의 후원금은 전 세계적으로 600만 명의 개개인 기부자들로 구성 되어 있는 협력체들의 기부에서 나온다. 그들은 다양한 분야에서 일하고 있는 미디어, 국가나 지역 정부 직원들, 비영리단체들, 의사나 변호사, 학교 같은 전문가들, 파트너와 함께 어린이 권리에 관련된 이슈를 해결한다.

한국은 1950년 3월 25일 기본협정을 체결하여 활동을 공식적으로 시작하여 한국전쟁 발발 후 고통받는 어린이들을 위해 대대적인 긴급구호 활동을 시작하였다. 1950년부터 1993년까지 우리나라가 지원받은 총 금액은 약 2,300만불에 달하며 약 43년간 유니세프의 도움을 받다가 1994년 유니세프 한국위원회가 설립되어 이제는 도움을 주는 나라로 전환되었다. 이것은 각 국가 자립을 위한 유니세프 존재 이유를 가장 잘 보여주는 첫 번째 사례이다.

미국과 캐나다 다른 몇몇 나라들에서 유니세프는 'Trick-Or- Treat for UNICEF' 프로그램으로 알려져 있는데 할로윈 밤에 집집을 돌아다니면서 가끔 사탕 대신에 유니세프를 위한 돈을 모으는 프로그램이다. 유니세프는 바하마스, 브루나이, 키프로스, 라트비아, 리텐슈타인, 말타, 모리셔스, 모나코, 싱가포르 9개국을 제외한 전 세계 191국에서 활동한다. 비 정부단체들이 모금활동과 유니세프 환영 카드와 상품 판매, 사적이고 공공의 파트너십 형성, 아이들 인권 보호, 그리고 지원에 첫째로 책임을 지고 역할을 맡았다. 1947년에 설립된 미국 유니세프 기금은 국가위원회에서 가장 오래된 단체이다 (https://ko.wikipedia.org/wiki/유니세프).

제3절 한국과 외국과의 사회보장 협정

1. 사회보장 협정의 배경

우리나라 국민이 해외에 거주 시 상대국의 사회보장 비용을 지불해야 하고 본국에 귀국할 시 국민연금에 가입해야 한다. 이와 같은 경우, 공적연금의 중복가입에 따른 사회보장 비용부담이 발생하고 실질적인 노후소득보장을 받지 못하게 된다. 이에 사회보장관련 비용부담을 경감하고 우리나라 국민의 실질적인 노후 소득보장을 확대하기 위해 양국 간의 연금제도 중복가입을 방지하고 가입 기간을 합산하여 연금수급권을 보호할 사회보장협정체결이 필요하게 되었다.

2. 사회보장 협정의 내용

1) 협정목적

사회보장협정은 한 사람이 양국 연금제도에 중복가입하는 것을 방지하고 양국에 연금가입기간이 분리되어 연금을 수급할 수 없는 경우 양국의 가입 기간을 합산함으로써 연금 급여의 혜택을 확대하기 위해 체결된다. 협정 당사국의 연금제도 간에 서로 다른 점을 상호조정하여 양 당사국 국민에게 혜택을 부여하기 위한 것이다.

첫째, 단기간 동안 협정상대국에서 근로하거나 자영업을 하는 사람들이 양국 중 한 국가의 사회보장제도에만 가입하도록 함으로써 이들의 재정적 부담을 덜어주고자 한다.

둘째, 협정상대국으로 이민가거나 장기 체류하여 연금 가입 기간이 양국으로 분리되어 연금을 받지 못하는 사람들이 양국 가입 기간을 합산하여 연금을 받을 수 있도록 연금수급권을 보호하기 위한 것이다.

셋째, 국가에 따라 적용 범위에 있어서 다소 차이는 있으나 일반적으로 협정 상대국 국민에 대해서는 연금수급권 취득, 급여지급 등 법령 적용에 있어 자국민과 동등한 대우를 해주는 것이다.

넷째, 협정 당사국 간에는 연금급여를 해외로 자유롭게 송금할 수 있도록 하기 위한 것이다.

2) 협정의 내용 및 업무절차

사회보장협정은 대부분 양 당사국의 정부 간에 체결되고 있으며 그 형태는 협정의 적용범위에 따라 가입기간합산협정과 보험료면제협정으로 구분된다. 즉 우리나라가 캐나다, 미국, 독일 등과 체결한 가입기간합산협정은 이중가입 배제와 가입기간합산규정을 모두 포함하고 있으나, 영국, 중국, 네덜란드, 일본, 이탈리아, 우즈베키스탄 등과 체결한 보험료면제협정은 이중가입 배제만을 규정하고 있다. 따라서 우리나라와 가입기간합산협정이 체결된 국가에서 근로나 자영 활동을 하는 우리나라 국민은 양국에서의 이중가입배제 및 가입기간합산, 자국인과의 동등 대우, 연금급여의 해외송금 보장 등의 혜택을 누릴 수 있다. 반면에 보험료면제협정이 체결된 국가에서 근로나 자영활동을 하는 경우에는 양국에서의 이중가입 배제 이외에는 그 나라에서의 가입기간이 있더라도 국민연금 가입기간과의 합산혜택은 받을 수 없다.

외국과 체결한 사회보장협정이 국회의 비준(헌법 제60조)을 거쳐 발효되면 국민연금관리공단은 협정 실무 집행기관으로서 우리나라 파견근로자에 대해 협정상대국 제도의 가입면제를 위한 가입증명발급과 외국인 파견근로자의 외국제도 가입증명접수·처리, 협정당사국간 가입기간 합산에 따라 외국 실무기관이 보내온 급여청구서 접수·처리, 급여지급, 외국 실무기관에 급여청구서 송부 및 협정시행에 따른 외국 실무기관과의 통계자료교환 등 각종 협정실무를 수행하게 된다.

3. 한국의 사회보장협정 체결현황

사회보장협정은 국가 간 사회보장 분야를 규율하는 조약으로 우리나라는 1999년부터 협정 체결을 추진해왔으며 <표 6-4>와 같이 현재 미국, 독일, 캐나다 등 총 42개국과 협정을 체결·시행(발효 38, 미발효 4) 중이다.

〈표 6-4〉 사회보장협정 체결현황(2023년 2월 현재)

No	국 가(지 역)	체결일자	발효일자
1	이 란	1977.05.11	1978.06.10
2	캐나다	1997.01.10	1999.05.01
3	영 국	1999.04.20	2000.08.01
4	미 국	2000.03.13	2001.04.01
5	독 일	2000.03.10	2003.01.01
6	네덜란드	2002.07.03	2003.10.01
7	이탈리아	2000.03.03	2005.04.01
8	일 본	2004.02.17	2005.04.01
9	우즈베키스탄	2005.05.10	2006.05.01
10	몽 골	2006.05.08	2007.03.01
11	헝가리	2006.05.12	2007.03.01
12	프랑스	2004.12.06	2007.06.01
13	호 주	2006.12.06	2008.10.01
14	체 코	2007.12.14	2008.11.01
15	아일랜드	2007.10.31	2009.01.01
16	벨기에	2005.07.05	2009.07.01
17	슬로바키아	2009.02.09	2010.03.01
18	폴란드	2009.02.25	2010.03.01
19	불가리아	2008.10.30	2010.03.01
20	루마니아	2008.09.11	2010.07.01
21	오스트리아	2010.01.23	2010.10.01
22	덴마크	2010.03.11	2011.09.01
23	인 도	2010.10.19	2011.11.01
24	스페인	2011.07.14	2013.04.01

25	터 키	2012.08.01	2015.06.01
26	중 국	2012.10.29	2013.01.16
27	브라질	2012.11.22	2015.11.01
28	스웨덴	2013.09.09	2015.06.01
29	스위스	2014.01.20	2015.06.01
30	칠 레	2015.04.22	2017.02.01
31	핀란드	2015.09.09	2017.02.01
32	퀘 벡	2015.11.24	2017.09.01
33	페 루	2017.03.02	2019.01.01
34	슬로베니아	2018.02.20	2019.10.01
35	룩셈부르크	2018.03.01	2019.09.01
36	아르헨티나	2018.11.27	미발효
37	크로아티아	2018.12.18	2019.11.01
38	노르웨이	2019.06.13	미발효
39	우루과이	2018.12.18	2021.11.01
40	뉴질랜드	2019.07.09	2022.03.01
41	필리핀	2019.11.25	미발효
42	베트남	2021.12.14	미발효

자료: 외교부 경제협정체결현황(https://www.mofa.go.kr/www/main.do)

07 CHAPTER

사회복지법의 법원

제1절 법원의 개념과 분류

1. 법원의 개념

법원은 법의 존재형식 또는 현상상태를 말한다. 법원이란 법을 아는 데는 무엇을 보면 되는가, 또 법은 어디에서 비롯되는가의 문제를 말한다. 일반적으로 법원은 법을 적용하는 법관이 재판을 할 때 있어서 적용하여야 할 기준이다. 즉 일반국민에게 어떤 것을 법으로 인식해야 하고 이에 따라 어떤 행위를 강제력 있는 법으로 다루어야 하는지를 선택할 수 있는 기준을 제시하는 것이다. 법원은 법관에게 있어서 재판의 기준으로 삼아야 하고 법관에게 무엇이 법인지의 기준을 제시하는 것으로 법원은 표현형식에 따라 크게 성문법과 불문법으로 분류한다. 보편적으로 성문법주의를 채택하면서 성문법규에 없는 경우 불문법을 인정한다.

2. 법원 구성 및 관할에 따른 분류

1) 일반법원 · 통상법원

일반법원·통상법원은 주로 민사사건과 형사사건을 다루는 일반적·통상적인 법원을 의미한다. 조직과 구성의 측면에서는 특별법원과 대비되며 사건의 관할이라는 측면에서는 전문법원과 대비되는 개념이다.

2) 특별법원

특별법원은 재판의 주체 또는 절차가 일반법원과 다른 예외적인 법원을 의미한다. 공정한 재판을 받을 권리 등 국민의 기본권을 제한하는 수단으로 악용되거나 사법권의 독립을 저해할 수 있으므로 독일, 일본 등 많은 수의 국가들은 헌법에 예정되지 않은 특별법원(특별재판소)의 설치를 금지한다는 조항을 헌법에 두고 있다. 대한민국은 헌법 제110조 제1항, 제2항에서 군사재판의 하급심에 한하여 예외적으로 법관이 아닌 군판사·심판관이 재판을 하는 군사법원을 특별법원으로 설치할 수 있도록 허용하고 이에 따라 대한민국 군사법원을 설치하고 있다.

3) 전문법원

전문법원은 민사·형사 등 통상적인 사건을 관할 없이 포괄적으로 다루는 일반법원에 비해, 가사소송에 관한 가정법원, 행정소송에 관한 행정법원, 지적재산권 분쟁에 관한 특허법원, 헌법재판에 관한 헌법재판소 등 전문적인 사건을 관할하도록 설계된 법원을 의미한다. 전문법원이 자체적인 최고법원을 두지 않는 경우 특수법원이라고 부르기도 한다. 특별법원은 법원의 조직·구성에 따른 분류이고, 전문법원은 다루는 사건의 관할에 따른 분류이므로 모든 전문법원이 특별법원에 해당하는 것은 아니다. 예를 들어 군법에 관한 사건을 전문적으로 관할하면서도 일반적인 법관만으로 구성되어 있는 법원인 경우 군사재판

분야의 전문법원에 해당하지만, 특별법원이 아닌 일반법원에 해당한다. 이러한 예로는 미국 군항소법원을 들 수 있다.

3. 심급에 따른 분류

1) 지방법원

지방법원은 제1심 사건을 관할하는 법원을 뜻한다. 산하에 동급의 지원 또는 간이한 약식사건만을 관할하는 간이재판소 등을 두기도 한다.

2) 고등법원

고등법원은 항소심 또는 제2심 사건을 관할하는 법원을 뜻한다. 미국 연방항소법원과 같이 항소법원이라는 표현을 사용하기도 한다.

3) 최고법원

최고법원은 상고심과 최종심 또는 제3심 사건을 관할하는 법원을 뜻한다.

4. 국제법을 전제한 분류

1) 상설중재법원

상설중재법원은 만국평화회의에 의해 설치된 법원이다. 국제중재 사건을 다룬다.

2) 국제사법재판소

국제사법재판소는 유엔헌장에 의해 설치된 법원이다. 국가 간 분쟁에 관한 국제법 사건을 다룬다.

3) 국제형사재판소

국제형사재판소에 관한 로마 규정에 의해 설치된 법원이다. 전쟁범죄 등 사건에 대한 범죄자의 형사책임을 다룬다.

4) 국제해양법법원

국제해양법법원은 해양법에 관한 유엔 협약에 의해 설치된 법원이며 해양법 사건을 다룬다.

5. 유럽의 조약들을 전제로 한 분류

1) 유럽연합법원

유럽연합법원은 유럽연합의 조약에 근거하여 설치된 법원이다. 유럽연합재판소라고도 하며 유럽사법재판소와 유럽일반법원으로 구성되어 있다.

2) 유럽사법재판소

유럽사법재판소는 유럽연합법에 관한 사건 및 유럽일반법원의 일부 판결에 대한 항소심을 관할한다.

3) 유럽일반법원

유럽일반법원은 유럽연합 내의 경쟁법, 상표법 등에 관한 분쟁을 제1심으로 관할한다.

4) 유럽인권법원

유럽인권법원은 유럽인권조약에 근거하여 설치된 법원으로 조약의 당사국이 인권조약에 위배된 행동을 했는지 여부를 재판한다. 유럽인권재판소라는 명칭으로도 불린다.

제2절 사회복지법의 법원

사회복지법의 법원은 사회복지에 관한 실정법의 인식근거 내지 존재형식을 말하는 것으로 사회복지와 관련하여 그 급여의 내용과 서비스를 제공하기 위한 조직과 관리 및 감독의 기준이 법률 등에 의하여 어떠한 형식으로 표현되고 있는가를 나타내는 것이다. 법학적 개념으로서의 사회복지는 헌법이나 사회보장기본법 또는 사회복지에 관한 법률들에서 말하는 실정법상의 사회복지의 개념 또는 사회보장의 개념을 말하며 사회복지법제와 실천에서 사용되는 개념은 법학적 개념을 말한다.

사회복지법의 법원은 경우에 따라서 사회복지 또는 사회복지 관련용어로 된 단일한 법률의 명칭으로 규정되어 있지 않더라도 법의 일부조항이 사회복지에 대하여 규정하고 있다면 사회복지법의 법원으로 보아야 하고 법의 내용이 성문법으로 규정되어 있지 않더라도 성문의 사회복지법을 보충하는 기능을 수행할 수 있는 불문법이 있다면 그것 역시 사회복지법의 법원으로 인정하여야 할 것이다.

사회복지법의 법원은 그 존재형식에 따라 성문법과 불문법으로 나누어진다. 성문법에는 국제조약과 국제법규, 헌법, 법률, 명령, 규칙, 조례 등이 있다. 불문법에는 관습법, 판례법, 조리 등이 있다. 광의의 개념으로 법을 형성하는 원동력 또는 법규범이 타당성의 근거 또는 근원을 의미하며 다음과 같이 법원을 정리할 수 있다.

첫째, 법을 형성하는 기관으로서 신, 군주, 국민 또는 국가 등을 들 수 있다.
둘째, 법을 구성하는 재료로서 종교, 도덕, 관습, 판례, 조리 등을 들 수 있다.
셋째, 법률 지식을 얻는 자료로서 법전, 판결기록, 학설, 저서, 논문 등을 들 수 있다.
넷째, 법이 존재하는 형식으로서 성문법과 불문법을 들 수 있다.

이러한 법원의 개념을 고려해보면 사회복지법원 역시 존재형식을 벗어난 다양한 의미에서 해석이 가능해진다. 그러나 사회복지학은 실천학문이라고 볼 때 사회복지학과 법학의 관점이 응용적으로 적용되는 분야라는 점에서 사회복지법제와 실천은 일반적으로 법원의 존재나 표현형식에 따라 규정하는 것이 타당한 접근이라고 할 수 있다. 즉 사회복지법원은 성문법이나 불문법 형태로 존재하는 것이 보편적이고 성문법의 경우는 사회복지 및 사회복지관련 내용으로 표현되어 있다면 사회복지법원으로 규정하거나 해석해야 한다.

제3절 사회복지법원의 종류

1. 성문법원

성문법은 문자 형식으로 표현되고 일정한 형식과 절차에 따라 제정되므로 제정법이다. 현대복지국가 대부분은 제정된 성문법을 원칙적으로 법원에서 인정하는 성문법주의를 채택하고 있으며 극히 일부의 경우 불문법원을 병용하는 추세에 있다. 우리나라는 영미법계가 아닌 대륙법계의 성문법주의를 따르고 있는데 성문법주의를 채택하는 이론적 근거는 다음과 같이 정리할 수 있다.

첫째, 내용에 있어서 우월한 지배명령과 상대방의 복종을 요구하는 것이 있으면 예측가능성과 법적 안정성을 위하여 그 한계와 조건을 미리 명백히 해볼 필요가 있다.

둘째, 사회복지법은 일반적으로 그 대상이 사람과 관련되어 있으므로 사회복지법의 집행과정에서 자칫하면 인권의 침해가 발생할 수 있는데 국민의 인권과 관련된 내용은 성문법으로 규정하는 것이 옳다.

셋째, 사회복지급여의 성격은 대중적, 계속적, 최저생계비 이상의 보장을 띠고 있기 때문에 공정하게 집행되어야 한다.

넷째, 사회복지법은 그 법적 성질의 하나로 생존권적 기본권의 성격을 가지고 그 실현책임을 국가가 지도록 하고 있으므로 국가와 국민 사이에 권리와 의무를 분명히 해 둘 필요가 있기 때문이다.

사회복지법계의 성문법원으로 제시할 수 있는 종류에 대해 위계적으로 정리하면 헌법, 법률, 명령·규칙, 자치법규, 제조약 및 국제법규로 정리할 수 있다.

1) 헌법

헌법은 국가와 국민 간의 권리, 의무에 관한 기본법으로 국가조직과 통치작용, 국민 기본권 등을 규정한 최상위법이다. 헌법 제 10조 인간이 존엄성 보장과 행복추구권, 제31조에서 36조 사회권 규정이 사회복지법의 기본방향이자 기본 근거이다. 헌법에서 생존권 조항을 최초로 규정한 사례는 제1차 세계대전 종료 이후인 1919년 8월 독일 바이마르에서 열린 국민의회에서 제정된 독일공화국의 헌법이며 우리나라 헌법에서도 인간의 존엄과 가치, 행복추구권, 사회권, 생존권, 인간다운 생활을 할 권리 등의 규정을 두고 있다. 그러한 의미의 헌법은 형식적으로 헌법전이라는 명칭이 붙은 것만 아니고 국가의 최고법규라면 그의 명칭 여하를 막론하고 모두가 실질적인 헌법이 된다. 우리나라에 있어서는 1948년 7월 12일에 제정되어 그해 7월 17일에 공포되고 지금까지 9차에 걸쳐 개정된 대한민국 헌법이 형식적인 헌법이다.

2) 법률

법률은 국회의 의결을 거쳐 제정·공포된 법으로 헌법을 위반하여 제정할 수 없다. 현대 법치주의 국가에서의 국민의 권리·의무에 관한 중요한 사항은 반드시 법률로서 규정할 것을 요구하므로 사회복지에 있어서 사회복지법은 가장 중요한 법원이다. 법률은 헌법 이념에 적합해야 하고 하위명령이나 자치법규에 대해 우월한 형식적 효력을 가지므로 대부분의 사회복지 성문법원은 개별법(법률)이 근간이 된다. 법률이라는 말에도 광의와 협의의 두 가지 의미가 있는데 광의는 법 그 자체를 말하는 것이고 협의는 헌법에서 말하는 법률, 즉 국회에서 의결되어 제정되는 성문법을 의미한다. 여기에서 법률은 협의의 법률을 말하는 것이다.

3) 명령과 규칙

명령은 국회 의결을 거치지 않고 대통령 이하 행정기관이 제정한 법규로 국회 입법 능력에는 한계가 있기 때문에 명령·규칙이 중요한 역할을 한다. 행정규칙은 행정부 내부에서 법에 따른 행정적 집행을 위해 필요한 사항을 정리한 자신들의 방침으로 훈령, 예규, 지침, 고시, 기준 등의 명칭으로 상용한다. 법규범이 아니며 국민의 권리·의무와 직접 관계가 없는 비 법규 사항을 규정한다. 행정조직의 내부에서만 효력을 가질뿐 대외적 구속력을 가지지 아니하고 법원성을 인정하지 않는 것이 통설이다. 명령은 법률이념에 부합되어야 하고 개별 법률들은 대강의 조항을 두고 세부적인 규정은 명령에 위임하는 경우가 많다. 명령에는 대통령령, 총리령, 부령(장관령)이 있고 일반적으로 대통령령을 시행령이라 부르고 시행규칙은 총리령 혹은 부령을 일컫는 말이다. 그 외에 헌법이나 법률에 입각하여 입법부, 행정부, 사법부에서 제정되는 국회규칙, 대법원규칙, 감사원규칙, 헌법재판소규칙, 중앙선거관리위원회규칙 등의 규칙에서 규정도 법규명령으로 볼 수 있다.

4) 지방자치단체의 자치법규

자치법규는 지방자치단체가 제정하는 법령을 말한다. 지방자치단체는 법률에 의해서 인정한 자치권의 범위 안에서 그 자치권에 의해 자기의 조직, 자기의 사무 및 기타 주민의 권리와 의무에 관한 법규를 제정하는 기능을 갖는다. 자치법규에는 조례와 규칙의 두 가지가 있는데, 조례는 지방자치단체가 그 자치권에 의해서 지방자치단체의 의회의 의결을 거쳐서 제정한 것이고 규칙은 지방자치단체의 장이 제정하는 것이다. 일반적으로 자치법규는 지방자치단체의 행정권역 내에서만 적용되는 규칙이며 사회복지법원로서의 보충적 효력을 가진다.

5) 국제법

국제법은 국제조약과 국제법규로 구분된다. 사회복지와 관련된 국제법은 사회복지법원이다. 헌법 제6조 1항에서는 공포된 조약과 승인된 국제법규는 국내법과 같은 효력이 있다고 규정하고 있다. 국제조약은 국제법상 완전한 주체가 될 자격이 있는 국가 사이의 문서에 의한 합의를 말하는 것이다. 조약은 국회의 동의와 대통령의 비준 및 공포로서 이루어진다. 다만 그 국내법상의 효력에 있어서는 우리나라는 국내법과 동일한 효력을 인정하고 있다.

2. 불문법원

불문법은 입법기관에 의해 제정되는 절차를 거치지 않았기 때문에 비제정법이다. 주로 영미법계에서 판례법주의를 따르며 판례를 1차적인 법원으로 인정하고 있는 추세이다. 불문법원으로는 관습법, 판례법, 조리 등이 있다.

1) 관습법

관습법은 장시간 사회적 관행으로 준수되어 온 사회생활 규범이 사회구성원의 법적 확신을 얻게 되어 국가에 의해 불문의 형태로서 승인되고 강행되는 불문법으로 원칙적으로 성문의 규정이 없을 때 보충법으로서 효력이 있다. 즉 관습법은 사회의 자연발생적인 규범을 말하는데 일정한 조직을 갖게 된 국가 법체계 아래서 법원으로서 하나의 지위를 차지하게 된다. 그러므로 여기에서 관습법이라 하는 것은 성문화되지 않고 불문적인 모습으로 국가에 의해서 법으로서의 승인을 받고 강제규범으로서 국가 법체계에 참여하는 것을 말한다. 다시 말하면 국가의 입법기관이 제정한 법이 아니고 국가사회 안에 관행의 형태로서 존재하는 것이 그대로 법으로 된 것을 말한다. 관습 가운데 어느 것은 국가적 입장에서 국가의 질서유지를 위하여 그에 대한 준수가 절대로 필요하다고 인정되는 것이며 그러한 종류의 관습이 국가의 힘에 의해 보장됨으로써 관습법이 되는 것이다.

2) 판례법

판례법은 제정법이나 다른 형태의 법원들과 구별하는 법원을 일컬으며 법원이 재판을 통하여 선언한 것이므로 영미법계에서는 구속력이 강하다. 법원이 내리는 판결을 법으로 보는 경우 대법원의 판례에 의해 형성되고 사회복지에 관한 판례가 많지는 않으나 점점 증가하고 있는 추세이다. 판례법은 일정한 법률문제에 동일취지의 판결이 반복됨으로써 방향이 대체로 확정된 경우에 성문법화되지 않고 법적규범이 되는 법이다. 판례법은 관습법의 특수한 형태인데 법원에서 형성된 것이라는 점에서 일반적 관습법과는 다르다.

3) 조리

조리는 사람의 상식으로 판단 가능한 본질적 이치를 말하며 사물의 본성 또는 일반원칙이다. 조리가 법원의 역할을 하는 이유는 재판을 법에 의존하지만 적응해야 할 제정법, 관습법, 판례법이 없는 경우도 재판은 진행되기 때문이다. 따라서 성문법, 관습법, 판례법이 없는 경우에는 조리가 보충적 법원이 될 수 있다. 조리 또는 사물의 본성은 국가가 법적 규범의식으로서 승인한 사회생활의 원리를 말한다. 조리와 성문법과의 형식적 관련에 관하여는 민법 제 103조에 **선량한 풍속 기타 사회질서에 위반한 사항을 내용으로 하는 법률행위는 무효로 한다**고 규정하였다. 이 경우에 **선량한 풍속 기타 사회질서**라는 관념은 도덕이라든가 종교 등의 사회규범에 의한 평가를 말하는 것이 아니고 법적규범에 의한 평가를 말한다.

국제조약은 우리나라와 외국 간 또는 국제기관과의 법적 효력이 있는 합의, 즉 조약, 협약, 협정, 약정 등을 말한다. 국제법규는 우리나라가 당사국이 아닌 조약으로 국제사회에서 일반적으로 승인된 법규인 UN헌장, 외교관면책특권 등을 말한다. 다시 말해 어떤 만고불변의 이 법을 뜻하는 것이 아니고 국가에 의하여 현행법 질서를 유지하도록 현실적으로 사회생활을 규율하는 법적규범 의식으로서의 평가를 받고 동시에 국가에 의하여 지지를 받고 있는 것을 말한다.

이상과 같이 사회복지법의 법원은 사회복지에 관한 실정법의 인식근거 또는 존재 형식을 말하는 것으로 사회복지관련 급여서비스 내용과 서비스를 제공하기 위한 조직과 관리, 감독의 기준이 법률 등에 의하여 어떠한 형식으로 표현되고 있는가를 나타내는 것이다. 사회복지 명칭을 사용하지 않는 법률 중에서도 법의 일부 조항, 내용이 사회복지에 대해 규정하고 있다면 법원으로 인정하며 크게 성문법과 불문법으로 구분되어진다. 결과적으로 성문법에는 헌법, 법률, 명령・규칙, 자치법규, 국제조약 등이 있고 불문법에는 관습법 판례법, 조리 등이 있다(고수현, 2011).

08
CHAPTER

사회복지법의 법적 위계구조

제1절 법의 위계구조

1. 자연법과 실정법

법의 위계구조는 ▌그림 8-1▌과 같이 자연법과 실정법으로 구분할 수 있다. 자연법은 정의에 부합하는 법으로써 실정법이 자연법에 위배될 시에는 실정법은 악법으로 취급당하게 된다. 반면에 자연법은 실정법의 형태로써 나타나게 되고 이것이 구체화되고 현실화 된다. 따라서 자연법이 담고 있는 정의와 형평의 이념은 실정법을 통해 일상생활에 반영된다.

1) 자연법

자연법은 실제적으로 한 법체계를 형성하고 적용되지는 않으나 시대와 장소, 민족과 국가를 초월하여 보편타당하게 존재하는 자연법칙과 같이 인간 생활관계에서도 존재하는 법질서가 있다고 보고 객관적 질서로써 인정하는 것을 말한다. 자연법은 자연의 법칙 또는 인간의 이성에 기반을 두고 있으므로 보편타당성을 지니고 개정되거나 폐지되지 않는 항구적 성질을 지니게 된다. 결과적으로 자연법은 보편타당한 진리를 담고 있으므로 실정법 제정이나 개정, 폐지의 기준으로 작용하게 된다.

2) 실정법

실정법은 현실적으로 적용되고 시행되고 있는 법을 말한다. 실정법에는 성문법 이외에도 불문법도 포함한다. 실정법은 법률과 같이 일정한 절차에 의해 제정되거나 혹은 관습법과 같이 역사적으로 형성되었고 이것이 현재의 국민들의 생활을 규율하고 적용되는 법을 의미한다. 실정법은 국가에 의해 강제적으로 관철되며 여기에 저촉될 때에는 강제적 수단이 동원되게 된다.

2. 실정법의 구조

실정법의 구조는 ❙그림 8-1❙과 같이 국내법과 국제법으로 구분할 수 있으며 국내법은 공법과 사법 그리고 사회법으로 구분할 수 있다.

공법은 또다시 실체법과 절차법으로 구분한다. 실체법은 헌법, 행정법, 형법으로 구분된다. 국내법의 최상위는 성문법인 헌법으로 헌법의 정신을 벗어나서는 어떠한 법과 법률도 재정 및 개정이 불가하다. 절차법으로서는 민사소송법과 형사소송법 그리고 행정소송법으로 나눌 수 있다. 사법은 민법과 상법이 있다. 그리고 사회법으로는 노동법, 경제법 그리고 사회법으로 사회보장기본법이 있다. 국제법으로는 조약과 국제법규 그리고 국제관습법이 있다.

| 그림 8-1 | 법의 위계구조

제2절 사회복지법의 위계구조

1. 사회법으로서의 사회복지법

사회복지법은 국회에서 제정된 법률과 대통령령인 시행령 그리고 부령인 시행규칙으로 명시되어 있다. 지방자치단계는 지방의회의 의결을 거친 조례와 지방자치단체 장이 정한 규칙이 있다.

1) 사회보장기본법

(1) 사회보장기본법의 목적

사회보장기본법 제1조에서는 사회보장에 관한 국민의 권리와 국가 및 지방자치단체의 책임을 정하고 사회보장정책의 수립·추진과 관련 제도에 관한 기본적인 사항을 규정함으로써 국민의 복지증진에 이바지하는 것을 목적으로 한다.

(2) 사회보장기본법의 기본이념

사회보장기본법 제2조에서 사회보장은 모든 국민이 다양한 사회적 위험으로부터 벗어나 행복하고 인간다운 생활을 향유할 수 있도록 자립을 지원하며, 사회참여·자아실현에 필요한 제도와 여건을 조성하여 사회통합과 행복한 복지사회를 실현하는 것을 기본이념으로 한다.

(3) 사회보장기본법의 의의

사회보장기본법은 헌법상 생존권 규정과 개별 사회복지법 간의 중간 매개법이다. 즉 헌법에 의한 생존권 보장규정은 궁극적으로는 개별 실정법을 통해서 실현되나 이러한 개별 실정법의 입법지침으로서 헌법은 너무 추상적이므로, 헌법과 개별사회복지법들을 연결하는 중간원칙을 담은 법이 필요하다는데 있다. 따라서 사회보장기본법은 헌법의 추상적 규범을 구체화하면서 개별 사회복지법들을 총괄적으로 지배하는 기본법이다. 이 법은 사회복지(사회보장)에 관한 기본적 사항을 규정한 법으로 헌법 제34조의 이념에 따라 사회보험, 공공부조, 사회복지서비스, 기타 관련복지제도에 대한 법률들을 총체적으로 지휘하는 기본사항을 규정하고 있다. 여러 사회복지법들의 상위 규범으로서 사회보장기본법은 일반법의 위치에 그리고 개별 사회복지법들은 특별법의 위치에 해당한다. 개별 사회복지법이 우선 적용되나 개별 사회복지법의 내용이 사회보장기본법의 내용을 위배해서는 안 된다.

2. 사회보장기본법의 제정

1) 사회보장에 관한 법률 제정(1963)

사회보장에 관한 법률은 1961년 5. 16 쿠데타로 집권한 군사정부가 1962년 제5차 개정 헌법을 통해 '**인간다운 생활을 할 권리**'와 '**국가의 사회보장증진 의무**'를 명문화하였다. 그러나 사회보장에 대한 정의와 사회보장심의위원회 조직에 관한 규정 외에 별다른 실질적 규정이 없어, 기본법으로서의 기능을 하지 못하고 사문화된 법으로 존속하였다. 이는 경제개발에 치중하여 국가의 사회복지에 대한 의지와 책임성 부족에 기인한 것이었다. 동 법률은 당초에 사회보장의 기본계획, 이론정립 등 세부적 사항을 담으려고 했으나 정부의 사회보장의 의지가 후퇴하면서 상징적 의미를 갖는 정도로 입법되었고 전문 7개조에 불과한 형식적이고 의례적인 법안으로서 30여 년 동안 그대로 유지되었다.

2) 사회보장기본법 제정(1995)

사회보장기본법은 1960년대 이후 경제성장과 더불어 많은 사회복지법들이 제각기 제·개정됨에 따라 산재한 법들을 체계적으로 묶어주고 사회복지제도의 효율적이고 통합적 발전을 시도하는 기본법 제정의 필요성으로 제기되었다. 즉 경제사회발전의 수준과 국민의 복지수요에 부합하는 사회보장제도를 확립하고 사회보장을 증진하려는 이유로 정부는 사회보장기본법을 제정할 것을 천명하였다. 1994년 11월 보건사회부의 사회보장기본법 제정안이 제출되고 1995년 12월 18일 제177회 국회 본회의에서 가결되어 1995년 12월 30일 법률 제5134호로 사회보장기본법이 입법·제정되게 된다. 그리고 1996년 7월 13일 대통령령 제15118호로 사회보장기본법시행령이 마련되었고 2005년 개정하여 사회보장심의위원회의 지위를 보건복지부 소속에서 국무총리소속으로 격상하였다. 2009년 개정을 통해 사회보장심의위원회의 사회보장정책에 대한 총괄기능을 강화하고 지방자치단체의 유사 업무 조정 등 운영상 일부 미비점을 개선하였으며 2012년 사회보장기본법을 전면개정하게 된다. 사회보장기본법의 전면개정은 중앙부처별로 산재해 있는 사회보장정책을 통합하고 조정하여 모든 국민이 보편적으로 생애주기적 특성에 맞는 사회서비스를 보장받을 수 있도록 평생사회안전망을 구축하여 현 상황에 적합한 사회보장정책의 비전과 미래지향적 발전방향을 제시하고자 한 것이다.

3. 사회보장기본법의 정의와 위계구조

1) 사회보장기본법의 정의

사회보장기본법 제3조에서 사회보장은 출산, 양육, 실업, 노령, 장애, 질병, 빈곤 및 사망 등의 사회적 위험으로부터 모든 국민을 보호하고 국민 삶의 질을 향상시키는 데 필요한 소득·서비스를 보장하는 사회보험, 공공부조, 사회서비스를 말한다. 사회보험은 국민에게 발생하는 사회적 위험을 보험의 방식으로 대처함으로써 국민의 건강과 소득을 보장하는 제도를 말한다. 그리고 공공부조는 국가와 지방자치단체의 책임하에 생활 유지 능력이 없거나 생활이 어려운 국민의 최저생활을 보장하고 자립을 지원하는 제도를 말한다. 더불어 사회서비스는 국가·지방자치단체 및 민간부문의 도움이 필요한 모든 국민에게 복지, 보건의료, 교육, 고용, 주거, 문화, 환경 등의 분야에서 인간다운 생활을 보장하고 상담, 재활, 돌봄, 정보의 제공, 관련 시설의 이용, 역량개발, 사회참여지원 등을 통하여 국민의 삶의 질이 향상되도록 지원하는 제도를 말한다. 또한 평생사회안전망은 생애주기에 걸쳐 보편적으로 충족되어야 하는 기본욕구와 특정한 사회위험에 의하여 발생하는 특수욕구를 동시에 고려하여 소득과 서비스를 보장하는 맞춤형 사회보장제도를 말한다.

이러한 다양한 사회복지에 관련한 사항을 체계적으로 정리하기 위해 사회보장행정데이터를 현실화하고 있다. 사회보장행정데이터는 국가, 지방자치단체, 공공기관 및 법인이 법령에 따라 생성 또는 취득하여 관리하고 있는 자료 또는 정보로서 사회보장정책 수행에 필요한 자료 또는 정보를 말한다. 결과적으로 사회보장기본법은 국민의 평생사회안전망으로서의 역할을 하고 있는 것이다(그림 8-2).

2) 사회보장기본법의 위계구조

사회보장기본법의 위계구조는 ▌그림 8-2▌와 같이 사회보험법, 공공부조법, 사회복지서비스법, 사회복지관련법으로 구분하여 살펴볼 수 있다.

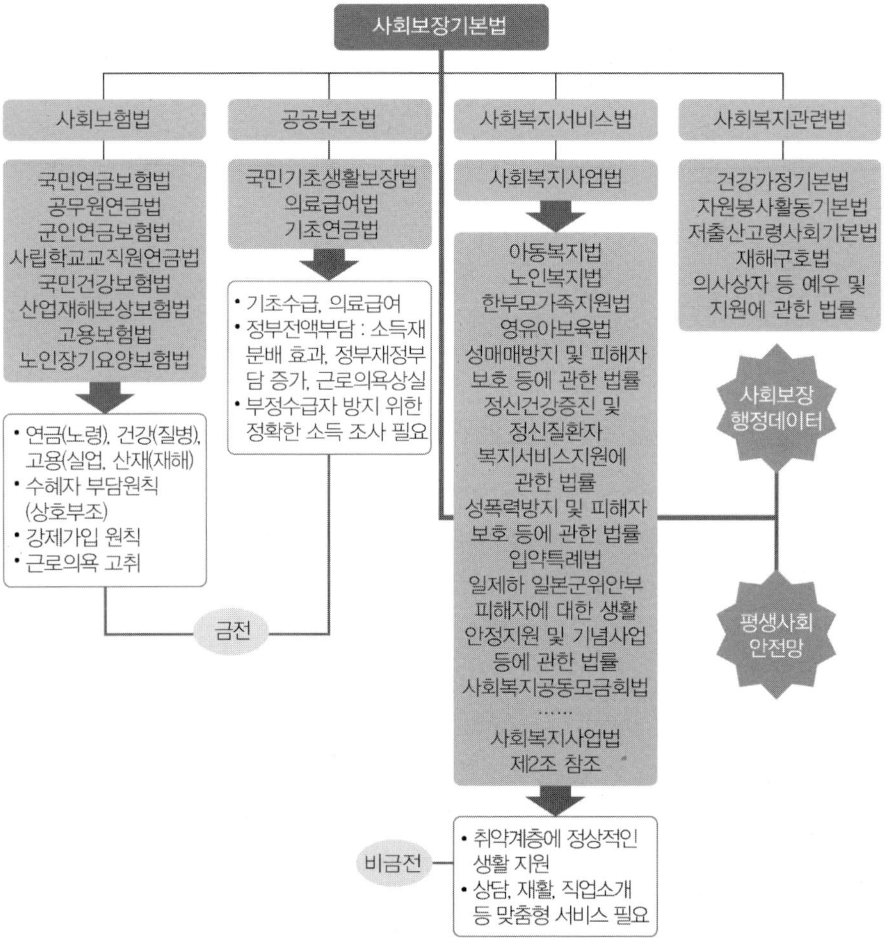

▌그림 8-2▌ 사회복지법의 위계구조

제3절 사회복지법의 내용적 구조

1. 사회복지법의 규범적 타당성 체계

법의 효력은 규범적인 타당성과 실효성이 합치될 때 가능하며 법이 존재하기 위해서는 법적 효력을 가져야 한다. 사회복지법의 규범적 성격은 개별 입법에서 그 목적과 국가의 책임과 그리고 개인의 권리 등을 직접적으로 규정하는 조항, 대상자의 요건과 범위, 급여의 지급사유, 급여 및 서비스의 내용과 종류, 재정부담의 원칙 등 간접적으로 이를 지지하는 조항들로 이루어진다.

1) 권리성

사회복지법은 사회복지법의 대상자들을 권리의 주체로 인정한다. 개개의 사회복지법들은 개인의 권리를 명확하게 규정하고 그에 따르는 국가의 책임과 의무를 규정하여야 한다. 법률로서의 사회복지법은 헌법에서 규정된 사회권 또는 생존권과 그에 따르는 국가의 의무를 이행하기 위한 구체화된 규범이기 때문에 권리성에 대한 직접적인 명시가 없더라도 당연히 권리성을 인정하는 것으로 보아야 한다.

사회복지에 대한 국가의 책임이 명문화되어 있다는 것은 받는 자의 권리를 법적으로 승인한 것으로 해석할 수 있다. 책임은 국가의 책임을 말하며 국가는 사회공동체의 법적인 대표로서 국가 구성원을 대표하는 법적인 책임의 주체이다. 그러나 헌법의 인간다운 생활을 할 권리에 대한 규정, 법률의 목적규정, 국가책임 규정 등을 망라해 볼 때, 우리 국민은 사회복지에 대한 헌법적 및 법적 권리는 가지고 있는데 그에 대한 국가의 책임은 없거나 미약한 것으로 보인다.

2) 대상자의 요건과 범위

사회복지법이 누구를 대상자로 하느냐 하는 것은 사회복지법에 의한 급여나 서비스에 대해서 권리에 의한 수혜를 인정하느냐 하는 문제와 직결되는 보편주의적 제도의 적용대상은 중요한 쟁점이 된다. 권리로서 주어지는 사회보험급여가 법령에 의해 일부 국민들로 제한된다면 이것은 규범적으로 타당성을 상실하는 것이 된다. 예를 들면, 1963년에 제정된 의료보험법은 강제적용이 없이 시작을 했고 1976년 전면개정으로 상시근로자 500인 이상 사업장에 강제가입을 적용했다. 그러나 적용대상을 500인 이상 사업장으로 한정한 것 자체가 권리개념으로 접근한 것이 아니라 경제적·정치적 논리로 접근된 것으로 대상자의 요건과 범위에서 규범적 타당성이 결여된 것이 된다.

3) 급여의 요건과 범위

사회보험의 급여가 지급되려면 법에서 규정한 사유에 해당하여야 지급을 할 수 있다. 사회보험의 규정은 우연적, 불확정적인 사고일 경우 지급사유가 된다. 한편으로는 고의나 불법행위로 인한 사유는 지급의 제한이 된다. 예를 들면, 노인장기요양보험법 제29조에서 급여의 제한을 규정하고 있다. 산업재해보상보험법은 제5조 제1호에 규정한 **'업무상의 재해'**로 인한 사유가 되어야 급여를 지급할 수 있도록 되어 있는데 이처럼 급여를 지급하거나 제한을 할 때 명확한 법적 근거가 제시될 때 규범적 타당성을 갖추었다고 할 수 있다. 사회복지서비스급여를 받는 대상자를 충족시킬 수 없는 너무 낮은 급여수준(현금, 현물, 바우처 등)도 규범성을 갖추지 못한 규정이다.

4) 재정부담의 원칙

현행 공공부조는 조세에 의한 부담이므로 재정부담에 대한 규범적 타당성이 가장 명확히 나타나 있다. 예를 들면, 기초연금의 경우 국가는 기초연금의 40% ~90% 사이를 부담하도록 규정하고 나머지는 광역과 기초자치단체가 부담을 하도록 분담비율이 정해져 있다(기초연금법 제25조 제1항). 현행 5대 사회보험의 재정부담은 수급권자인 가입자가 사업주와 공동으로 부담하고(산재보험은 사업주만 부담), 국가도 별도의 일정비율을 정하여 부담을 하고 있다. 이러한 사회보험의 재정부담원칙도 외형상으로는 규범적 타당성이 높게 형성되어 있다. 다만 사회보험에서 사회보험의 비용이란 수급권을 가진 수급권자에게 급여지급으로 소요되는 비용을 말하는데, 우리나라 법에서는 급여뿐만 아니라 관리, 운영비까지 포함하고 있다. 이러한 것을 고려하여 국가가 재정부담(지원)을 하고 있는데 국민연금의 경우 국가 부담비율은 점점 낮아지고 있다. 따라서 재정부담원칙들이 외형상으로는 명확하고 규범적 타당성이 높은 듯하지만, 국가부담비율의 후퇴는 규범적 타당성을 낮추고 있는 현상들이다.

사회복지법속에 흔히 발견되는 "**~할 수 있다.**" "**보조할 수 있다.**"는 조항들은 국가 책임을 약화시킬 우려가 있고 시혜적인 것으로 받아들이도록 하는 뉘앙스가 담겨있다. 이러한 규정들은 규범적 타당성이 약한 규정들이다.

2. 사회복지법의 실효성 체계

사회복지법의 규범적 타당성이 법의 목적에 맞게 만들어졌는지를 살펴보는 것이었다면 실효성 체계는 법이 실질적으로 효력이 발휘되고 수급권자에게 실현될 수 있는 것이냐를 살펴보는 것이다. 법이 제정되어 그 법 내용대로 실현가능성을 높이려면 일반적으로 법률들이 시행령과 시행규칙이 마련되어야 객관적이고 실제적으로 효력을 발휘할 수 있다. 또 실현가능성을 높이려면 조직과 인력, 재원조달 방법 그리고 권리구제 등이 명확히 나타나 있는지를 살펴보는 것이 필요하다.

1) 주체 및 조직

사회복지법상의 급여나 서비스가 공급의 주체로부터 수급권자에게 실효성

있게 전달되기 위해서는 전달체계의 확립이 중요하다. 주요 사회보험들은 공법인 형태의 공단에 의해 운영되고 있다. 사회복지 공급주체는 국가와 지방정부, 공법인 등의 공적주체와 사회복지법인, 기업, 시민단체 등의 민간 기관들이 공급주체가 된다. 따라서 이러한 전달주체가 공신력이 담보된 주체나 조직이 서비스를 공급하는 규정을 명확히 하고 그 법의 내용이 공급 주체 및 조직 면에서 실효성 체계가 높게 형성된 것이어야 해당 복지급여나 서비스가 실현될 가능성은 높아진다.

2) 인력

사회복지급여 및 사회복지서비스는 사회복지사라는 국가의 공인된 전문인력이 서비스를 수행해야하는 성격을 지닌다. 각론의 법 내용에서 해당 사회복지급여 및 서비스를 전문인력인 사회복지가 전달하도록 명확히 규정되어 있을수록 법의 실효성은 높아진다. 상담을 필요로 하는 상담소 시설은 전문 상담인력이 서비스를 전달하도록 명확한 규정이 되어 있을수록 실효성은 높아진다. 이러한 실효성을 높이기 위해 전문인력들에 대한 보수교육을 의무적으로 규정하는 법조항들이 명백히 나타날수록 실효성을 높이는 규정들이 되는 것이다. 사회복지사 자격시험, 요양보호사 자격시험, 보육교사 자격시험, 자원봉사자들 교육 등도 일종의 실효성을 높이기 위한 규정들로 해석할 수 있다.

3) 재원조달 방법

사회복지에 소요되는 재원조달이 법 내용 속에서 명확하게 나타날수록 법 내용대로 재원이 조달되고 이루어질 실효성은 높아진다. 공공부조 영역은 재원조달을 전적으로 조세 등의 수입으로 인한 국가의 부담이기에 재원조달 방법에는 문제가 없다. 그러나 개별 사회보험법들은 재원조달을 보험원리에 따라 적정기여를 하도록 되어 있기에 외형상으로는 별 문제는 없어 보인다. 그러나 국가의 기여에 있어서 보험료의 기여에만 의존할 것이냐가 관건이다. 동시에 보험료가 외국의 경우와 비교해볼 때 상대적으로 너무 낮게 형성되어 있다면 어떻게 현실적으로 보험료를 조정하여 재정문제를 해결해야 할 것인가는 국민적 합의의 과정이 필요하게 된다. 특수직연금에서 국민의 혈세인 국가재정의 계속된 과다출혈은 개혁을 필연적으로 요청받고 있으며 국민연금의 개혁의 사례처럼 특수직연금의 개혁도 일종의 실효성과 연결되어 있는 문제들이다. 재원이 객관적으로 확보되고 운용이 되지 못한다면 수급권자에게 실효성 있는 급여는 어렵게 되기 때문이다.

4) 권리구제

권리구제 규정은 대부분의 개별 법률들이 두고 있으나 문제는 실효성이 있는 권리구제인가라는 점검이 필요하다. 이의신청과 심사청구 규정의 행정절차들이 존재하지만 이러한 것들이 행정적인 구제절차에 불과하다. 급박한 욕구인 경우에는 해결의 실효성은 더욱 멀어진다. 많은 경우가 민법에 준용을 하고 있는데 이러한 법적인 절차들이 너무 복잡하고 시간과 비용 등을 고려해 볼 때 과연 실효성이 있는지 의문이다. 권리구제라는 것이 법의 형식적 표현을 통해 나타나 있어도 실질적으로 그것을 사용해야 하는 국민들이 그것을 사용하기에 너무 복잡하고 어렵다면 실효성은 낮다고 보아야 한다.

5) 형벌

사회복지법들에는 법의 실효성을 확보하기 위해 벌칙규정이 들어 있다. 벌칙 규정은 사회복지 법익을 위해 복지 형법의 의미가 있다. 최근에는 대상자와 수급자의 권익보호가 강조되면서 수급권자의 이익이나 권리를 침해하는 경우 벌칙도 강화가 되었다. 이것은 분명 실효성측면에서 발전적이고 바람직한 모습이다. 사회복지법들은 허위, 부정수혜, 민간기관의 의무이행문제, 정부보조금 부정수급, 임원규정 등에서 집중적인 형벌규정을 두고 있으나 실상은 국가기관이나 공무원이 수급자의 권리를 침해하였을 경우에 거의 침묵하고 있다. 사회복지법상의 형벌규정은 국가의 운용주체, 공무원, 기관장, 종사자, 일반국민 등 모두에게 적용되는 것이어야 한다. 사회복지 벌칙규정은 우선적으로 복지대상자에게 실질적인 권익이 보호되도록 하는 원칙아래 준수되어야 한다. 복지의 거대한 관리자의 입장인 관청이나 관료들의 통제와 행정편의를 위한 형벌조항들이라면 실효성은 낮다고 보아야 한다.

3. 사회복지법 상호간 및 관련법 사이의 연관성

1) 사회복지법 상호간 연관성

(1) 사회보장기본법에 따른 상호연관성

사회보장기본법에서 사회보장은 출산, 양육, 실업, 노령, 장애, 질병, 빈곤 및 사망 등의 사회적 위험으로부터 모든 국민을 보호하고 국민 삶의 질을 향상시키는데 필요한 소득·서비스를 보장하는 사회보험, 공공부조, 사회서비스를 말한다(제3조 제1호). 사회보장의 3대 축을 사회보험, 공공부조, 사회서비스로 규정하고 있는 것을 이미 살펴보았다. 이 3대 축은 서로 밀접한 상호 관련을 맺고 사회보장을 지탱하고 있는 기둥이라 할 수 있다.

첫째, 사회보험은 사회적 위험을 보험방식으로 대처하여 주로 건강과 소득을 보장하는 제도이다. 사회적 사고를 예측하고 보험료를 강제 징수하는 성격을 담고 있으며 5대 사회보험이 작동되고 있다.

둘째, 공공부조는 적정기여를 할 수 없을 때 국민의 최저생활을 보장과 건강 및 자립을 지원하는 제도로 국가 및 지방자치단체의 책임아래 시행된다. 공적지원인관계로 자산조사가 행하여지고 취약계층에 대한 최종적인 소득 및 건강보장제도가 된다.

셋째, 사회서비스는 종래의 사회복지서비스 및 관련복지제도라는 표현을 대체하여 개정되었다. 사회복지서비스의 개념이 빈곤계층, 기본적 생활보장수준, 공급자(기관)지원, 정부지원중심, 시설보호중심의 방식이었다. 이것을 사회서비스로 대체하면서 중산층까지 확대하고, 국민의 일상생활지원 및 다양한 서비스까지 포괄하였으며 수요자지원방식을 병행하고 본인일부부담도입을 하였으며 재가서비스까지 확대하였다. 이러한 사회보험, 공공부조, 사회서비스는 사회보장영역의 핵심이며 각론의 관련법들은 사회보장의 구체적 실현을 나타내고 있다.

(2) 법의 위계구조에 따른 상호연관성

법령의 체계는 최고규범인 헌법을 정점으로 헌법이념을 구현하기 위하여 국회에서 의결하는 법률을 중심으로 하면서 헌법이념과 법률의 입법취지에 따라 법률을 효과적으로 시행하기 위하여 그 위임사항과 집행에 관하여 필요한 사항을 정하는 대통령령과 총리령·부령 등의 행정상의 입법으로 체계화되어 있다. 또한 헌법상의 자치입법권에 따라 법령의 범위 안에서 지방자치사무에 관하여 제정하는 지방자치단체의 자치법규도 전체적인 국법체계의 한 부분을 이루고 있다.

(3) 사회복지법의 법령체계에 따른 상호연관성

사회복지법령들은 기본적으로 법률, 시행령, 시행규칙이라는 **트리플 패키지**(triple package)로 구성이 될 때 법의 작동이나 타당성과 실효성을 높일 수 있게 된다. 법률만 제정되어 있고 시행령이나 시행규칙이 미 제정 상태로 운용되는 법들은 한계를 나타내게 된다. 따라서 우리나라 사회복지입법의 역사에서도 사회복지법률이 외형상 많이 늘어나고 있는 시기인데도 법률의 내용구성이나 법령체계에서는 다 갖추어지지 못한 경우들이 많았다. 지금은 대부분의 사회복지법령들이 법률·시행령·시행규칙의 패키지로 명확히 갖추어져 작동되는 경우들이 대부분이다. 기본적인 3단계의 구조는 상·하위위계를 유지하면서 유기적으로 상위의 법률이 잘 작동되도록 역할을 한다. 이것은 결국 그 상위의 사회보장기본법이나 최상위의 헌법 정신을 담고 실현하는 데 충실한 유기체를 형성하고 있다.

이러한 위계에서 볼 때 헌법에서 복지권을 천명하고 그것을 실현하기 위해 사회복지 제반 법률제정이 이루어 졌으며, 법률에서 나타난 사항을 실행하기 위해 시행령과 시행규칙들이 존재하고 있다는 면에서 수직적 관계와 동시에 각론의 법률들 간, 시행령 간, 시행규칙 간에는 수평적 관계도 존재하고 있다.

이상과 같이 이러한 위계구조에 맞게 사회복지법도 헌법의 인간다운 생활과 사회보장권을 실현하기 위해 사회법의 영역은 구체적으로 사회복지법 영역을 형성하고 있고 사회복지법을 총괄하는 사회보장기본법이 중심축을 이루고 있다. 사회보장기본법의 법 정신을 따라 하위의 사회보험법, 공공부조법, 사회서비스법들이 상호 유기체로 연결되어 있다.

PART 03

한국 사회복지법의 역사와 실천

09 CHAPTER

한국 사회복지법의 역사

제1절 사회복지법의 역사

1. 사회복지법의 역사연구 의의

듀란과 듀란(Durant & Durant, 2012)에 따르면, 과학은 우리에게 지식을 제공해 주지만 역사는 지혜를 제공해 준다라고 하였다. 이러한 지혜를 제공해 주는 역사라는 말에는 객관적 의미와 주관적 의미의 두 가지가 포함되어 있다. 객관적 의미에서 역사연구는 과거의 인간적 사실과 현상 연구로 실증적 연구이며 주관적 의미는 그 연구자의 역사적 문제의식의 수준에 의해서도 좌우된다는 것이다. 즉 역사연구를 통해서 과거와 현재 및 미래에 연결되는 내적 연계성을 찾아서 그 논리적 연관성을 하나의 이론과 원리로 체계화를 시도하는 작업이라고 볼 수 있다. 사회복지분야에서도 역사적 논리성과 일관성을 발견하기 위한 시도가 이루어지고 있는데 사회복지제도와 정책 및 법은 말할 것도 없고 실천과 이론적 부문에 이르기까지 역사적 전개에 관한 연구가 진전되고 있다. 사회복지법의 역사적 연구를 통해서 우리는 현행 사회복지법의 상호연관성을 알 수 있는 한편 사회복지제도가 가진 한계를 이해하는 데 유익한 자료가 된다. 또 사회복지법의 역사적 연구는 사회복지 전반에 대한 체계적인 분석이 가능하고 이를 바탕으로 하여 미래의 방향을 전망하는 기회가 될 수 있다.

2. 사회복지법의 역사연구 방법과 시대구분

사회복지법의 역사적 연구방법은 흔히 비교연구, 사례연구, 결정요인연구, 혹은 유형화(모형) 연구 등 다양한 방법이 있을 수 있다. 즉 ❙그림 9-1❙과 같이 내재적 방법과 외재적 방법으로 구분할 수 있다. 내재적 방법은 사회복지제도 혹은 사회복지분야의 내부적 요소와 내용 혹은 형식 등이 시간의 흐름에 따라 어떻게 변천되었는지를 탐구하는 것이다. 예를 들면, 연원기(1530년대 이전), 태동기(1530년대~1820년대; 엘리자베스 빈민법, 스핀햄랜드제도 등 포함), 성립기(1830년대~1890년대; 신빈민법), 성숙기(1900년대 이후) 구분하는 방법이다. 외재적 방법은 사회복지를 둘러싸고 있으며 외부 환경으로서, 혹은 독립변수로서 종속변수인 사회복지에 어떤 영향을 주고 받았는가, 그 결과로 사회복지가 어떻게 변화하였는지를 발견하려는 데 관심을 가진다. 예를 들면, 고대사회, 중세사회, 근세사회, 근대사회, 현대사회로 구분하는 방법이다.

외재적 방법	사회복지의 발전을 사회·경제적 조건의 변동과 관련시켜 특징을 명백히 하려는 것으로, 사회복지 외부에 있는 일반적인 정치 · 경제 · 사회적 조건으로부터 사회복지를 비판하고 평가하는 것
내재적 방법	사회복지제도 혹은 사회복지 분야의 내부적 요소인 내용 또는 형식 등이 시간의 변화에 따라 어떻게 변천되었는가를 밝히는 것

❙그림 9-1❙ 사회복지법의 역사적 연구 방법

사회복지분야에서는 일반적인 역사연구서나 자료에서 구분하고 있는 연대기에 따른 구분이나 정부 형태, 보다 거시적으로는 자본주의 발달과정에 따른 사회체제의 발달과 사회복지제도 구분, 그리고 정치경제적 체제의 변화와 사회복지 혹은 복지국가의 변화의 구분 등이 있다.

제2절 정부수립 이전의 사회복지입법

1. 근대 이전의 사회복지입법

1) 고조선 시대

한서지리지에 있는 8조법금으로 현재 3개조만 전해지고 있다.

첫째, 사람을 죽인 자는 사형에 처하고,
둘째, 남의 신체를 상해한 자는 곡물로써 변상해야 된다는 것,
셋째, 남의 물건을 훔친 자는 원칙상 노예가 되나 자속하려는 자는 1인당 50만전을 배상하여야 한다는 규정이다.

이는 인간의 존엄성에 입각하고 있으며 후의 동학의 인내천(人乃天), 동양의 경천애인(敬天愛人)의 사상들과 일맥상통하고 있다.

2) 삼국시대, 고려시대, 조선시대

사회복지입법의 변천사를 이해하기 위해서는 일제강점기에 도입된 사회복지제도와는 상반되는 한반도 단일민족으로서 이웃을 배려하는 과정에서 비롯된, 즉 공공부조와 관련된 입법에서부터부터 시작된다. 조선시대 이전의 고려시대와 삼국시대에서의 역사적 사회복지의 입법은 궁핍한 백성을 국가가 돌보아주는 궁민진휼의 구빈사업과 풍수재해 등으로 인해 일시적으로 빈곤해진 이재민들을 구제하는 사회복지에서 비롯되었다.

삼국시대인 고구려, 백제, 신라의 대표적인 사회복지입법은 고구려 고국천왕때 국상이었던 을파소에 의해 서기 194년에 제정된 진대법(賑貸法)이다. 삼국시대에 있어 왕들은 각종 재해로 인한 이재민을 구제함과 더불어 환·과·고·독의 사궁(늙고 아내가 없는 자·늙고 남편이 없는 자·어리고 부모가 없는 자·

늙고 자녀가 없는 자) 또는 늙거나 병든 사람으로 자활할 수 없는 사람들에 대한 구제도 많이 실시하였다.

고려시대는 백성을 다스리는 근본으로 공공부조와 관련된 내용과 관련된 것으로 농민의 요역과 세금을 가볍게 하여 민심을 얻고 국부안민을 꾀하는 훈요십조가 제정되었다. 고려시대는 관료적 봉건체제가 확립된 시기로서 역대 왕들은 구제사업으로 나라를 다스리며 백성을 이끄는 국가적 사업으로 인식하여 점차 구제사업을 담당하는 전문기관을 마련하고 그 기관을 통해 구제사업을 전개하였으며 대표적으로 의창과 상평창이 있다.

조선시대는 조선태종 6년(1406년)에 연호미법을 제정하였다. 연호미법은 초봄에 식량과 종곡, 즉 씨앗을 무이자로 대출하고 가을에 회수하는 제도이다. 건국 초부터 불교를 멀리하고 유교를 지도이념으로 삼고 유교의 왕도사상을 치자의 근본으로 모든 국가의 제도를 확립하였다. 조선 초기의 빈민구제의 원칙으로는 ① 빈민구제는 왕의 책임, ② 구제의 신속을 중시, ③ 일차적인 구빈행정 실시책임은 지방관이 책임, ④ 중앙정부는 수시로 구제에 대한 교서를 내리며 필요한 관계법을 제정·공포하고 지방 구빈행정을 지도·감독 등이 있었다. 또한 조선시대의 구제제도로는 ▌그림 9-2▌와 같이 비황제도, 구황제도, 구료제도가 있었다.

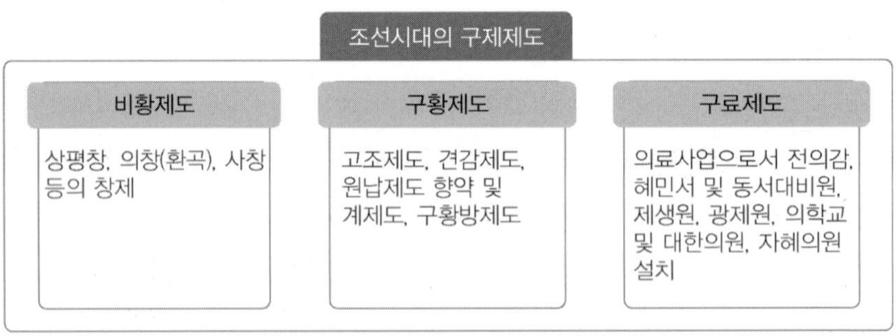

▌그림 9-2▌ 조선시대의 구제제도

2. 근대 이후의 사회복지입법

1) 일제강점기(1910~1945)의 사회복지

한국에서 이루어진 일제시대의 사회복지입법은 1944년의 조선구호령 이외에는 특별한 법제를 발견할 수 없다. 일본은 내선일체를 부르짖으며 한편으로는 한국을 일본의 영토로 편입하고 천황의 신민으로서 통치하려고 하였으나 사회복지정책이나 법제에는 관심을 가지지 않았다. 일제시대의 구제사업은 그들 식민정책의 일부로서 우리 민족이 그들에게 충성하게 하려는 정치적인 목적을 갖는 시혜 또는 자선의 의미가 컸다. 즉 일제시대에 제정된 조선구호령은 모든 자원이 전쟁물자로 총동원되던 시절에 나타난 형식적인 의미로서의 공공부조제도로 볼 수 있다. 일제시대의 조선구호령은 광복 후 미군정기를 거쳐 1961년에 생활보호법이 제정되기까지 한국의 공공부조의 기본법으로 위치를 가지고 있었으며 1961년 이후에도 생활보호법의 기본 골격으로 남아 있었다는 점에서 사회복지입법사의 중요한 역사적 의미를 부여할 수 있다. 이는 1999년에 와서 국민기초생활보장법이 제정됨에 따라 새로운 공공부조의 기본 틀을 갖추게 되면서 구법시대는 막을 내렸다.

2) 미군정시대(1945~1948)의 사회복지

미군정 하의 사회복지입법은 빈곤과 사회적 혼란에 대처하기 위한 구호적·응급적인 대책으로서의 성격을 가진다. 1945년 8월 15일 광복 이후 미군정 3년간의 구호사업은 주로 북한으로부터 월남한 피난민과 해외로부터 귀환한 전재민 및 국내 거주의 요구호빈민들에 대한 식량, 의료 및 주택 등의 공급에 치중하였다. 구호정책과 연관된 미군정의 사회복지입법은 후생국보 제3호(1946. 1. 12.)와 후생국보 3A호(1946. 1. 14.) 및 후생국보 3C호를 들 수 있다. 미군정은 1946년 9월 18일에 아동노동법규를 발표하여 어린이의 노동을 보호하였다. 그 후 이 정신을 발전시켜 1947년 5월 16일에는 전문 12조로 된 과도정부법령

제4호로 미성년자노동보호법을 공포하여 미성년자를 유해와 위험한 직업 또는 과중한 노동으로부터 보호하고 어린이의 건전한 발육과 정당한 이익을 보장하도록 하였다.

미군정기의 사회복지입법은 구호법규와 아동노동법규 혹은 미성년자노동보호법 등과 같이 당시의 시대적 환경에 대응하는 임시변통적인 구호정책이 주류를 차지하고 있었고 이 역시 일제시대의 조선구호령이 가진 기본적인 성격의 연장선상에서 전개된 것으로 이해할 수 있으므로 계획적이고 창의적인 정책이나 입법은 발견할 수 없다. 그러나 미성년자노동보호입법은 1953년 8월 9일에 근로기준법이 실시되어 폐기되기 전까지의 아동복지에 영향을 미친 것으로 이해될 수 있다.

제3절 시대별 사회복지입법

1. 제1 · 2공화국 시대의 사회복지법

1) 시대적 배경

제1 · 2공화국 시대의 사회복지는 사회적 불안과 경제적 불황 및 물가의 인상은 국민의 생활을 불안하고 고통스럽게 만들었다. 국민 전체의 경제생활은 기아상태를 면치 못하고 있었으며 이재민과 구호를 받아야 할 요구호자가 몇 백만에 달하였다. 또한 1950년 6월 25일의 전쟁은 정치적 · 사회적 혼란과 엄청난 경제적 손실을 가중시켰다. 정부는 외국원조물자를 효과적으로 분배하여 민생문제를 해결하는 데 행정력을 동원하였다. 당시 정치 · 경제 · 사회적 불안은 민중운동과 학생운동으로 표출되었다. 1960년 3월 15일 제4대 정 · 부통령 부정선거로 인하여 학생들에 의해 4 · 19 혁명이 일어나 이승만의 자유당 정부는 집권 12년 만에 무너지게 되었다. 1960년 6월 15일 제3차 헌법 개정으로 의원 내각제를 채택하는 제2공화국이 탄생하였으나 사회복지와 관련된 뚜렷한 입법 활동이 없이 5·16 군사정부로 이어졌다. 이 무렵의 사회복지정책은 외원물자의 분배업무와 수많은 고아원 시설을 지원하는 사업이 주류를 이루었다(표 9-1).

〈표 9-1〉 제1·2공화국의 시대적 배경

공화국	시대적 배경
제1공화국	• 휴전 후 미국을 비롯한 외국 원조가 경제를 회복시키고, 이재민과 고아, 과부, 부상자 및 장애자를 위한 응급적인 구호를 제공 • 정부는 외국 원조물자를 효과적으로 분배하여 민생문제를 해결하는 데 행정력을 동원 • 정치·경제·사회적 불안은 민중운동과 학생운동으로 표출되었으며 4·19혁명이 일어나 제1공화국은 집권 12년 만에 무너지게 되었음
제2공화국	• 1960년 6월 15일 의원내각제를 채택하는 제2공화국(1960. 6. 15.~1961. 5. 15)탄생 • 새로 탄생한 민주당 정부는 나름 대로의 자주적이고 민주적인 발전의 길을 모색하였으나, 정부의 무능과 사회적 혼란으로 집권 8개월 만에 사회복지와 관련된 뚜렷한 입법활동 없이 5·16 군사 쿠데타로 막을 내리게 되었음 • 사회복지정책은 외원물자의 분배업무와 수많은 고아원시설을 지원하는 사업이 주류 • 사회복지 입법은 사회복지법이 아직까지 개념적 정의를 내리지 못한 상태에서 실시 • 사회복지 입법이 법률적·입법적 근거에 의해서 시행된 것이 아니라 정부의 관계부처, 즉 사회부의 행정명령에 의해서 시행되었던 것 • 제헌헌법에 생존권 조항이 명시되어 있긴 하지만 하위 법률규정이 없어 실제로 생존권은 보장되지 못하였음

2) 6·25전쟁과 1950년대의 사회복지입법

6·25전쟁과 1950년대의 사회복지입법은 미국을 중심으로 한 외국원조가 한국 경제의 회복과 한편으로는 전쟁으로 인해 고통당하는 수많은 전쟁이재민과 고아, 과부, 부상 및 장애자를 위해 응급적인 구호를 제공하였다. 1948년에 수립된 정부는 많은 외국원조기관이 물자를 제공하는 것을 효과적으로 배분하여 민생문제를 해결하는 문제가 중요한 과제로 등장하였다. 1952년 10월 4일에 후생시설운영요령을 제정하여 시설운영과 그 지도 감독의 준칙으로 삼았다. 그리고 1953년 5월 1일에는 근로기준법을 제정하여 근로자보호제도의 기틀을 마련하였고 1956년에는 어린이헌장을 제정·공포하여 미래의 국가사회의 주역으로 성장할 어린이들을 밝고 건전하게 육성하려는 정책의지를 밝혔다. 1950년대 중

반 이후의 시기는 국가 사회적인 혼란을 종결하고 외원기관으로부터 유입된 물자를 통해 빈곤과 고통을 해결해 가는 시기로 볼 수 있다.

(1) 제헌헌법의 생존권 규정

제헌헌법 제19조에는 노령, 폐질, 기타근로능력의 상실로 인하여 생활유지의 능력이 없는 자에게 법률이 정하는 바에 의하여 국가의 보호를 받는다고 규정하여 사회부조의 법적 근거를 마련하였다. 이는 최초로 생존권의 이념을 헌법에 명시하였다는 점에서 의의가 있다.

(2) 대한적십자조직법

1949년 4월에 제정되어 전쟁과 천재지변에 의한 피해자 구제, 의료사업, 사회구호사업, 교화사업 등을 시행하였다.

(3) 후생시설 설치기준령

1950년 2월에 제정되어 당시 모자시설이나 아동시설의 무분별한 난립을 막기 위해 이 영의 기준에 따라 설치하도록 하였다.

(4) 후생시설 운영요령

1952년 10월 4일 사회부는 급격하게 증가하는 전쟁고아의 수용시설을 비롯한 각종 구호시설에 대한 지도・감독이 필요하여 사회부장관 훈령으로 후생시설운영요령을 제정하여 서울특별시와 각 도에 시달하였는데, 각 시・도는 동요령을 시설운영과 그 지도・감독의 준칙으로 삼아서 시행하였다.

(5) 근로기준법

근로기준법은 1953년 5월 1일에 제정하였으며 이 법은 근로자의 근로조건의 향상과 보호를 위해 퇴직금제도를 명시하여 사회보장대책을 마련하였다.

(6) 기타 사회복지행정시책

1956년에 어린이 헌장이 제정되었는데, 이 헌장은 아동의 밝고 건전한 육성을 위해 제정되었다. 또한 사회복지전문인력 단기양성소인 국립중앙사회사업종사자 훈련소를 설치하여 사회복지시설 종사자의 전문성을 갖도록 하였다.

2. 제3·4공화국 시대의 사회복지입법

1960년대에서 1970년대의 사회복지입법은 경제개발 위주의 정책으로 산업화와 도시화를 촉진하게 되었고 이러한 추세는 서울을 출발로 대도시의 폭발적인 인구집중 현상을 초래함으로써 영세민들의 도시 이주를 가속화시켰을 뿐만 아니라 우리의 가족형태도 대가족으로부터 핵가족화 경향을 처음으로 나타내기 시작했다. 사회가 변함에 따라 전통적인 한국인의 가치는 서구의 가치와 갈등을 일으켰다. 다른 한편으로는 노동계층 형성의 미성숙으로 노조의 조직력이나 노사간의 세력관계가 지극히 미약했고, 이익 표출도 거의 없다시피 했다. 따라서 복지국가의 이념이라든지 권리로서의 사회보장에 대한 일반 국민의 이해나 주장은 거의 없었던 것이다. 이 무렵 사회복지정책의 내용은 기껏 외원물자의 분배업무와 수많은 고아원 사업의 뒷바라지 정도로밖엔 이해될 수가 없었던 것이다.

1970년 이후 상황은 고도 경제성장으로 인한 많은 문제점들, 즉 소득불평등, 절대빈곤인구의 증가 등으로 지식인들 간에는 사회 가치나 사회 목적을 중하게 여겨야 한다는 주장이 나오기 시작하였고, 이에 정부는 제4차 경제개발 5개년 계획부터는 사회개발정책을 병행하는 국가발전정책의 궤도를 수정하게 되었다. 다시 말하면, 제4공화국 하의 한국사회는 제3공화국의 연속이기는 하지만 급격한 산업화가 몰고 온 지역 간 빈부 격차, 상대적 빈곤감, 그리고 정치적 불안이 초래되었기 때문에 정부도 이와 같은 사회적 변화에 대응하여 새로운 사회복지입법과 제3공화국 때에 제정된 사회복지법을 시행하게 된다.

이 시기의 사회복지입법을 살펴보면(표 9-2), 1961년 1월 1일에 제정된 공무원연금법이 있다. 이 법은 한국 사회보험법의 효시로서 의미를 찾을 수 있다. 다음으로는 1961년 9월 30일에 제정된 갱생보호법, 1961년 11월 1일 군사원호보상법이 제정되었는데, 이는 6.25 후의 상이군경, 전몰군경, 그리고 그 유족을 보호하기 위한 법적 장치이다. 1961년 11월 9일에 윤락행위등방지법을 제정하였고 과거의 조선구호령을 폐지하고 새로운 시대상황에 요청되는 생활보호법을 1961년 12월 30일에 제정하였다. 이 법은 2000년 7월 1일에 시행된 국민기초생활보장법이 있기까지 약 40여 년간 공공부조의 기본적인 법제로서 중요한 역할을 수행하였다고 볼 수 있다.

아동복지법이 생활보호법과 함께 1961년 12월 30일에 제정되었고 1961년 9월 30일에는 고아입양특례법이 제정되어 외국 입양을 합법화시켰다. 1962년도에 들어와서는 선원보험법이 1월 10일에 제정되었는데, 아직까지 실시되지 못하고 사장되고 있다. 같은 해에 3월 30일에 재해구호법이 제정되었다. 1963년에는 군인연금법, 산업재해보상보험법, 사회보장에 관한 법률 및 의료보험법이 각각 제정되었다. 의료보험법 역시 1963년에 제정되었으나, 실시할 수 있는 경제적·기술적 여건의 미비로 인하여 1977년 7월 1일에 가서야 500인 이상 사업장을 중심으로 강제적용을 하는 사회보험제도로 실시되었다. 1968년에는 자활지도에 관한 임시조치법이 제정되어 생활보호법의 보충적인 성격을 띤 법으로서 기능하였다.

1970년대의 초기에도 사회복지입법이 활발하였는데, 1970년에는 사회복지서비스법의 모법이라고 할 수 있는 사회복지사업법이 제정·시행되었다. 동 법은 사회복지사업을 공정하고 효과적으로 운영할 수 있는 법적 근거를 제공하는 역할을 수행하고 있다. 1973년에는 12월 20일에 사립학교교원연금법이, 그리고 동년 12월 24일에는 국민복지연금법이 제정되었다. 그러나 국민복지연금법 역시 의료보험법과 유사하게 경제적·기술적 여건의 성숙이 이루어질 때까지 기다려야 했는데, 1988년에 국민연금법으로 개정되어 비로소 실시되었다. 의료보호법이 1977년에 실시되었는데, 이는 생활보호법과 함께 공공부조의 양대지주를 이루는 법제로서 공공부조의 기본 골격이 이루어졌다고 할 수 있다. 또 1977년에는 공무원 및 사립학교 교원의료보험법이 제정·실시되어, 사업장과 함께 의료보험제도의 적용범위가 확장되었다.

1960년대와 1970년대의 사회복지입법을 입법사적인 특성으로 평가해 보면 몇 가지 내용을 지적할 수 있다.

첫째, 사회복지입법을 만들어 시행할 만한 여건이 성숙하지 못하였다는 점이다.

둘째, 형식은 있지만 내용이 보잘것없는 사회복지법이라는 것이다. 소위 선언적 내용과 임의규정이 법의 내용으로 핵심적인 사항이 시행되지 못하는 결과를 가져왔다.

셋째, 1960년대와 1970년대의 사회복지입법사는 한국 현대 사회복지입법사에서 기본적인 바탕을 마련하였던 시기로 평가될 수 있는데, 다만 점진적인 변화이기는 하지만 사회보험 중심에서 공공부조와 사회복지서비스로 발전되고 있는 경향을 발견할 수 있다.

〈표 9-2〉 제3 · 4공화국의 시대적 배경

공화국	시대적 배경
제3공화국	• 1961년 5 · 16 군사쿠데타로 정권을 인수한 군사정부는 시급한 민생고 해결이라는 공약을 내세우고 국가종합개발정책으로서의 제1차 경제개발 5개년 계획을 수립 • 1962년 12월 17일에 제5차 헌법을 개정하여 1963년 6월 15일에 대통령 선거가 실시되고 제3공화국(1962. 12. 17～1972. 10.17)탄생 • 1962년부터 시작된 경제개발로 도시화 및 공업화 현상이 나타나고 도시빈곤층, 가출 및 비행, 미혼모 문제, 주택부족 등의 과거와는 다른 여러 가지 사회문제들이 서서히 드러나기 시작 • 사회복지 제공에 대해서 소극적인 입장(한정된 재원을 경제개발에 집중하기 위함) • 노동계층의 미성숙으로 노조의 조직력이 미약했고 노동자계층의 권익을 추구하기 위한 이익표출은 거의 없었음 • 일반 국민의 경우도 사회복지에 대한 이해나 주장은 거의 없었음 • 1960년대 특히, 군사정부시절 정부는 국민의 새로운 신뢰를 얻고 이전의 정부와 다르다는 것을 보여주기 위해 여러 가지 사회복지 관련법들을 제정 · 공포 • 1960년대에 우리나라는 전례 없이 사회보험 및 생활보호를 중심으로 한 근대적인 사회복지법제를 마련 • 지금까지의 구빈적 · 단편적 성격으로부터 벗어나 국가중심의 체계적인 사회복지제도로 자리 잡는 계기가 되었으나, 제도의 시행 측면에서는 성공적이지는 못하였음
제4공화국	• 정치적 상황 - 1970년대 초 유신헌법, 체제 도전, 국민지지 유인 필요한 상황

• 경제 · 사회적 상황
- 1960년대 제1차 및 제2차 경제개발 5개년 계획이 성공적으로 수행됨으로써 절대빈곤에서 탈피하여 고도의 경제성장을 이룩하게 되었지만 산업화 · 도시화 현상은 필연적으로 각종 사회문제를 발생(빈부의 격차가 심해져 상대적 박탈감 및 위화감이 사회에 팽배하여 사회적 불안이 조성)
- 제3차 경제개발 5개년 계획이 성공하여 경제개발이 절정을 이루자 1977년 제4차 경제개발 5개년 계획부터는 본격적으로 사회개발정책을 병행하는 국가정책을 수행하게 됨
- 민중수준에서 서민 근로자들에 의한 최초의 노동운동으로서 민주노조운동이 시작되었다고 할 수 있으며, 외원단체의 원조활동이 점차로 줄고 정부의 재정부담이 늘어나면서 사회복지제도의 토착화 기반을 조성

3. 제5공화국 시대의 사회복지입법

1980년대는 그동안 경제성장정책의 부산물을 해결하는 한편 1981년 2월에 출범한 전대통령의 정치적 정통성의 문제 등으로 인한 사회적 갈등과 소요를 해소하기 위하여 경제사회적 발전을 균형있게 추진해 가야 한다는 정책 목표가 두드러진 시기였다. 이를 위해 제5공화국은 1970년대의 유신체제하의 잔재를 말끔히 청산하고 기회균등의 사회정의에 입각하여 전 국민의 행복이 보장되는 복지사회를 천명하기도 하였다. 그러나 학생운동이 잇달았고 노동자들의 근로조건의 개선과 기존 노조의 민주화, 신규 노조의 급속한 증대 등으로 정치적 불안이 심화되었다. 그리고 사회적으로는 산업화와 도시화, 핵가족화, 생활양식의 현대화 등으로 산업재해, 환경오염 등은 물론, 핵가족화 속에서의 가족관계상의 문제, 아동유기, 정서장애아동 등의 아동문제, 청소년 비행, 장애인문제, 노인문제 등 새로운 사회복지적 수요가 대두되었다(표 9-3).

1980년대의 사회복지입법은 1960년대와 1970년대에 추진되었던 각종 사회복지법제 중 도입되지 않은 사회복지법제라든지 혹은 새로운 사회경제적 변화에 맞추어 개정하는 사회복지법이 입법 내용을 구성하고 있었다. 1980년 12월 13일에는 사회복지사업기금법이 제정, 1981년에는 사회복지서비스법 중 노인복지법과 심신장애인복지법이 독립된 법으로 입법화되고 1961년에 처음으로

제정되었던 아동복리법이 아동복지법으로 전면 개정되었다. 1983년에는 사회복지사업법과 생활보호법이 개정되었고, 1986년 12월 23일에는 갱생보호법도 개정되었다. 동시에 1986년에는 국민연금법이 국민복지연금법을 대신하여 개정되어 1988년에 비로소 실시되는 한편 최저임금법도 제정되어 1988년 1월 1일부터 시행되기에 이르렀다. 1988년부터는 농어촌지역의료보험이 전면 실시되었다. 동년 11월에는 보호관찰법이 입법화됨으로써 갱생보호제도와 함께 범죄자의 건전한 사회복귀를 도울 수 있는 제도적 장치를 마련하였다. 또한 1989년에는 모자복지법이 입법되고, 동년 7월 1일부터는 도시지역의료보험이 시행되어 의료보험법 시행 12년만에 전 국민을 대상으로 한 의료보험제도가 정착되었다. 1980년대의 사회복지입법은 다음과 같이 평가 될 수 있다.

첫째, 기존의 사회복지법의 확대 개편이라는 경향과 또 다른 한편으로는 사회복지서비스법의 입법화로 평가 될 수 있다.

둘째, 각종 사회복지서비스법의 입법인데, 사회복지사업법의 제정은 사회복지서비스법의 모법으로서 향후 제정될 각종의 서비스법을 위한 기틀을 마련했다는 점에서 중요한 사건으로 인정된다.

셋째, 사회복지서비스법과 함께 1980년대의 입법은 1988년 최저임금법과 보호관찰법이 마련됨으로써 사회복지 관련법이 한층 광범위하고 기본적인 내용까지 제정되어 가는 과정을 발견할 수 있다.

〈표 9-3〉 제5공화국의 시대적 배경

공화국	시대적 배경
제5공화국	• 1979년 10·26 사건으로 유신체제가 종말을 고하고 1980년 5·17 군사쿠데타로 제5공화국(1980. 10. 27~1988. 2. 24)탄생 • 정통성 시비, 군사정부 이래 지속되어 온 선 성장 정책에 따른 소득분배의 불평등 및 빈부격차, 지역 간 개발격차, 산업화·도시화에 따른 다양한 사회문제, 가치관의 분열, 그리고 민주화를 위한 학생·재야세력의 지속적인 반정부 투쟁, 정부불신 등으로 국민적 통합을 이루지 못하였음 • 제5공화국은 출범과 함께 '복지사회의 구현'이 사회목표로 설정되면서, 건국 이래 사회복지에 대한 논의가 가장 고조되었던 시기라고 할 수 있음 • 한국형 복지모형이 등장하기 시작 • 1980년대 후반부터는 시설수용 위주의 복지사업으로부터 탈피하여 지역복지와 재가복지가 강조되기 시작

4. 제6공화국 시대의 사회복지입법

1990년대는 정치적 발전을 어느 정도 이루었으나 경제적으로는 한국호가 좌초한 시기로 그리고 사회적으로는 시민단체가 활성화된 시기로 정리할 수 있다. 1988년 2월 노태우 정권, 1993년 김영삼 정권, 그리고 1998년 김대중 정권이 차례로 평화적 정권교체를 이룬 시기이다. 경제적으로 보면 1990년대 중반까지는 안정적인 성장을 이루다 1997년 IMF 구제금융 이후 급속한 하락국면을 맞이하게 되고 이후 많은 사회적 문제들(기업의 연쇄부도와 경제난의 가중, 그리고 기업과 금융 등 사회 모든 부문의 구조조정으로 명예퇴직자와 실업자가 양산)이 발생하였다. 특히, 실직노숙자의 문제, 가정파탄, 자살, 알코올중독, 과로사, 생활범죄 등의 문제가 사회문제로 표출되고 있다. 그리고 1990년대에 들어와서 소위 신보수주의적 정책기조가 영 · 미 · 일을 거쳐 세계적인 정치경제의 주류로 되면서, 한국도 세계시장에 편입되고 정치기조 역시 유사한 경향을 띠기 시작하였다. IMF 사태는 이를 더욱 강화시켜 많은 부문이 '**민영화**' 정책의 조류에 휩쓸려 들어갔다. 그러나 IMF 사태로 인한 대량의 실직자와 그 가족의 생활문제를 해결하기 위한 재정지출을 획기적으로 시도해야만 하였고, 더욱이 김대중 정부에 와서는 개혁정책의 하나로서 의약분업, 의료보험의 통합(국민건강보험법) 및 국민기초생활보장법의 제정 등으로 사회복지 부문이 급속하게 확대된 것은 사실이다.

1991년에는 영유아보육법이 제정되었고, 동년 12월 13일에는 청소년기본법을 제정하여 청소년에 대한 정책을 체계화하였다. 특히, 이 해에는 기존의 사회복지사업법을 개정하여 사회복지전담공무원과 복지사무전담기구 규정을 마련함으로써 장래 사회복지전달체계를 개선할 때를 대비하였다. 동시에 동년에는 고령자고용촉진법을 입법화하여 증가하는 고령자 문제에 대응하는 법적 체계를 수립하였다.

1993년 12월 27일에는 고용보험법을 마련하였으며 1995년 7월 1일부터 시행한 동법은 근로자들의 소득보장과 함께 실업의 예방, 고용의 촉진, 근로자의 직업능력의 개발과 향상에 이바지할 수 있도록 제도적 장치를 마련하였다.

1990년대에 들어오면서 여권신장으로 성폭력 문제가 사회적 쟁점으로 되면서, 1994년 1월 5일에 성폭력범죄의 처벌 및 피해자보호 등에 관한 법률이 제정되었다. 1995년은 농어민연금의 시행, 사회보장기본법의 제정 및 정신보건법 제정 등이 이루어졌다. 동년 12월 30일에는 사회보장기본법과 정신보건법이 제정되었다.

1997년에는 사회복지공동모금법이 제정되어 사회복지 재원의 효과적인 관리운용에 이바지하게 되었다. 동년 12월 13일에는 가정폭력방지 및 피해자보호 등에 관한 법률이 제정되었다. 1999년 2월 8일에는 국민건강보험법이 제정되었는데, 이는 종래의 의료보험법을 확대 개편하여, 직장근로자, 공무원 및 교직원, 농어촌 및 도시자영자 전체를 포괄하는 통합의료보험체계를 구축하는 기반을 만들었다. 동법에 의거하여 2000년 7월 1일부터 국민건강보험공단이 설립되어 동법이 실시되기에 이르렀다. 같은 해 9월 7일에 국민기초생활보장법이 제정되었는데 특히, IMF 경제위기를 맞이하여 생계 유지가 어려운 계층을 포괄적이고 적극적으로 보호한다는 입장과 한편으로는 자활과 자립을 촉진하는 입법상의 목적을 가지고 추진되었다. 동법은 2000년 10월 1일에 전면적으로 실시되어 공공부조의 새로운 시대를 열었다.

1990년대 이후 2001년 현재까지 한국의 사회복지입법은 법제의 내실화와 주변적인 부분에까지 확대, 개편되는 모습을 보여주었다. 그리고 여권신장의 결과 여성들의 복지에 대한 내용이 입법화한 것을 찾을 수 있다. 유아보육법과 1994년 1월 5일에 제정된 성폭력범죄의 처벌 및 피해자보호 등에 관한 법률이 그 예이다. 또한 통합의료보험법인 국민건강보험법과 공공부조법인 국민기초생활보장법의 제정이다. 이는 구법인 의료보험법과 생활보호법을 확대 개편한 의미도 있거니와 국민기초생활보장법에서 더욱 강조하고 싶은 사실은 생활보호급여를 하나의 권리로 파악한 점이다. 더불어 모두가 누리는 촘촘한 사회안전망과 노동이 존중되는 든든한 고용안전망을 구축하여 포용적 복지 실현의 토대를 마련했다. 갑을 분야의 불공정 거래행위를 근절하고, 소상공인의 자생력을 강화하는 한편, 주력산업의 경쟁력을 높이고 미래전략산업을 육성하여 상생협력을 기반으로 혁신성장이 더 빠르게 이루어질 수 있도록 했다. 주민 중심의 자치분권을 제도화하고 지방재정 확충으로 지방재정의 건전성을 높임으로써 자치분권을 실질적으로 구현했다. 또한 도움이 필요한 곳을 더 두텁게 지원하는 맞춤형 복지와 노동의 가치가 존중받는 근로환경으로 누구도 홀로 뒤처지지 않게 하겠다는 국정과제를 제시하고 있다. 역대 대통령과 현 대통령의 사회복지의 방향성을 살펴보기로 한다.

1) 노태우의 6공

노태우 정부는 1987년 6월 민주 항쟁의 결과로 성립된 제6공화국의 첫 번째 정부다. 노태우 정부라는 말은 잘 쓰지 않고 별칭인 6공 또는 87년 체제로 흔히 부른다. 즉 1987년 9차 개헌 이후 출범한 대한민국 정부 체제이며 최초의 제6공화국 정부는 노태우 정부이며 현재의 대한민국도 제6공화국에 해당한다. 대통령 직선제로 헌법이 개정된 연도를 따서 1987년 체제, 87년 체제라고도 부르며 약칭으로 6공이란 표현도 쓴다.

2) 김영삼의 문민정부

김영삼 정부는 문민정부로 대변된다. 1993년 신경제 5개년 계획과 1994년에 21세기위원회에서 사회복지정책의 발전전략을 제시하였다. 그리고 보건사회부를 보건복지부로 개칭하였으며 **'삶의 질 세계화'**를 위한 사회복지개혁안을 국민에게 제시하는 등 사회복지에 대한 노력을 경주하였다.

3) 김대중의 국민의 정부

김대중 정부는 국민의 정부로 대변된다. IMF 위기에서 탈출하였으며 이 과정에서 생산적 복지와 적극적 노동시장정책 등을 국가의 주요 정책방향으로 채택하여 실질적인 복지정책의 확대를 꾀하였으며 의약분업 실시와 의료보험제도의 통합과 국민기초생활보장제를 전면 실시하였다.

4) 노무현의 참여정부

노무현 정부는 참여정부로 대변된다. 노사정사회협약 등 국민참여에 바탕을 둔 복지를 강조하였다. 또한 취약계층 등 수요자 중심의 민생입법이 증가하였다.

5) 이명박 정부(실용정부 검토)

이명박 정부는 사용빈도는 낮지만 별칭으로 실용정부로 대변된다. 사회복지정책의 기본 노선은 능동적 복지로 표방되며 생애주기별맞춤형 복지를 강조하고 복지제도 내에서 시장원리의 강화를 추구하였다.

6) 박근혜 정부(민생정부 검토)

박근혜 정부는 생애주기별맞춤형 사회안전망구축과 일을 통한 자립지원 그리고 지속 가능한 사회보장기반구축이라는 3대 정책목표와 핵심가치로 '맞춤형 고용-복지'를 천명하였다.

7) 문재인 정부

문재인 정부는 모두가 누리는 포용적 복지국가를 표방하고 국민의 기본생활을 보장하는 맞춤형 사회보장과 고령사회를 대비하여 건강하고 품위 있는 노후생활 보장이다. 더불어 건강보험 보장성강화 및 예방중심 건강관리 지원 그리고 의료공공성 확보 및 환자중심 의료서비스 제공을 제시하였다.

8) 윤석열 정부

윤석열 정부는 2022년 3월 9일 제20대 대통령 선거에서 당선된 윤석열 대통령이 이끄는 대한민국 정부이다. 대한민국 제6공화국 수립 이래 10년 주기로 보수정당과 민주당계 정당의 정권이 교체되던 10년 주기론을 깨고 출범한 첫 번째 정부이며 네 번째 여야 정권교체로 출범한 정부이다. 이승만 정부부터 문재인 정부까지 쓰여왔던 청와대에서 대통령의 관저 및 집무실을 이전하면서 청와대 시대의 막을 내리고 용산 국방부 청사를 집무실로 하는 용산 시대를 개막한 정부이기도 하다.

윤석열 정부는 시장 중심의 성장과 복지의 선순환이란 키워드, 즉 정부의 지나친 간섭을 배제하는 대신 민간의 역할을 키워 국가 성장을 이뤄내는 동시에 복지도 그에 못지않은 수준으로 끌어올리겠다는 것이다. 이 같은 구상의 핵심은 일자리 창출이다. 그리고 저소득층을 위해 근로장려세제의 소득 및 재산 요건을 완화하고 최대 지급액을 올리는 구상을 갖고 있다. 생계급여 기준도 기준 중위소득 30%에서 35%로 단계적 인상 방침을 세웠다. 이렇게 되면 21만 명이 추가혜택을 볼 수 있다. 장애인·노인·아동 등 근로능력이 없는 가구원을 포함하고 있는 가구에 월 10만원을 추가 지급한다는 정책도 마련했다. 또한 현재의 긴급복지지원 제도를 국민안심지원 제도로 확대 개편해 취약계층뿐 아니라 코로나19 등 국가 위기 상황이나 실직·이혼·질병 등 특수상황으로 생계가 어려워진 국민 누구나 신청할 수 있게 한다는 방침을 세웠다. 더불어 정규직을 유지하며 '풀타임(전일제 근로)'과 '파트타임(시간제 근로)'을 자유롭게 전환할 수 있도록 하고재택근무제 등 유연 근무 방식을 적극적으로 도입하겠다고 했다(매일경제, 2022).

윤석열 정부는 과거 보수정부가 추구한 '**더 큰 대한민국**'과 진보정부가 추구한 '**더 따뜻한 대한민국**'을 동시에 추구하는 것을 지향한다고 밝히고 있어 향후 사회복지입법의 귀추를 주목해 볼 필요가 있다.

〈표 9-4〉 제6공화국의 시대적 배경

공화국	시대적 배경
제6공화국	• 1983년 이후 대통령직선제 요구가 거세지는 가운데 1985년 2월 12일의 12대 국회의원 선거에서 여소야대가 됨에 따라 개헌논의가 활발 • 1987년 봄부터 개헌과 민주화의 요구가 정점에 달했고, 마침내 6·29선언으로 직선제 개헌을 받아들여 1987년 10월 29일 제9차 헌법 개정이 이루어졌고, 1988년 2월 25일 직선제 선거에 의해 당선된 노태우 후보가 제13대 대통령으로 취임하여 제6공화국이 출범

- 지방자치제가 실시되고 민주화는 많은 진전을 이루었으나 경제적으로는 고금리·저성장 시대, IMF 위기와 기업의 구조조정과 실업자의 증가, 세계적인 금융위기 등으로 시련을 겪고 있음
- 사회적으로 급속한 산업화·도시화는 인구의 고령화, 핵가족화, 청소년 문제, 상대적 빈곤 의식의 고조 등 여러 가지 사회문제를 표출

- 1988년 2월 25일 : 노태우 정부(제13대)
- 1993년 2월 25일 : 김영삼 정부(제14대)
- 1998년 2월 25일 : 김대중 정부(제15대)
- 2003년 2월 25일 : 노무현 정부(제16대)
- 2008년 2월 25일 : 이명박 정부(제17대)
- 2013년 2월 25일 : 박근혜 정부(제18대)가 이어졌으나 탄핵
- 2017년 5월 10일 : 문재인 정부(제19대)
- 2022년 5월 10일 : 윤석열 정부(제20대)

참고 대한민국의 정부

<table>
<tr><th colspan="10">대한민국의 정부</th></tr>
<tr><th>제1공화국
(대통령제)</th><th colspan="2">제2공화국
(의원내각제)</th><th>헌정공백기</th><th>제3공화국
(대통령제)</th><th colspan="5">제4공화국(대통령제)</th></tr>
<tr><td>이승만 정부
(1948~1960)</td><td>허정
과도정부
(1960)</td><td>장면 정부
(윤보선
대통령)
(1960~1961)</td><td>국가재건
최고회의
(박정희 의장)
(1961~1963)</td><td>박정희 정부
(1963~1972)</td><td>박정희
정부
(1972~
1979)</td><td>최규하
정부
(1979~
1980)</td><td colspan="3">전두환 정부
(1980~1981)</td></tr>
<tr><th>제5공화국
(대통령제)</th><th colspan="9">제6공화국(대통령제)</th></tr>
<tr><td>전두환 정부
(1981~1988)</td><td>노태우
정부
(1988~
1993)</td><td>김영삼 정부
(1993~1998)</td><td>김대중 정부
(1998~2003)</td><td>노무현 정부
(2003~2008)</td><td>이명박
정부
(2008~
2013)</td><td>박근혜
정부
(2013~
2017)</td><td>문재인
정부
(2017~
2022)</td><td>윤석열
정부
(2022~
2027)</td></tr>
</table>

10 CHAPTER

한국 사회복지법의 특성과 과제 그리고 전망

제1절 사회복지입법의 특성과 과제

1. 사회복지입법의 특성

한국 사회복지입법사의 특성을 구체적으로 살펴보면 다음과 같다.

첫째, 사회복지입법의 역사는 단절과 굴절의 흔적을 간직하고 있다.

둘째, 사회복지법의 제정은 정치적 동기와 밀접한 관련이 있다. 예를 들면 대통령의 선거 전후를 시점으로 주로 사회복지법들이 입법되었는데 이는 제정과 시행의 동기가 사회적 불안의 회피 및 정치권력의 획들을 위해 선거 시기를 전후하여 입법화되는 경향을 띠고 있다(신중섭, 2001).

셋째, 엘리트주의적 정책결정론에서 점진적으로 다원주의적 정책결정론으로 사회복지정책의 결정과정이 달라지고 있다는 사실이다. 이는 1960년대 이래 약 오륙십 년간 경제사회적 발전에 힘입어 사회가 다양화해지고 다원사회로 변모해 감에 따른 결과이다.

넷째, 사회복지입법사는 적용대상에 있어 선별주의에서 보편주의로 확대해 가는 모습을 보였다. 예를 들면 건강보험이나 연금보험의 경우 적용 대상이 직장인과 공무원에서 농어촌주민으로, 마지막에는 도시 자영인까지 확대 되었다.

다섯째, 사회복지입법의 형성과정에 있어 관련 시민이나 단체의 적극적인 활동이 1990년대로부터 점진적으로 활성화되는 한편, 법적 쟁송과 같은 사법적 권리구제 활동이 두드러지게 출현하고 있다는 점이다.

여섯째, 사회복지입법의 내용에는 강행규정보다는 임의규정이 많아 국가나 지방자치단체 등의 사회복지주체에게 재량권이 많이 주어졌다.

일곱째, 사회복지입법의 제정에 있어서 조사나 공청회를 거치는 등 치밀한 준비를 하여 제정하지만 공약의 실천이나 대의명분만을 내세워 제정하거나 외국법을 모방하여 제정하는 경우가 많아 제도 간의 상호연계성과 통합성이 없는 입법이 되는 경우가 있었다.

여덟째, 사회복지법의 적용대상은 일부 계층을 위한 선별주의에서 전 국민을 대상으로 하는 보편주의로 확대되었다.

2. 사회복지정책 변화와 사회복지법의 기본이념

지금의 사회는 다양하고 넓은 분야에서 엄청난 변화를 겪고 있다. 이는 정보화와 지식기반 그리고 서비스 사회로 불리는 사회에서 생명과 윤리, 안전 등 인간의 존엄성에 대한 위협이 증대되고 있기 때문이다. 더불어 경쟁이 격화되면서 풍요로운 삶의 질을 전제로 개인마다 다양한 생활양식과 가치를 자유롭게 선택해 추구하는 개인 존중과 인간중심 사회를 요청한다. 그리고 인간의 삶의 질에 대한 욕구가 물질적인 부유함에서 질적인 가치 중심으로 이전하고 건강하고 쾌적하며 편리하고 안전한 삶을 추구하게 된다. 이와 같이 사회는 국민생활의 질적 개선을 위한 다양한 복지 욕구가 표출되고 소외계층의 사회보장에 대한 욕구가 심화되고 있다. 따라서 이러한 사회경제적 여건변화에 효과적으로 대처할 수 있는 법 정책과 실천의 변화가 요청된다.

사회복지와 사회보장은 사회적 권리로서 모든 국민에서 국민복지기본선을 보장하여야 한다. 생활이 어려운 저소득 취약계층에 대해서는 최소한 먹고 입는 문제와 자녀교육, 의료 등 기초생활을 국가책임 하에 완전히 보장하여야 한다. 또한 경제적 어려움과 사회적 갈등 등으로 인한 가족해체를 방지하고 가족

기능을 보강하기 위한 예방적 복지서비스를 강화하며 노인과 장애인 등 사회 취약계층에 대한 소득 및 의료보장시책을 확충하고 사회참여를 통한 자기실현의 기회를 확대하여야 한다. 궁극적으로 사회보장의 수준을 경제수준에 맞도록 확대하여 균형적 관계를 유지함으로써 적절할 경제성장과 공평한 분배를 동시에 달성하도록 하여야 할 것이다.

제2절 사회복지입법의 향후 과제와 전망[1)]

1. 사회복지입법의 변화

근대적인 사회복지입법의 역사는 많은 변화를 보였다. 5대 사회보험제도가 모두 실시되고 국민기초생활보장제도가 정비되었으며 편의증진법을 포함한 각종 사회복지서비스가 실시되고 있다. 따라서 근대적인 사회복지제도로서의 형식적인 제도의 기본 틀은 거의 모두 갖추었다고 할 수 있으며 적용대상의 보편성에서 볼 때에도 모든 국민이 각기 필요한 사회복지제도의 적용을 받게 되었다. 그러나 사회복지제도의 실질적인 적용에 있어서 아직도 사각지대가 존재하며 급여의 질적 수준이나 내용에서는 아직도 미흡한 부분이 많다. 특히, 공공부조와 사회복지서비스의 수급대상자에 대한 급여 수준이 국민의 기초생활 및 다양한 복지 욕구 충족에는 미흡하다. 뿐만 아니라 그동안 사회복지 행정체계가 공급자 편의위주로 되어 있어서 관리운영의 비효율성이 내재되어 있다.

1) 김인재(2009)에서 재구성.

2. 사회복지입법의 향후 과제

사회복지입법은 다음과 같은 점을 고려하여야 할 것이다(김용하, 2006).

첫째, 국민의 복지요구 수렴과 사회정의의 실현, 분배의 공정화라는 측면에서 선진국의 사회보장입법 체계와 관련해 볼 때 사회복지 관련법들의 수정·보완·상호연계체계를 통하여 적용범위를 더욱 확대하여야 한다. 예를 들면, 현재 공무원, 교원, 대기업 근로자에게 임금보조적인 성격을 지니고 있는 가족수당이 가정생활의 안정과 아동의 건전육성을 그리고 아동양육비의 보충이라는 사회보장제도로서의 지위와 성격을 가질 수 있는 가족수당법이 마련되어야 한다.

둘째, 국가의 사회보장에 대한 책임성을 강화하여야 한다. 국가의 책임성은 국가의 사회보장 재정지출의 확대를 의미한다. 재정여건 등의 경제논리가 국민의 생존권보장이라는 인권논리를 지배해서는 안 된다.

셋째, 사회보장제도 운영의 민주성과 효율성이 보장되고 사회보장수급권이 확충되어야 하며 국민의 욕구와 의사를 적극적으로 반영하여야 한다. 특히, 제도운영의 민주성이 중요시되는 분야는 사회보험 분야로 사회보험 기금 및 재정운용에 대해서 기여자인 국민의 참여와 감시가 보장되어야 한다. 그리고 통합적인 사회보장체계의 운영은 관리기구의 통합을 통한 효과성과 효율성의 제고를 의미한다. 대표적으로 분립적 사회보험 행정체계의 운용으로 인한 비효율성을 없애기 위해서는 사회보험 전체를 하나의 행정체계로 통합할 수 있는 방안을 고려하여야 할 것이다

더불어 사회복지입법은 사회복지입법의 특성을 고려하여 국민의 복지요구를 수렴하고 사회정의를 실현하기 위해 사회복지법의 다음과 같은 해결과제를 고려해야 한다(현외성, 2003).

첫째, 사회복지법에 있는 조항들이 **'할 수 있다'**와 같은 임의규정으로 되어 있어 법의 실천적 측면이 약화되므로 이를 **'해야 한다'**는 강행규정으로 개정하

여 사회복지가 적극적이고 구체적으로 실현되어야 할 것이다. 즉 각종의 사회복지법상에 규정된 임의규정을 강제규정으로 바꾸는 작업일 것이다. 동시에 각종의 제한적인 조치 규정인 **'할 수 있다'**를 **'해야 한다'**로, 그리고 **'예산의 범위 내에서'**라는 조항을 제거하는 작업이 추진되어야 한다.

둘째, 사회복지급여수급권에 대한 분쟁이 다양하게 증가하여 행정적·사법적 권리구제 활동이 많아지므로 사회복지절차법과 사회복지법원 등의 권리구제 관련 입법이 요구된다.

셋째, 사회복지제도 상호간에 연계성과 통합·조정성이 부족하므로 이를 잘 고려하여 사회복지법을 제정 및 개정해야 할 것이다.

넷째, 앞으로 국제 관계가 더욱 활성화될 전망이므로 국제 사회보장관련법인 조약 등을 준수하고, 사회복지관련 조약을 체결하여 국내 사회복지법과 연계시켜야 할 것이다.

다섯째, 외국인 노동자에 대한 사회복지급여문제를 해결하여할 할 것이다. 특히, 국민건강보험, 산재보험 등을 해결할 입법이 요구된다.

여섯째, 사회복지법상의 권리구제나 수급권을 확보하기 위하여 사회보장 절차법으로서 사회보장소송관련법 혹은 사회복지법 관련 소송법의 입법화이다.

일곱째, 국제적인 사회보장관계법 관계의 확대와 체계적인 연구 및 법제화이다.

여덟째, 장래의 통일에 대비하여 각종 사회복지법, 사회보장법을 장·단기적으로 어떻게 조정, 보완할 것인지를 연구하고 대비하여야 할 것이다.

제3절 사회복지입법 부문별 전망

1. 사회보험 부문: 삶의 질 보장

전 국민의 사회보험 적용을 실질화하기 위해서는 '**적정부담 · 적정급여**'체계를 확립하고, 이를 통하여 균형적 재정유지와 함께 사회보험제도의 안정적 발전을 도모하여야 한다. 질병, 장애, 노령, 실업, 사망 등 보편적으로 발생하는 사회적 위험으로부터 국민의 삶이 깨어지지 않고 안정된 생활과 건강이 유지되고 회복되도록 하는 사회보험제도가 확충되어 삶의 질이 보장되어야 한다.

첫째, 국민연금제도의 목표를 노후 소득보장 완성으로 안정된 국민생활 실현에 둔다. 이를 위해서 국민연금의 사각지대를 해소하여 전국민의 연금수급권을 확보하고, 농어민, 자영자의 연금보험료 납부대상자 비율을 끌어올리고, 기초연금 확대 또는 기초생활보장제도의 연계를 통하여 장기납부 예외 계층에 대한 노후소득보장체계를 구축하여야 한다.

둘째, 연금재정의 장기안정을 위한 적정부담과 적정급여의 기본틀을 구축하여야 한다. 또 지역가입자의 소득을 합리적으로 파악하여 직장가입자와의 보험료부담 형평성에 대한 불만을 해소하여야 한다. 구체적으로 과세소득자료 등 공적 자료를 활용하여 가입자의 소득이 반영될 수 있는 보험료 부과기준을 개발한다. 나아가 국민연금만으로는 고령사회에서 노후의 소득보장에 한계가 있기 때문에 공과 사연금간, 공적연금간의 통합적 소득보장체계를 구축하여야 한다.

셋째, 건강보험에 있어서는 의료보장 내실화로 건강사회 구현을 목표로 한다. 이를 위해서는 보험급여의 범위를 확대하여 환자본인의 의료비 부담을 경감하고, 보험료 수준을 적정화하여 적정부담과 적정급여를 실현하여야 한다.

넷째, 급증하는 의료비에 대처하여 재정안정대책을 추진하여야 한다.

다섯째, 요양급여 비용심사의 공정성 · 전문성을 강화하기 위하여 설립된 건강보험심사평가원에서 요양급여의 적정성 평가를 통한 의료서비스의 질적 향상을 촉진하고 보험진료비 지출의 적정화를 도모하여야 한다.

2. 공공부조 부문: 기초생활 보장

전 국민 사회보험의 실현과 적정급여의 제공으로 1차 사회안전망의 기능을 강화한 다음에는 기초생활보장 수급자를 확대하고 그 급여수준을 향상시켜야 한다. 이를 위하여 기초보장 수급자의 선정기준을 합리적으로 개선하여 저소득실업자 등 한계계층을 수급자로 편입・보호하며, 독거노인, 소년소녀가장 및 장애인가구 등 주거보호가 필요한 세대에 대하여 주거보호제도를 실시하는 등 공공부조 확대를 통한 완벽한 사회안전망을 구축하여야 할 것이다. 구체적으로 최저생계비 이하 모든 국민의 기초생활이 보장되도록 생계급여, 의료급여, 교육급여, 주거급여 및 긴급급여 등을 제공하여 기본욕구를 포괄적으로 보장하여야 하며 빈곤의 악순환이 되풀이되지 않도록 교육・훈련을 통해 능력개발이 보장되고 일할 수 있는 기회가 제공되고 자활과 자립의 기반을 조성하여야 한다.

3. 사회복지서비스 부문: 인간다운 삶 보장

기초보장 대상 및 저소득 노인에 대하여 제한적으로 실시하고 있는 기초연금 지급대상 및 지급액을 확대하여 노후소득보장을 강화하고, 고령자 취업센타의 역할을 확대하여 노인의 취업기회를 확대하며, 노인을 위한 보건진료서비스의 질을 제고하여야 한다. 구체적으로 재취업, 창업, 자원봉사를 통해 노인의 경험과 지식이 적극 활용되고 건강이 유지되는 삶을 누릴 수 있는 방향으로 전개되어야 한다.

장애인복지에 있어서는 장애범주를 확대하고 모자보건사업의 강화, 영・유아의 예방접종 및 정기검진의 강화와 교통사고 및 산재예방을 통한 후천적 장애발생을 예방하며 저소득 장애인에 대한 생활안정지원을 강화하고 대중매체 등을 통한 교육계몽으로 장애인에 대한 사회인식을 개선하여야 한다. 구체적으로 장애인에게 필요한 생활비와 의료혜택을 보장하고 장애인의 능력에 따라 취업기회를 알선하며 직업훈련을 통한 사회복귀를 촉진하고 편의제공을 통하여 차별을 금지함으로써 완전한 사회통합을 이룰 수 있게 하여야 한다.

아동과 여성의 복지는 여성이 차별받지 않고 스스로의 능력을 발휘할 수 있도록 여성을 폭력으로부터 보호하고 육아와 자녀교육 그리고 노인돌봄의 주된 역할을 하는 가정과 사회를 지탱하는 인격체로써 사회참여를 적극적으로 지원하여야 한다. 또한 아동이 어른에 종속되지 않고 존엄성이 보장되는 독립 인격체로서 신체적·정신적으로 건강한 성인으로 자랄 수 있도록 제도적 강구를 하여야 한다. 그리고 실직 등으로 인한 문제 가정의 발생 및 가족해체를 예방할 수 있는 가정복지 종합서비스체계를 구축하고 재가복지서비스를 확충하여야 한다. 재가복지사업은 노인과 장애자뿐만 아니라 아동복지를 위하여도 필요하며 오늘날 세계적 추세도 시설보호에서 탈피하여 거택보호 위주로 나아가고 있다. 그 전에 시설입소자의 인권침해를 예방하는 대책을 강구하여야 한다(김인재, 200).

PART 04

사회보장 및 사회복지관련법과 사회복지실천

11 CHAPTER

사회보장기본법

제1절 사회보장기본법의 연혁 및 의의

1. 입법 배경과 연혁

1) 입법 배경

사회보장에 관한 법률은 광복과 6.25를 거치고 새롭게 국가체제를 건설하는 과정에서 국민생활의 안정과 풍요를 여망하는 국민과 당시 국가를 이끌었던 사람들의 견해를 반영하여 태동되었다.

정치적 측면에서 군사정부는 절대빈곤에서 해방시킨다는 정치적 공약의 실천을 위해서 제1차 경제개발 5개년계획(1962~1966)을 수립하여 그 시행에 들어갔었다. 그러나 당시 정책결정자들은 경제개발 이외의 문제에 대해서는 다소 소극적인 입장을 취했으나 민정이양을 앞둔 최고회의 당국은 국민의 지지를 위하여 명문상으로나마 복지정책을 표방하였다.

사회경제적 측면에서 당시 국민들은 복지문제에 대하여 아무런 표현 없이 소원만 했고 일반 공무원은 무관심했으며 근로자 계층에서도 노총의 의례적인 구호 외에는 별로 공식적인 요구가 없었다. 또 사회복지사업을 불러일으킬 만한 특별한 사회적 행동이나 사건도 없었다. 그러나 사회보장제도 수립을 위해서 간혹 몇 가지 사건이 유발되기도 하였다. 그 후 1962년 7월 국가재건최고회의 의장은 내각 수반에 대하여 사회보장제도 확립이라는 지시각서(제12531호)

를 하달했다. 그리하여 당시 개정헌법(1962년 12월 26일) 제30조에는 국가의 사회보장 증진의 의무가 규정되어 있어 이것을 모법으로 사회보장에 관한 법률이 제정되고 1963년 10월 8일 제107차 최고회의 상임위원회에 산업재해보상보험 법안과 함께 상정하여 질의·심의를 거쳐 동년 11월 5일 두 개 법안이 동시에 통과되었다. 그러나 동법률은 최초에는 사회보장의 기본계획과 이론 정립 등 세부적인 사항을 담으려 했으나 정부의 사회보장의 의지가 후퇴하면서 상징적인 의미를 갖는 정도로 입법화되는 데 그쳤다. 이후 동법은 전문 7개 조로서 30여 년 동안 자구의 수정도 없이 형식적이고 가시적인 법으로서 존재해 왔었다.

사회보장에 관한 법률이 제정된 후 30여 년 동안 경제·사회적으로 빠른 변화를 가져왔고 여기에 따라 각종의 사회보장제도가 도입되고 실시되기에 이르렀지만 임시방편적이고 단속적으로 분립되어 실시되어 왔음은 잘 알려진 사실이다. 그 결과 사회보장제도간 연계성이 부족하고 제도간 충돌과 갈등이 야기될 소지를 갖게 되었다. 더욱이 관리운영상의 비효율성과 재정 부족, 제도간 급여 수준의 불평등 등 많은 문제점이 생겨나, 관계 전문가들과 학자들이 형해(내용이 없는 뼈대)화된 사회보장에 관한 법률을 개정하여, 시대적 변화에 맞는 사회보장의 기본법을 입법해야 하는 필요성이 제기되었다. 1990년대 초 정부는 사회보장기본법을 제정할 것을 천명하였다. 이어 1994년 10월 정부는 이러한 배경에서 사회보장기본법안을 국회에 제출하였는데 그 배경을 사회보장에 관한 기본이념을 재정립하고 사회보장제도의 공통사항 등을 다시 정하여 사회보장제도의 효율적인 운영과 통합적 발전에 기초가 될 수 있는 새로운 사회보장기본법의 제정이 시급하다고 언급하였다. 정부측의 이상과 같은 내부 검토가 있은 후 1994년 11월 보건사회부의 사회보장기본법 제정안이 제출되고 1995년 12월 18일 제177회 국회 본회의에서 가결되어 1995년 12월 30일 법률 제5134호로 사회보장기본법이 입법·제정되었다. 그 후 1996년 7월 13일 대통령령 제15118호로 사회보장기본법시행령이 마련되었다.

2) 의미

사회보장기본법은 글자 그대로 사회보장제도의 기본적인 사항을 법률로서 규정한 것이다. 1963년에 제정된 사회보장에 관한 법은 그간에 이룩한 경제·사회적 발전에 적절한 사회보장제도의 운용에 합리성을 기하고 제도 간 연계를 원활히 하여 국민복지에 기여하려는 의미를 가지고 있다고 하겠다. 이러한 점에서 사회보장기본법은 비록 각각의 사회보장 관련법보다 시기적으로 늦게 입법되었음에도 불구하고 제반 사회보장법의 모법으로서 위치를 가지고 있다고 볼 수 있다. 그러나 사회복지와 사회보장 관련법들을 집대성해 놓은 단일법이 아니라 하나의 개별 법률로 존재하고 있다.

(1) 왜 사회복지법이 아닌 사회보장기본법인가?

법학에서 일반적 경향은 사회보장을 커다란 개념으로 전제하고 그에 포함되는 하나의 영역으로서 주로 사회복지서비스를 지칭하고 있다. 따라서 본 법은 사회복지기본법이 아닌 사회보장기본법으로 불리게 되었다.

(2) 실질적으로 사회보장기본법은 문자 그대로 기본법으로서의 지위에 맞는 충분한 역할을 수행할 수 있는가?

사회보장기본법은 우선 기본법이라는 규범적 지위를 갖기 때문에 헌법의 추상적 규범을 구체화하면서 개별 법률 등을 총괄적으로 지배하는 법률이어야 한다.

(3) 과제

사회보장기본법이 기본법으로서의 역할을 다하기 위해서는 헌법 제34조 제1항의 국민의 인간다운 생활을 할 권리를 실현시키기 위한 구체적 방향을 제시하고 같은 조 제2항에서 선언한 국가의 의무를 담보하기 위한 구체적 대안들을 규정해야 할 것이다. 아울러 이를 통해 개별 사회복지법들의 해석기준을 마련하고 개정의 방향을 제시해야 한다. 사회보장기본법이 진정으로 사회복지의 현실에 진보적 변화를 이끌어 내고 복지국가를 견인하는 법이 되기 위해서는 사회보장수급권의 실질적인 권리성을 인정하고 보장해야 한다. 그러나 제9조를 보면 모든 국민은 사회보장관계 법령에서 정하는 바에 따라 사회보장급여를 받을 권리를 가진다고 인정하고 있다. 이것은 사회보장수급권을 기본법에서 인정하려는 입법 취지가 아니라 개별 법률에 위임하고 있는 것으로 하위법률들을 지도해야 하는 기본법적 지위를 스스로 제한하거나 부인하는 것이다. 사회보장기본법은 헌법 제34조의 이념에 따라 사회보험, 공공부조, 사회(복지)서비스, 기타 관련복지제도에 대한 법률을 총체적으로 지휘하는 헌법의 하위규범이자 법률의 상위규범으로서의 의의를 갖는다고 하겠다. 따라서 이러한 지위에 적합한 규범체계를 확보하는 것이 기본법적 과제라고 하겠다.

2. 입법 내용

1) 입법목적 및 기본이념

(1) 목적

사회보장기본법 제1장 제1조에서는 사회보장에 관한 국민의 권리와 국가 및 지방자치단체의 책임을 정하고 사회보장정책의 수립·추진과 관련 제도에 관한 기본적인 사항을 규정함으로써 국민의 복지증진에 이바지하는 것을 목적으로 한다라고 규정하고 있다. 사회보장기본법은 헌법 제34조 제1항의 **'인간다운 생활을 할 권리'**와 같은 조 제2항의 국가의 의무를 구체화시키려는 규범적 목적을 분명히 하고 있다. 그리고 이를 위해 사회보장에 관한 기본적인 사항들을 규정하여 하위법률들에 대한 지표로 삼고자 하는 것이다.

(2) 기본이념

사회보장기본법 제2조에서는 모든 국민이 다양한 사회적 위험으로부터 벗어나 행복하고 **인간다운 생활을 향유**할 수 있도록 자립을 지원하며, 사회참여·자아실현에 필요한 **제도와 여건**을 **조성**하여 **사회통합과 행복한 복지사회를 실**

현하는 것을 기본이념으로 한다. 헌법상 인간다운 생활을 할 권리를 충족케 하기 위해서 자립을 지원할 수 있는 최저생활보장의 이념을 내포하고 있다는 점이다. 자립지원의 보장은 공공부조의 목적에 해당될 것이다. 따라서 본 법에서 자립지원을 보장한다는 의미는 모든 국민이 최저생활수준 밑으로 전락하지 않도록 보장해야 한다는 규범적 목적을 규정한 것으로 이해해야 할 것이다. 따라서 보장의 수준을 어떻게 책정하든 중요한 것은 인간다움을 유지시킬 수 있어야 한다는 것이다. 즉 본 법문에서 자립지원의 보장이라 함은 곧 인간다운 생활이라는 이념적 목적에 대해 정책적으로 선택한 수단적 목표라고 해석해야 할 것이다. 또한 제도와 여건을 조성한다는 것은 권리의 보장에 더 나아가 이를 실현하기 위한 수단으로서 사회보장을 제도적으로 보장한다는 제도보장의 개념을 말하는 것이다. 이 법에 의해 보장되는 사회보장제도 또는 사회복지제도는 인간다운 생활을 할 권리를 보장하는데 기여해야 하므로 제도의 본질을 침해하지 않고 유지해야 하는 의무가 입법부 스스로를 구속할 뿐만 아니라 법집행을 담당하는 행정부를 구속한다고 보아야 할 것이다.

사회통합과 행복한 복지사회를 실현한다는 것에서 사회통합은 이질적이고 다양한 사람들로 이루어지는 사회구성원이 정체성을 갖도록 통합하는 일이다. 통합이 이루어지지 않으면 갈등과 대립이 폭동과 소요로 나타나게 된다. 행복한 복지사회를 실현한다는 것은 도움이 필요한 곳을 더 두텁게 지원하는 맞춤형 복지와 노동의 가치가 존중받는 근로환경을 만든다는 것이다.

사회보장기본법의 궁극적 이념이라 할 수 있는 복지사회란 무엇인가하는 점이다. 복지사회라는 용어가 처음으로 사용된 것은 1963년 국가재건최고회의의 기본정책 방향에서 사용된 문건이다. 복지사회라는 용어는 당시의 종합적인 사회적 수준을 고려할 때 막연하게 발전된 사회 내지 목표로서의 이상적 사회를 지칭하는 용어였을 것이다(김상균, 1987). 현재 본법에서 사용되고 있는 복지사회 역시 **'복지국가'**와 **'복지사회'**를 명확히 구별하는 학문적 관점에서의 의미보다는 추상적 차원에서 복지가 발달한 사회를 막연하게 지칭하는 일종의 불확정성의 개념이라 해야 할 것이다.[1]

---

1) 윤찬영(2003).

(3) 제도적 적용범위

사회보장은 출산, 양육, 실업, 노령, 장애, 질병, 빈곤 및 사망 등의 사회적 위험으로부터 모든 국민을 보호하고 국민 삶의 질을 향상시키는 데 필요한 소득·서비스를 보장하는 사회보험, 공공부조, 사회서비스를 말한다. 사회보장은 사회적 위험으로부터 국민들을 보호함으로써 국민생활을 향상시키려는 것이다.

사회보장기본법 제3조에 보장하려는 제도적인 적용 범위는 사회보험, 공공부조, 사회서비스, 평생사회안전망, 사회보장행정데이터 다섯 가지 종류의 제도를 제시하고 있다.

① 사회보험

사회보험은 국민에게 발생하는 사회적 위험을 보험방식에 의하여 대처함으로써 국민건강과 소득을 보장하는 제도를 말한다. 사회보험은 민간보험의 원리를 채택하지만 사회적 위험을 보장한다는 점에서 민간보험과는 여러 가지 점에서 다른 특성을 가지고 있다. 그 중 가장 특징적인 점은 가입의 강제성과 운영주체가 국가의 독점이라는 점 등이다.

② 공공부조

공공부조는 국가 및 지방자치단체의 책임하에 생활유지 능력이 없거나 생활이 어려운 국민의 최저생활을 보장하고 자립을 지원하는 제도를 말한다. 공공부조의 핵심제도인 국민기초생활보장제도가 2000년 10월부터 구법인 생활보호법이 국민기초생활보장법으로 개정·확대되면서 새롭게 전개되고 있다. 공공부조제도는 자본주의 사회에서 빈곤을 해결하기 위한 최후의 보루로서 기능하고 있는 제도로 이해된다. 물론 공공부조는 과거에는 국가에서 제공하는 자선의 개념으로 받아들였으나 2000년 10월부터는 하나의 권리로서 인식되는 진일보한 측면을 가지고 있다.

③ 사회서비스

사회서비스는 국가·지방자치단체 및 민간부문의 도움이 필요한 모든 국민에게 복지, 보건의료, 교육, 고용, 주거, 문화, 환경 등의 분야에서 인간다운 생활을 보장하고 상담, 재활, 돌봄, 정보의 제공, 관련 시설의 이용, 역량 개발, 사회참여 지원 등을 통하여 국민의 삶의 질이 향상되도록 지원하는 제도를 말한다.

④ 평생사회안전망

평생사회안전망은 생애주기에 걸쳐 보편적으로 충족되어야 하는 기본욕구와 특정한 사회위험에 의하여 발생하는 특수욕구를 동시에 고려하여 소득·서비스를 보장하는 맞춤형 사회보장제도를 말한다.

⑤ 사회보장행정데이터

사회보장행정데이터는 국가, 지방자치단체, 공공기관 및 법인이 법령에 따라 생성 또는 취득하여 관리하고 있는 자료 또는 정보로서 사회보장정책 수행에 필요한 자료 또는 정보를 말한다.

(4) 인적 범위

사회보장기본법 제8조에서는 국내에 거주하는 외국인에게 사회보장제도를 적용할 때에는 상호주의의 원칙에 따르되, 관계 법령에서 정하는 바에 따른다라고 되어 있다. 모든 사회복지법이 그러하듯이 사회보장기본법의 적용을 받는 사람은 대한민국 국민이다. 그러나 노동력의 국제적 이동이 활발한 상황에서 사회복지법은 더 이상 자국민만을 대상으로 하기에는 한계가 있다. 따라서 사회복지법과 제도는 이제 자국 민족 중심주의를 벗어나 국제주의의 입장을 취해야 할 것이다(윤찬영, 2000).

2) 책임

사회보장기본법 제5조에서 국가와 지방자치단체는 모든 국민의 인간다운 생활을 유지·증진하는 책임을 가지며 국가 발전수준에 부응하고 사회환경의 변화에 선제적으로 대응하며 지속가능한 사회보장제도를 확립하고 매년 이에 필요한 재원을 조달하여야 한다라는 부분을 명확히 하고 있다. 이것의 내용은 국가와 지방자치단체의 사회보장제도 실행에 관한 책임을 규정한 것으로서 사회보장제도를 실행하는 경우 국가발전의 수준에 상응하는 정도의 수준을 유지하여야 하는 책임을 말한다. 사실 이러한 내용은 매우 어려운 문제로서 국가발전의 수준에 적절한 수준의 사회보장수준이 무엇이며, 또 당연히 국가에서 이러한 노력을 경주해야 하는 일이 스스로 발생하기는 결코 쉽지 않다. 여기에 시민의 활동이 요청되는 것이기도 하다. 그리고 국민 개인의 복지에 대한 책임이 국가에 있다는 것은 당연한 것이며, 이에 대한 국가 및 지방자치단체 특히, 재정에 관한 책임이 중요하기 때문에 재원조달의 책임을 규정하고 있다. 그러나 우리 법의 책임 태도는 모호한 측면이 있다. 사회복지의 공급주체를 국가 및 지방자치단체, 가정, 지역공동체, 국민 개인 등 다양하게 설정하고 있기 때문이다. 결국 이러한 책임 규정은 기본적으로 우리 법이 다원주의적 국가관에 근거하고 있다는 것을 시사해 준다.

제2절 사회보장기본법과 사회보장 실천

1. 사회보장수급권

사회보장기본법은 수급권을 미리 규정함으로써 권리성을 부여하여 국민복지를 증진하고 있다. 여기서 수급권자는 사회보장 대상자가 수급권자인데 사회보장기본법 제8조는 외국인에 대한 적용, 제9조는 사회보장을 받을 권리는 내국인을 사회보장수급권자로 규정하고 있다. 물론 구체적인 수급 요건은 각각의 세부적인 사회보장관계법에서 자격규정을 취급하고 있어 당해 법규에 따라서 결정될 것으로 본다.

1) 사회보장급여의 수준

사회보장기본법은 사회보장급여의 수준과 관련하여 법 제10조에 3항의 원칙을 규정하고 있다.

첫째, 국가와 지방자치단체는 **모든 국민이 건강하고 문화적인 생활을 유지**할 수 있도록 사회보장급여의 수준 향상을 위하여 노력하여야 한다. 이는 일시적이 아니라 영속적으로 물가수준이나 경제사회적 수준에 적절한 것이어야 한다는 의미이다.

둘째, 국가는 **관계법령**에서 정하는 바에 따라 최저보장수준과 최저임금을 매년 공표하여야 한다. 여기에서 관계법령이라 함은 당시의 공공부조법인 생활보호법을 염두에 둔 것이다. 이 규정은 생활보호법을 폐지하고 1999년 새로 제정된 국민기초생활보장법 제6조 제2항에 계속되고 있다[2].

셋째, 국가와 지방자치단체는 제2항에 따른 **최저보장수준과 최저임금 등을 고려**하여 사회보장급여의 수준을 결정하여야 한다. 이것은 당시 생활보호의 보호수준이 지나치게 낮아 그 수준을 향상시키려는 의도에서 최저임금과 최저생계비를 고려할 것을 규정한 것이다. 이것은 이른바 **열등처우의 원칙**이라도 지키자는 의도에서 제기되었던 것이다.

사회보장급여수준은 가입자의 갹출금, 가입기간, 사회경제적 수준과 사회적 가치 등 다양한 변수들이 고려되어 결정되는데 매우 복잡한 내용이다. 여기에서는 기본 전제를 규정했다고 보아야 한다. 사회보장급여수준은 최저생계비와 최저임금을 참작하여 적절한 수준에서 결정되어야 한다. 이와 같은 사회보장급여수준의 원칙은 사회복지법 전체를 규율하는 규범으로 인정되기 곤란하다. 특히, 제2항과 제3항은 국민기초생활보장법 같은 공공부조법에만 한정적으로 적용되는 것이기 때문에 별도의 조문으로 배치할 필요가 있다.

---

2) 그리고 이 법에 따르면 매년 12월에 보건복지부장관이 고시하게 되어 있는데, 2023년도 최저생계비는 2022년 12월에 1인 가구의 경우 월 623,368원, 4인 가구는 1,620,289원 등으로 공표하였다.

2) 사회보장급여의 신청

사회보장의 급여를 받고자 하는 자는 관계법령이 정하는 바에 사회보장기본법 제11조 제1항에 따라, 즉 국가 또는 지방자치단체에 신청 또는 대신 신청할 수 있다. 사회보장급여의 수급이 권리로서 인정되기 때문에 수급권자는 당연히 신청에 의해 자신의 권리를 행사해야 한다. 이 법에 의하면, 사회보장급여는 급여자격을 가진 자가 신청하여 급여를 받지만, 특별한 경우에는 관계 공무원이 직원으로 사회보장급여를 신청하여 사회적 취약계층이 급여를 받을 수 있는 길을 터놓고 있다. 관계 공무원의 소위 자유재량이 중요한 기능을 가진 것으로 볼 수 있고 이 경우에는 관계 공무원의 사회복지의 전문적 지식과 기술이 절실하게 요청되고 있다고 하겠다.

3) 사회보장수급권의 보호 · 제한 · 포기

사회보장수급권은 관계법령이 정하는 바에 따라 타인에게 양도하거나 담보로 제공할 수 없으며 이를 압류할 수 없다(동법 제12조). 사회보장수급권은 제한되거나 정지될 수 없다. 다만 관계법령이 따로 정하고 있는 경우에는 그러하지 아니한다(법 제13조 제1항). 즉 사회보장제도는 가능한 한 사회적 약자들에게 생존권을 보장한다는 측면에서 법적 목적을 당성하고 있으나 수급권자가 불법적으로나 탈법적으로 혹은 불법행위와 같이 사회적 정의와 양식에 반하여 수급요건을 발생케 하였을 경우에는 이를 제한 할 수 있는 길을 열어 놓고 있다. 그러나 이러한 급여의 제한 가능성을 무제한으로 허용하게 되면 자칫 사회복지법으로서의 규범적 목적을 해칠 우려가 있게 된다. 따라서 이러한 제한 또는 정지의 목적에 필요한 최소한의 범위에 그쳐야 한다(동법 제13조 제2항). 이것은 헌법 제37조 제2항[3])에서 선언하고 있는 과잉입법금지의 원칙을 사회보장수급권에 적용하는 규정이다. 그리고 관계법령들에서는 권리를 제한하는 규정을 둘 때 제한요건을 명확하게 규정해야 한다. 추상적이거나 모호한 표현으로 권리를

---

3) 국민의 모든 자유와 권리는 국가안전보장, 질서유지 또는 공공복리를 위하여 필요한 경우에 한하여 법률로써 제한할 수 있으며, 제한하는 경우에도 자유와 권리의 본질적인 내용을 침해할 수 없다.

제한하게 되면 자의적인 권리침해 현상이 많이 발생할 것이다. 더불어 동법 제14조 제1항에서 사회보장수급권은 정당한 권한이 있는 기관에 서면으로 통지하여 이를 포기 할 수 있다. 여기서 정당한 기관이라 함은 사회보장사업을 행하는 기관으로 볼 수 있다. 이렇게 사회보장수급권의 포기를 인정하는 것의 의미는 이 권리가 수급권자의 동의 내지 승인을 전제로 성립한다는 것을 암시한다. 그러나 사회보장수급권의 포기가 곧 권리의 상실을 의미하는 것은 아니다. 왜냐하면 사회보장 수급권의 포기는 이를 취소할 수 있기 때문이다 (같은조 제2항)[4]. 그러나 타인에게 해를 주거나 사회보장에 관한 관계법령에 위반되는 경우에는 이를 포기할 수 없다(같은조 제3항)[5]

4) 불법행위에 대한 구상

사회보장기본법 제15조에서 제3자의 불법행위에 의하여 피해를 입은 국민이 그로 인하여 사회보장수급권을 가지게 된 경우 사회보장제도를 운영하는 자는 불법행위의 책임에 있는자에 대하여 관계법령이 정하는 바에 의하여 구상권을 행사할 수 있다. 구상권은 불법행위로 인하여 어려움을 당하는 국민으로 하여금 신속하게 생활의 곤궁을 회피하게 하여 인간다운 생활을 보장하기 위한 사회보장법의 목적에 맞추어 설정된 내용으로서 사회보장법 정신에 잘 맞는 규정으로 해석된다. 구상권 조항이 있음으로써 사회적 약자인 수급권자에게 있을 수 있는 손실과 삶의 위험을 해소할 수 있는 탁월한 규정으로 보인다. 국민연금법상 대위권(제94조), 국민건강보험법상 구상권(제53조), 산업재해보상보험법상 구상권(제54조) 등이 대표적인 예이다.

5) 사회보장 기본계획과 사회보장위원회

보건복지부장관은 관계 중앙행정기관의 장과 협의하여 사회보장 증진을 위

4) 그러나 취소의 기한을 정하지 않은 것은 사회보장수급권의 생존권적 성격을 고려한 것으로 볼 수도 있으나 입법의 불비(不備)로 볼 수도 있다.

5) 법 제14조 제3항의 포기 주체는 수급권자의 친권자나 후견인이고 '타인'은 수급권자 본인을 의미하는 경우도 있다고 보아야 할 것이다.

하여 사회보장에 관한 기본계획을 5년마다 수립하여야 한다(법 제16조). 그리고 사회보장에 관한 주요 시책을 심의·조정하기 위하여 국무총리 소속으로 사회보장위원회를 두어야 한다. 일본의 경우는 후생성의 심의회는 22개 615명으로 구성되어 있고 사회보장심의회는 1948년 사회보장제도심의회 설치법에 의하여 학식 경험자, 국회의원, 각종 단체대표, 고급관료 등으로 구성되어 내각 총리대신 또는 기타 행정장관의 자문에 응하여 조사 심의하고 조언하는 것으로 성격을 규정하고 있다.

(1) 위원회 및 실무위원회의 구성

사회보장기본법 제21조에서 위원회의 구성은 위원장 1명, 부위원장 3명과 행정안전부장관, 고용노동부장관, 여성가족부장관, 국토교통부장관을 포함한 30명 이내의 위원으로 구성하여야 한다. 위원장은 국무총리가 되고 부위원장은 기획재정부장관, 교육부장관 및 보건복지부장관이 된다. 이는 사회복지정책에 대한 비중과 위상을 높이고자 하는 의도로 볼 수도 있겠으나 사회복지정책의 경제정책에 대한 종속성을 반영하는 것이기도 하다(같은 법 시행령 제2조 제2항). 구법인 1963년의 사회보장에 관한 법률에 따르면, 위원장으로서 보건사회부 차관을 규정한 것과 비교하면 심의위원회의 위상이 매우 높아지고 위원장의 지위와 권한이 강화되었다. 이는 사회경제적 여건의 변화와 함께 사회보장이 매우 중요함을 인식한 데서 연유한 것으로 보인다. 그리고 위원은 다음과 같은 사람들 중에서 대통령령이 위촉하게 되어 있다. 즉 관계 중앙행정기관의 장, 근로자를 대표하는 자, 사용자를 대표하는 자, 사회보장에 관한 학식과 경험이 있는 자, 변호사의 자격이 있는 자 등이다. 그리고 위원회를 효율적으로 운영하고 위원회의 심의사항을 보다 전문적으로 검토하기 위해 위원회에는 사회보장분야별 실무위원회를 둔다(같은조 제6항).

(2) 위원의 임기

위원의 임기는 2년이며 공무원인 위원의 임기는 그 재임기간으로 하고 제3항 제2호 각 목의 위원이 기관·단체의 대표자 자격으로 위촉된 경우에는 그

임기는 대표의 지위를 유지하는 기간으로 한다(법제21조 제4항). 위원의 임기에는 연임제가 없으나 실무위원의 임기는 연임제를 적용하는 것이 특징이다. 그러나 위원회의 위원장, 부위원장, 공무원인 위원은 그 직을 유지하는 한 2년의 임기에 구애받지 않는 것으로 해석될 수 있다.

(3) 위원회, 실무위원회, 전문위원 등의 운영과 직무

위원회는 다음 각 호의 사항을 심의·조정한다(법 제20조).

1. 사회보장 증진을 위한 기본계획
2. 사회보장 관련 주요 계획
3. 사회보장제도의 평가 및 개선
4. 사회보장제도의 신설 또는 변경에 따른 우선순위
5. 둘 이상의 중앙행정기관이 관련된 주요 사회보장정책
6. 사회보장급여 및 비용 부담
7. 국가와 지방자치단체의 역할 및 비용 분담
8. 사회보장의 재정추계 및 재원조달 방안
9. 사회보장 전달체계 운영 및 개선
10. 제32조 제1항에 따른 사회보장통계
11. 사회보장정보의 보호 및 관리
12. 제26조 제4항에 따른 조정
13. 그 밖에 위원장이 심의에 부치는 사항

사회보장위원회가 올바르게 심의할 수 있도록 관계행정기관이 성실하게 협력하는 것이 요망된다. 특히, 사회보장 업무가 보건복지부를 위시하여 고용노동부, 교육부, 국방부는 말할 것도 없고 행자부 등과 밀접하게 연관되어 있어, 업무의 비효율성 비통합성을 해소하고 있고 상호 조정을 통해 수준 높은 사회보장정책과 제도가 수립되어야 하기 때문이다.

6) 사회보장제도의 운영

(1) 운영원칙

사회보장제도의 운영원칙은 다음과 같다.

첫째, 적용범위의 **보편성**이다. 국가와 지방자치단체가 사회보장제도를 운영할 때에는 이 제도를 필요로 하는 모든 국민에게 적용하여야 한다(법 제25조 제1항). 이는 모든 국민이 사회보장제도에 의해 포섭될 수 있도록 사각지대를 없애고 누구나 사회보장의 수급자가 될 수 있도록 사회보장제도가 총체적으로 구성되어야 하는 것을 말한다.

둘째, 급여수준 및 비용부담의 **형평성**이다. 국가와 지방자치단체는 사회보장제도의 급여 수준과 비용 부담 등에서 형평성을 유지하여야 한다(같은조 제2항). 적어도 사회보장제도는 소득재분재에 기여해야 한다. 따라서 사회보장에 대한 비용부담이나 급여수준에 있어서 역진적인 재분배가 일어나지 않도록 형평성을 유지해야 한다(산술적 평등). 또한 연금급여와 같은 소득보장제도에 있어서 기여수준이 높은 자가 급여수준이 높도록 하는 것도 형평성에 맞는 것이다(비례적 평등). 그러므로 형평성의 개념은 경우에 따라 달라질 수 있다.

셋째, 운영의 **민주성**이다. 국가와 지방자치단체는 사회보장제도의 정책 결정 및 시행 과정에 공익의 대표자 및 이해관계인 등을 참여시켜 이를 민주적으로 결정하고 시행하여야 한다(같은 조 제3항). 사회보장위원회 등 각종 법정 위원회의 운영과 장기발전계획의 수립 등에 참여의 가치를 보장함으로써 민주적 운영을 도모하고자 하는 취지이다. 특히, 사회보험의 경우 보험료를 납부한 개인들의 참여가 보장되어야 할 것이다.

넷째, **연계성**과 **전문성**의 강화이다. 국가와 지방자치단체가 사회보장제도를 운영할 때에는 국민의 다양한 복지 욕구를 효율적으로 충족시키기 위하여 연계성과 전문성을 높여야 한다(같은조 제 4항). 이는 개개의 사회보장제도가 분립적으로 운영되는 데서 오는 비효율성, 갈등 등을 예방하고자 제도간의 연계 및 통합, 조정의 필요성을 강조하는 취지이며 이를 위해 사회보장의 계획수립 및 시행에 있어서 전문적인 측면을 강조하기 위한 것이다.

다섯째, **책임성**이다. 사회보험은 국가의 책임으로 시행하고, 공공부조와 사회서비스는 국가와 지방자치단체의 책임으로 시행하는 것을 원칙으로 한다. 다만, 국가와 지방자치단체의 재정형편 등을 고려하여 이를 협의·조정할 수 있다. 사회보험법들은 국가에 이를 전담하는 공단과 같은 공법인을 두도록 규정하고 있으며 국민기초생활보장법, 사회복지사업법 등에서는 국가와 지방자치단체의 행·재정상의 책임과 역할을 분담하여 규정하고 있다. 사회보험은 국가의 책임으로 행함을 원칙으로 하며 공공부조 및 사회복지서비스는 국가 및 지방자치단체의 책임으로 행함을 원칙으로 하되 국가 및 지방자치단체의 재정형편 등을 감안하여 이를 조정할 수 있다. 여기서 분명하게 드러난 사실은 사회보험은 중앙정부에서 공공부조와 사회복지서비스는 중앙과 지방자치단체가 분담한다는 내용이다. 물론 세계 여러 나라에서는 각각 그 나라의 경제와 사회적 여건과 역사적 전통 등에 따라 사회보장의 책임을 중앙과 지방자치단체 그리고 민간 영역이 적절하게 배분하고 있다. 우리나라의 경우는 위와 같은 배분원칙을 표명하고 있으며 특히, 실행과 관련하여 정부의 재정형편에 따르기로 한다고 하여 사회보장급여의 권리성과 국가의 책임성을 약화시키는 조항이 되고 있다.

사회보장기본법에서 말하는 운영원칙은 결국 보편성, 형평성, 민주성, 효율성, 연계성 및 전문성, 책임성을 말하는 것으로써 사회보장제도의 기본원칙으로 말한 베버리지, ILO 및 세계노동조합 등의 견해를 반영한 것으로 풀이할 수 있다.

(2) 역할의 조정

국가와 지방자치단체는 사회보장제도를 신설하거나 변경할 경우 기존 제도와의 관계, 사회보장 전달체계에 미치는 영향, 재원의 규모·조달방안을 포함한 재정에 미치는 영향 및 지역별 특성 등을 사전에 충분히 검토하고 상호협력하여 사회보장급여가 중복 또는 누락되지 아니하도록 하여야 한다(법 제26조 제1항).

7) 민간의 참여

국가 및 지방자치단체는 사회보장에 대한 민간부문의 참여를 조장 할 수 있도록 정책을 개발・시행하고 그 여건을 조성하여야 한다(법 제27조 제1항).[6] 이는 복지다원주의에 입각하여 국가의 사회보장사업을 시행함에 있어서 민간 또한 주체로서 인정하겠다는 취지를 가지고 있다. 같은 조 제2항은 민간 복지주체에 대한 국가의 행・재정 지원의 근거가 된다. 그러나 이 규정이 사회보장이나 사회복지에 대한 국가책임을 완화시키는 근거로 악용될 수 있는 것은 문제다. 즉 국가책임이 미약한 실정에서 민간의 참여가 강조된다면 이는 사회보장기본법을 포함해서 사회복지관련법들의 규범적 정당성을 훼손하는 것이 될 수 있기 때문이다

8) 비용부담

사회보장비용의 부담은 각각의 사회보장제도에 대한 역할 분담에 따라 국가・지방자치단체 및 민간부문간에 합리적으로 조정되어야 한다(법 제28조 제1항). 사회보험에 소요되는 비용은 사용자, 피용자 및 자영자가 부담하는 것을 원칙으로 하되 관계법령이 정하는 바에 따라 국가 그 비용의 일부를 부담 할 수 있다(같은조 제2항). 이는 사회보험의 급여비용에 관한 한 국가가 부담하지 않는 것을 원칙으로 하는 규정이다. 우리나라 국가복지의 취약성을 드러내는 조항이다. 그러나 관계법령에 따라 운영・관리비의 일부 또는 전부를 국가 부담하거나 포괄적으로 사회보험비용을 부담하는 규정들이 있어 그나마 다행이라 할 수 있다. 그렇지만 사회보험 비용부담에 있어서 노・사・정 삼자 부담의 원칙으로 규정하는 것이 바람직한 것이다.

6) 민간참여는 최근 신보수주의 이념이 중요한 정책기조로 대두되면서부터 더욱 강화되고 있는데, 우리나라에서는 특별히 사회복지분야에서 민간참여가 두드러지고 있다.

9) 전달체계 등

국가와 지방자치단체는 모든 국민이 쉽게 이용할 수 있고 사회보장급여가 적시에 제공되도록 지역적・기능적으로 균형잡힌 사회보장 전달체계를 구축하여야 한다(법 제29조 제1항). 국가와 지방자치단체는 공공부문과 민간부문의 사회보장 전달체계가 효율적으로 연계되도록 노력하여야 한다(같은 조 제3항). 즉 전국적인 범위를 포괄할 수 있는 전달체계를 구성해야 하며 조정기능을 수행하도록 전달체계의 접근성을 규정하고 있다. 이러한 사회보장전달체계 규정은 원칙적이고 선언적이다. 국가 및 지방자치단체가 사회보장전달체계를 두지 않거나 두더라도 원칙들을 충실하게 반영하지 못할 때 이를 강제할 수 있는 수단이 법적으로 마련되어 있지 못하다. 그러나 청원을 통하거나 국가 및 지방자치단체의 장에게 이행을 청구하는 소송 등은 가능하다.

10) 부수적 의무 등

(1) 정보공개의 의무

국가와 지방자치단체는 사회보장제도에 관하여 국민이 필요한 정보를 관계법령에서 정하는 바에 따라 공개하고, 이를 홍보하여야 한다(법 제33조).

(2) 설명의 의무

국가와 지방자치단체는 사회보장에 관한 관계법령에 규정된 권리나 의무를 해당 국민에게 설명하도록 노력해야 한다(법 제34조). 전통적인 사법의 원리에 따르자면 권리 위에 잠자는 자는 보호 받을 수 없다. 그러나 사회법의 영역에 속하는 사회복지법은 수급권자의 인간다운 생활을 할 생존권을 보장하기 위한 것이므로 권리의 주체가 자신의 권리에 대해 인지하지 못 할 경우에 대비하여 권리와 의무에 관한 사항을 설명해 줄 필요가 있다.

(3) 상담의 의무

국가와 지방자치단체는 사회보장관계 법령에서 정하는 바에 따라 사회보장에 관한 상담에 응하여야 한다(법 제35조).

(4) 통지의 의무

국가와 지방자치단체는 사회보장관계 법령에서 정하는 바에 따라 사회보장에 관한 사항을 해당 국민에게 알려야 한다(법 제36조). 이는 설명의 의무와 더불어 매우 중요한 의무이다. 보험료 납입 수급요건 및 시기와 수급액 등에 대해 수급권자에게 통지하는 것은 제도운영에 매우 중요한 기능이다.

(5) 개인정보 등의 의무

사회보장 업무에 종사하거나 종사하였던 자는 사회보장업무 수행과 관련하여 알게 된 개인·법인 또는 단체의 정보를 관계 법령에서 정하는 바에 따라 보호하여야 한다(법 제38조).

이러한 부수적 의무들은 그 중요성에 비해 이에 대한 의무를 위반한 경우에 대한 아무런 조치도 규정되고 있지 않아 법적 실효성이 의문시된다. 또한 사회보장업무의 상당부분은 공단과 같은 공법인에 의해 이루어지고 있는 현실을 볼 때 이들에게도 이러한 의무를 부과해야 한다고 본다.[7)]

---

7) 전광성(2019).

12
CHAPTER

사회복지사업법

제1절 사회복지사업법의 의의와 목적

1. 사회복지사업법의 의의와 특성 그리고 정의

사회복지사업법은 사회복지사업에 관한 법을 말한다. 이 법에는 법률로서의 사회복지사업법, 사회복지사업법 시행령과 사회복지사업법 시행규칙이 있다. 사회복지사업법은 상위법인 헌법 제34조에 규정된 생존권을 구체화하는 법률이다. 또한, 사회복지사업법은 각종 사회복지서비스 분야에 관한 법률의 기본적 사항을 총괄적으로 규정한 일반법으로서 의의가 있다. 따라서 사회복지사업법은 개별적인 사회복지서비스법에 의하여 실시되는 각 사업의 기본적인 사항을 총체적으로 규정하여 복지사업의 운영 또는 지원을 목적으로 하는 특별법인 사회복지서비스 각 법에 대한 일반법이다. 같은 맥락에서 사회복지사업법은 개별적인 사회복지서비스법에 의한 조직체계와 이 조직체계의 운영 등에 대한 공통적 기본적인 성격을 규정하여 사회복지증진을 도모한다는 의미를 갖고 있다.

사회복지사업법은 사회보험관계법이나 공공부조관계법과 사회복지법 또는 사회보장법으로서 유사성을 가지고 있으면서 한편으로는 다른 특성을 가지고 있다.

첫째, 경제적, 물질적 급여보다는 비경제적, 비물질적 급여가 중요한 내용을 담고 있다.

둘째, 비물질적 · 심리사회적 욕구를 해결하는 것을 주된 내용으로 하고 있으므로 사회복지전문가의 전문적 개입과 실천이 중요한 법적 내용이 된다.

2. 목적 및 기본이념

1) 목적

사회복지사업법은 사회복지사업에 관한 기본적 사항을 규정하여 사회복지를 필요로 하는 사람에 대하여 인간의 존엄성과 인간다운 생활을 할 권리를 보장하고 사회복지의 전문성을 높이며 사회복지사업의 공정 · 투명 · 적정을 도모하고 지역사회복지의 체계를 구축함으로써 사회복지의 증진에 이바지함을 목적으로 두고 있다(법 제1조).

2) 기본이념

사회복지사업법의 기본이념은 사회복지를 필요로 하는 사람은 누구든지 자신의 의사에 따라 서비스를 신청하고 제공받을 수 있다. 이에 따라 사회복지법인 및 사회복지시설은 공공성을 가지며 사회복지사업을 시행하는 데 있어 공공성을 확보하여야 한다. 그리고 사회복지사업을 시행하는데 있어서 사회복지를 제공하는 자는 사회복지를 필요로 하는 사람의 인권을 보장하여야 한다. 또한 사회복지서비스를 제공하는 자는 필요한 정보를 제공하는 등 사회복지서비스를 이용하는 사람의 선택권을 보장하여야 한다(법 제1조의2).

3. 용어의 정의 및 내용

1) 사회복지사업

사회복지사업은 사회복지사업법 제2조 제1호에서 규정하고 있는 28개 법률에 의한 보호·선도 또는 복지에 관한 사업과 사회복지상담·직업지원·무료숙박·지역사회복지·의료복지·재가복지·사회복지관 운영·정신질환자 및 한센병력자의 사회복귀에 관한 사업 등 각종 복지사업과 이와 관련된 자원봉사활동 및 복지시설의 운영 또는 지원을 목적으로 하는 사업이다.

2) 지역사회복지

지역사회복지는 주민의 복지증진과 삶의 질 향상을 위하여 지역사회 차원에서 전개하는 사회복지를 말한다.

3) 사회복지법인

사회복지법인은 사회복지사업을 행할 목적으로 설립된 법인을 말한다. 사회복지법인은 반드시 사회복지사업법 제2조 제1호의 사회복지사업을 수행함을 목적으로 설립되어야 하며 사회복지사업을 수행함에 있어 이윤추구를 위한 영리목적이 아닌 사회복지라는 비영리목적을 위해 존재해야 한다. 수익사업의 범위 및 종류에 대해서는 주무관청에서 개별사안별로 비영리법인 본질 위해 여부, 법인 설립목적 달성을 위한 법인 내 인적 및 물적 사황 등 제반여건을 충분히 고려하여 판단한다.

4) 사회복지시설

사회복지시설은 사회복지사업을 할 목적으로 설치된 시설을 말한다. 즉 가족을 대신하여 사회문제를 갖고 있거나 사회문제를 갖게 될 위험이 있는 사람들에게 이들이 필요로 하는 사회복지서비스를 제공하는 기관이라 할 수 있다.

사회복지시설에 대한 정의는 학자에 따라 다양하게 정의되고 있다. Goffman (1961)은 사회복지시설이란 시설생활자를 어떤 특수한 방향으로 변화 시키는 강제력을 갖춘 사회적 제어장치라고 정의함으로써 시설생활자들에 대해 공식적인 권한을 갖는 기관에 의한 의도적이고 계획적인 목표를 달성하는 기능적인 측면을 강조하고 있다. 미국의 NASW(1992)의 사회복지사전에 의하면, 사회복지시설은 특별한 사회문제를 가지고 있거나 그러한 사회문제를 갖게 될 위험이 있는 사람들에게 일정한 범위 내의 사회복지서비스를 제공하기 위하여 사회복지사와 사무직원, 기타 직원들로 구성되는 조직이나 시설로 규정하고 있다.

결과적으로 사회복지시설이란 가족으로부터 보호를 받지 못하여 사회문제를 갖고 있거나 사회문제를 갖게 될 위험이 있는 사람들에게 이들이 필요로 하는 사회복지서비스를 제공하는 기관이라고 정의할 수 있다. 서비스의 제공방법은 다양한데 과거에는 시설에서 제공받는 방식이 주류를 이루다가 최근에 와서는 탈시설화, 즉 가정에서 시설로부터 서비스를 제공받는 재가복지서비스의 형태가 증가하고 있다. 사회복지시설의 보호대상은 아동, 장애인, 노인, 노숙인, 정신질환자 등 사회적약자이다. 그러나 최근에 이르러서는 사회적 취약계층 이외에 사회적 취약계층으로 갈 수 있는 사람들까지 범위가 넓어지고 있다.

5) 사회복지관

사회복지관은 지역사회를 기반으로 일정한 시설과 전문인력을 갖추고 지역주민의 참여와 협력을 통하여 지역사회의 복지문제를 예방하고 해결하기 위하여 종합적인 복지서비스를 제공하는 시설이다.

6) 사회복지서비스

사회복지서비스는 국가와 지방자치단체 및 민간부문의 도움을 필요로 하는 모든 국민에게 상담·재활·직업소개 및 지도, 사회복지시설의 이용 등을 제공하여 정상적인 사회생활이 가능하도록 제도적으로 지원하는 것이다. 즉 사회보장 제도의 일종으로 불우한 처지에 있거나 사회적으로 열세한 위치에 있는 사람들을 대상으로 전문적인 지식과 방법을 동원하여 그들의 어려운 상황을 해결해 줌으로써 정상적인 사회인으로서 권리를 누리고 의무를 수행할 수 있도록 해주기 위한 공공기관이나 민간단체의 조직적 활동을 뜻한다.

7) 보건의료서비스

보건의료서비스는 국민의 건강을 보호・증진하기 위하여 보건의료인이 행하는 모든 활동을 말한다.

제2절 입법배경 및 연혁

사회복지사업법의 운영 및 관리에 관한 일반 규정은 1970년 최초로 제정되었다. 그리고 1983년 새로 제(개)정된 노인복지법, 심신장애자복지법, 아동복지법 등을 하위법으로 규정하여 사회복지사 자격제도가 규정되었다. 1992년에는 모자복지법, 영유아보육법 등 하위법 추가, 재가복지와 정신질환자 사회복귀사업 규정, 사회복지전담공무원의 법적 근거도 마련하게 되었다. 1997년에는 전면개정이 이루어졌다. 이는 사회복지시설의 민주화(사회복지시설의 평가, 임원의 겸직금지 등), 사회복지사업의 전문화(사회복지사의 자격규정 강화)규정 강화로 해석할 수 있다. 2003년에는 지역사회복지 강화(지역사회복지협의체 설치, 지역사회복지계획의 수립 등), 공공 사회복지서비스 제공의 강화(서비스의 신청, 보호대상자에 대한 보호계획 수립, 재가복지 우선규정 등)로 개정되었다. 그리고 2007년 개정으로 사회복지사의 보수교육 규정이 마련되었다. 2009년 개정에는 정보공유를 통합 전산망 구축 및 운영과정에서의 개인정보 보호 규정이, 2012년 개정은 사회복지사업법 개정, 사회복지법인 외부인사 선임, 사회복지시설 서비스의 최저기준 마련 등이 이루어졌다.

제3절 사회복지사업법의 핵심 내용분석

1. 사회복지사업의 내용과 절차

사회복지사업의 내용과 절차 등에 관하여 사회복지사업법 제2조의 각각의 법률에 특별한 규정이 있는 경우를 제외하고는 이 법이 정하는 바에 의한다. 사회복지사업법은 제2조에서 규정하고 있는 각종 관련법의 모법 내지 기본법으로서 의미를 가진다고 볼 수 있다. 따라서 각종의 관련법에서 사회복지사업에 관한 특별한 규정이 없는 한 이 법의 내용을 따르면 된다. 사회복지사업법 제6조에는 시설 설치의 방해금지를 규정하고 있다. 즉 누구든지 정당한 이유 없이 사회복지시설의 설치를 방해하여서는 아니 되며 시장・군수・구청장은 정당한 이유 없이 사회복지시설의 설치를 지연시키거나 제한하는 조치를 하여서는 아니 된다.

2. 사회복지사업의 범위

사회복지사업법의 범위는 제2조 제1호에서 규정하고 있는 바와 같이 사회복지사업법과 이 법에서 규정하는 28개 법률(가목~허목)이 사회복지서비스법에 해당한다고 할 수 있다. 이 법률들에 의한 각종 복지사업과 이와 관련된 자원봉사활동 및 복지시설의 운영 또는 지원을 목적으로 하는 사업을 사회복지사업이라고 정의할 수 있다. 이처럼 사회복지사업법은 사회복지사업의 개념을 명확하게 규정하지 않고 다음의 28개 법률을 사회복지사업의 종류로 나열하여 이에 관한 사업의 운영 또는 지원에 한정하고 있는 한정적 열거주의를 채택하고 있다. 여기에 열거되지 않은 사업은 비록 사회통념상 사회복지사업으로서 그 요건을 갖추고 있는 사업이라고 하여도 법률상으로는 인정되지 않는 단점이 있다.

사회복지사업법 제2조(정의) 제1호

가. 「국민기초생활 보장법」, 나. 「아동복지법」, 다. 「노인복지법」, 라. 「장애인복지법」, 마. 「한부모가족지원법」, 바. 「영유아보육법」, 사. 「성매매방지 및 피해자보호 등에 관한 법률」

아. 「정신건강증진 및 정신질환자 복지서비스 지원에 관한 법률」, 자. 「성폭력방지 및 피해자보호 등에 관한 법률」, 차. 「입양특례법」, 카. 「일제하 일본군위안부 피해자에 대한 생활안정지원 및 기념사업 등에 관한 법률」, 타. 「사회복지공동모금회법」, 파. 「장애인·노인·임산부 등의 편의증진 보장에 관한 법률」, 하. 「가정폭력방지 및 피해자보호 등에 관한 법률」, 거. 「농어촌주민의 보건복지증진을 위한 특별법」, 너. 「식품등 기부 활성화에 관한 법률」, 더. 「의료급여법」, 러. 「기초연금법」, 머. 「긴급복지지원법」, 버. 「다문화가족지원법」, 서. 「장애인연금법」, 어. 「장애인활동 지원에 관한 법률」, 저. 「노숙인 등의 복지 및 자립지원에 관한 법률」, 처. 「보호관찰 등에 관한 법률」, 커. 「장애아동 복지지원법」, 터. 「발달장애인 권리보장 및 지원에 관한 법률」, 퍼. 「청소년복지 지원법」, 허. 그 밖에 대통령령으로 정하는 법률

3. 사회복지서비스의 제공의 원칙

사회복지사업법 제5조의2 1항에서는 사회복지서비스를 필요로 하는 사람인 보호대상자에게 사회복지서비스 제공은 현물(現物)로 제공하는 것을 원칙으로 하고 있다

4. 사회복지사 자격증 발급 등

보건복지부장관은 사회복지에 관한 전문지식과 기술을 가진 사람에게 사회복지사 자격증을 발급할 수 있다(사회복지사업법 제11조). 다만, 자격증 발급 신

청일 기준으로 **제11조의2**[1]에 따른 결격사유에 해당하는 사람에게 자격증을 발급해서는 아니 된다. 그리고 사회복지사의 등급은 1급·2급으로 하되, 정신건강·의료·학교 영역에 대해서는 영역별로 정신건강사회복지사·의료사회복지사·학교사회복지사의 자격을 부여할 수 있다. 사회복지사 1급 자격은 국가시험에 합격한 사람에게 부여하고, 정신건강사회복지사·의료사회복지사·학교사회복지사의 자격은 1급 사회복지사의 자격이 있는 사람 중에서 보건복지부령으로 정하는 수련기관에서 수련을 받은 사람에게 부여한다. 사회복지사 자격증을 발급받은 사람은 다른 사람에게 그 자격증을 빌려주어서는 아니 되고, 누구든지 그 자격증을 빌려서는 아니 된다. 또한 알선행위를 하여서도 안된다고 규정하고 있다.

5. 사회복지의 날

국가는 국민의 사회복지에 대한 이해를 증진하고 사회복지사업 종사자의 활동을 장려하기 위하여 매년 9월 7일을 사회복지의 날로 하고, 사회복지의 날부터 1주간을 사회복지주간으로 한다. 그리고 국가와 지방자치단체는 사회복지의 날 취지에 적합한 행사 등 사업을 하도록 노력하여야 한다(사회복지사업법 제15조의2).

6. 사회복지법인과 사회복지시설 그리고 재가복지

사회복지법인을 설립하려는 자는 대통령령으로 정하는 바에 따라 시·도지

---

1) ①피성년후견인 또는 피한정후견인, ②금고 이상의 형을 선고받고 그 집행이 끝나지 아니하였거나 그 집행을 받지 아니하기로 확정되지 아니한 사람 ③법원의 판결에 따라 자격이 상실되거나 정지된 사람 ④마약·대마 또는 향정신성의약품의 중독자 ⑤「정신건강증진 및 정신질환자 복지서비스 지원에 관한 법률」 제3조 제1호에 따른 정신질환자. 다만, 전문의가 사회복지사로서 적합하다고 인정하는 사람은 그러하지 아니하다.

사의 허가를 받아야 하며 허가를 받은 자는 법인의 주된 사무소의 소재지에서 설립등기를 하여야 한다(사회복지사업법 제16조). 사회복지시설의 설치는 국가나 지방자치단체는 사회복지시설을 설치·운영할 수 있다. 국가 또는 지방자치단체 외의 자가 시설을 설치·운영하려는 경우에는 보건복지부령으로 정하는 바에 따라 시장·군수·구청장에게 신고하여야 한다. 다만, 다음 각 호[2]의 어느 하나에 해당하는 자는 시설의 설치·운영 신고를 할 수 없다(사회복지사업법 제34조). 재가복지의 경우 국가나 지방자치단체는 보호대상자가 **가정봉사서비스**[3]와 **주간·단기 보호서비스**[4] 어느 하나에 해당하는 재가복지서비스를 제공받도록 할 수 있다(사회복지사업법 제41조의2).

2) ①제40조에 따라 폐쇄명령을 받고 3년이 지나지 아니한 자 ②제19조제1항제1호 및 제1호의2부터 제1호의8까지의 어느 하나에 해당하는 개인 또는 그 개인이 임원인 법인.

3) 가사 및 개인활동을 지원하거나 정서활동을 지원하는 서비스

4) 주간·단기 보호시설에서 급식 및 치료 등 일상생활의 편의를 낮 동안 또는 단기간 동안 제공하거나 가족에 대한 교육 및 상담을 지원하는 서비스

13 CHAPTER

사회복지서비스법과 실천

사회복지서비스법은 사회복지서비스의 제공과 연관되는 법적 규정을 말한다. 결국 좁은 의미의 사회복지, 즉 사회복지사업을 말한다. 좁은 의미의 사회복지는 사회사업 혹은 사회복지사업과 유사한 말로 사용되며, 이는 사회생활상의 곤란 또는 장애를 받고 있는 장애인, 노인, 아동 등의 요보호자에 대한 보호, 육성, 지도, 치료, 재활 등의 서비스 시책이라고 할 수 있다. 사회복지서비스법은 사회보험법이나 공공부조법과는 몇 가지 측면에서 다른 점을 가진다.

첫째, 가장 특징적인 것으로서 급여내용과 형태가 다른데 사회보험이나 공공부조는 소득이나 물질적인 급여가 주류를 이룬다면 사회복지서비스는 비물질적·심리사회적 서비스를 주된 내용으로 한다는 점이다.

둘째, 급여의 특성상 개인적 욕구의 특수성에 따라 개별적 처우를 제공해야 하는 점이 사회보험과 공공부조에 비하여 상대적으로 어렵다. 법은 획일적이고 표준적인 데 비하여 사회복지는 시간과 대상에 따라 역동적이어서 법적 규정이 적절하지 않을 때가 많다는 특성을 지닌다.

셋째, 사회복지서비스법의 급여는 서비스가 대부분이어서 서비스를 전달하는 사람들의 전문적인 개입과 기술이 중요하고 이를 법적으로 규정하는 경우에 일선행정가에게 역할을 위임하는 경우가 대부분이다.

제1절 아동복지법

1. 아동복지법의 목적 및 기본이념

아동복지법의 목적(제1조)은 아동이 건강하게 출생하여 행복하고 안전하게 자라나도록 그 복지를 보장하는 것을 목적으로 한다고 규정하고 있다. 그리고 기본이념(제2조)으로 아동에 관한 모든 활동에 있어서 아동의 이익이 최우선적으로 고려되어야 한다(아동 중심적 활동 이념). 아동은 자신 또는 부모의 성별, 연령, 종교, 사회적 신분, 재산, 장애 유무, 출생지역 등에 따른 어떠한 종류의 차별도 받지 않고 자라나야 한다(무차별 평등 이념). 완전하고 조화로운 인격 발달을 위하여 안정된 가정환경에서 행복하게 자라나야 한다(안정된 가정환경의 중요성 강조).

2. 아동복지법의 책임주체

아동복지법 제4조와 5조, 6조에서는 국가와 지방자치단체, 아동의 보호자, 그리고 국민(어린이날 및 어린이 주간) 등으로 구분하여 각각의 책임을 밝히고 있다. 아동의 보호자는 아동을 가정 내에서 그의 성장시기에 맞추어 건강하고 안전하게 양육하여야 한다. 모든 국민은 아동의 권익과 안전을 존중하여야 하며 아동을 건강하게 양육하여야 한다. 사회적 책임으로서 지역사회 주민은 물론 모든 국민은 아동이 건강하게 양육될 수 있도록 돕는 공동의 책무를 지닌다는 것이다.

3. 아동복지법 용어의 정의(아동복지법 제3조)

1) 아동

아동은 18세 미만인 사람을 말한다.

2) 아동복지

아동복지는 아동이 행복한 삶을 누릴 수 있는 기본적인 여건을 조성하고 조화롭게 성장·발달할 수 있도록 하기 위한 경제적·사회적·정서적 지원을 말한다. 즉 아동복지는 아동이 보다 평안히 잘 지내는 상태를 뜻하는 것으로 서비스의 한 분야로 사회복지실천의 특별한 형태, 아동전체의 복지, 아동의 복지를 위해서 제공되는 정책과 활동이란 개념이다.

3) 보호자

보호자는 친권자, 후견인, 아동을 보호·양육·교육하거나 그러한 의무가 있는 자 또는 업무·고용 등의 관계로 사실상 아동을 보호·감독하는 자를 말한다.

4) 보호대상아동

보호대상아동은 보호자가 없거나 보호자로부터 이탈된 아동 또는 보호자가 아동을 학대하는 경우 등 그 보호자가 아동을 양육하기에 적당하지 아니하거나 양육할 능력이 없는 경우의 아동을 말한다.

5) 지원대상아동

지원대상아동은 아동이 조화롭고 건강하게 성장하는 데에 필요한 기초적인 조건이 갖추어지지 아니하여 사회적·경제적·정서적 지원이 필요한 아동을 말한다.

6) 가정위탁

가정위탁은 보호대상아동의 보호를 위하여 성범죄, 가정폭력, 아동학대, 정신질환 등의 전력이 없는 보건복지부령으로 정하는 기준에 적합한 가정에 보호대상아동을 일정 기간 위탁하는 것을 말한다.

7) 아동학대

아동학대는 보호자를 포함한 성인이 아동의 건강 또는 복지를 해치거나 정상적 발달을 저해할 수 있는 신체적·정신적·성적 폭력이나 가혹행위를 하는 것과 아동의 보호자가 아동을 유기하거나 방임하는 것을 말한다.

8) 아동복지시설과 아동복지시설 종사자

아동복지시설은 제50조에 따라 설치된 시설을 말하며 아동복지시설 종사자는 아동복지시설에서 아동의 상담·지도·치료·양육, 그 밖에 아동의 복지에 관한 업무를 담당하는 사람을 말한다.

제2절 노인복지법

1. 노인복지법의 목적 및 기본이념

노인복지법의 제1조에서는 노인의 질환을 사전예방 또는 조기발견하고 질환상태에 따른 적절한 치료·요양으로 심신의 건강을 유지하고, 노후의 생활안정을 위하여 필요한 조치를 강구함으로써 노인의 보건복지증진에 기여함을 기본 목적으로 하고 있다. 그리고 기본이념으로 제2조에서 노인은 후손의 양육과 국가 및 사회의 발전에 기여하여 온 자로서 존경받으며 건전하고 안정된 생활을 보장받는다. 또한 노인은 그 능력에 따라 적당한 일에 종사하고 사회적 활동에 참여할 기회를 보장 받는다. 더불어 노인은 노령에 따르는 심신의 변화를 자각하여 항상 심신의 건강을 유지하고 그 지식과 경험을 활용하여 사회의 발전에 기여하도록 노력하여야 한다.

2. 노인복지법의 책임주체

국가와 지방자치단체는 노인의 보건 및 복지증진의 책임이 있으며(제4조), 이를 위한 시책을 강구하여 추진하여야 한다. 그리고 국가와 지방자치단체는 시책을 강구함에 있어 제2조에 규정된 기본이념이 구현되도록 노력하여야 한다. 또한 노인의 일상생활에 관련되는 사업을 경영하는 자는 그 사업을 경영함에 있어 노인의 보건복지가 증진되도록 노력하여야 한다.

3. 노인복지법 용어의 정의

1) 부양의무자

부양의무자는 배우자(사실상의 혼인관계에 있는 자를 포함)와 직계비속 및 그 배우자(사실상의 혼인관계에 있는 자를 포함한다)를 말한다.

2) 보호자

보호자는 부양의무자 또는 업무·고용 등의 관계로 사실상 노인을 보호하는 자를 말한다.

3) 치매

치매는 치매관리법 제2조 제1호에 따른 치매를 말한다.

4) 노인학대

노인학대는 노인에 대하여 신체적 · 정신적 · 정서적 · 성적 폭력 및 경제적 착취 또는 가혹행위를 하거나 유기 또는 방임을 하는 것을 말한다.

5) 노인학대관련범죄

노인학대관련범죄는 보호자에 의한 65세 이상 노인에 대한 노인학대로서 제1조2의 5항 각 항목의 어느 하나에 해당되는 죄를 말한다.

제3절 장애인복지법

1. 장애인복지법의 목적

장애인복지법 제1조의 목적은 장애인의 인간다운 삶과 권리 보장을 위한 국가와 지방자치단체 등의 책임을 명백히 하고 장애발생 예방과 장애인의 의료 · 교육 · 직업재활 · 생활환경개선 등에 관한 사업을 정하여 장애인복지대책을 종합적으로 추진하며, 장애인의 자립생활 · 보호 및 수당지급 등에 관하여 필요한 사항을 정하여 장애인의 생활안정에 기여하는 등 장애인의 복지와 사회활동 참여증진을 통하여 사회통합에 이바지함을 목적으로 한다.

2. 장애인복지법의 책임주체

국가와 지방자치단체는 장애 발생을 예방하고, 장애의 조기 발견에 대한 국민의 관심을 높이며, 장애인의 자립을 지원하고, 보호가 필요한 장애인을 보호하여 장애인의 복지를 향상시킬 책임을 진다. 그리고 국가와 지방자치단체는 여성 장애인의 권익을 보호하기 위하여 정책을 강구하여야 한다. 또한 국가와 지방자치단체는 장애인복지정책을 장애인과 그 보호자에게 적극적으로 홍보하여야 하며, 국민이 장애인을 올바르게 이해하도록 하는 데에 필요한 정책을 강구하여야 한다.

3. 장애인복지법 용어의 정의

1) 신체적 장애

신체적 장애는 주요 외부 신체 기능의 장애, 내부기관의 장애 등을 말한다.

2) 정신적 장애

정신적 장애는 발달장애 또는 정신질환으로 발생하는 장애를 말한다.

3) 장애인학대

장애인학대는 장애인에 대하여 신체적·정신적·정서적·언어적·성적 폭력이나 가혹행위, 경제적 착취, 유기 또는 방임을 하는 것을 말한다.

4) 장애인학대관련범죄

장애인학대범죄는 장애인학대로서 장애인복지법 제2조 4항의 어느 하나에 해당하는 죄를 말한다.

제4절 다문화가족지원법

1. 다문화가족지원법의 목적

다문화가족지원법 제1조는 다문화가족 구성원이 안정적인 가족생활을 영위하고 사회구성원으로서의 역할과 책임을 다할 수 있도록 함으로써 이들의 삶의 질 향상과 사회통합에 이바지 함을 목적으로 한다.

2. 다문화가족지원법의 책임주체

국가와 지방자치단체는 다문화가족 구성원이 안정적인 가족생활을 영위하고 경제·사회·문화 등 각 분야에서 사회구성원으로서의 역할과 책임을 다할 수 있도록 필요한 제도와 여건을 조성하고 이를 위한 시책을 수립·시행하여야 한다. 그리고 특별시·광역시·특별자치시·도·특별자치도 및 시·군·구에는 다문화가족 지원을 담당할 기구와 공무원을 두어야 한다.

3. 다문화가족지원법 용어의 정의

1) 다문화가족

다문화가족은 재한외국인 처우 기본법 제2조 제3호의 결혼이민자와 국적법 제2조부터 제4조까지, 국적법 제3조 및 제4조에 따라 대한민국 국적을 취득한 자와 같은 법 제2조부터 제4조까지의 규정에 따라 대한민국 국적을 취득한 자로 이루어진 가족의 규정에 따라 어느 하나에 해당하는 대한민국 국적을 취득한 자로 이루어진 가족을 말한다(다문화가족지원법 제2조).

2) 결혼이민자등

결혼이민자등은 다문화가족의 구성원으로서 재한외국인 처우 기본법 제2조 제3호의 결혼이민자 그리고 국적법 제4조에 따라 귀화 허가를 받은 자로 어느 하나에 해당하는 자를 말한다.

3) 아동 · 청소년

아동 · 청소년은 24세 이하인 사람을 말한다.

14
CHAPTER

공공부조법과 실천

제1절 국민기초생활보장법

1. 국민기초생활보장법의 목적

국민기초생활보장법은 생활이 어려운 사람에게 필요한 급여를 실시하여 이들의 최저생활을 보장하고 자활을 돕는 것을 목적으로 한다(국민기초생활보장법 제1조).

2. 국민기초생활보장법의 급여원칙

국민기초생활보장법 제3조에 따른 급여는 수급자가 자신의 생활의 유지·향상을 위하여 그의 소득, 재산, 근로능력 등을 활용하여 최대한 노력하는 것을 전제로 이를 보충·발전시키는 것을 기본원칙으로 한다. 부양의무자의 부양과 다른 법령에 따른 보호는 이 법에 따른 급여에 우선하여 행하여지는 것으로 한다. 다만, 다른 법령에 따른 보호의 수준이 이 법에서 정하는 수준에 이르지 아니하는 경우에는 나머지 부분에 관하여 이 법에 따른 급여를 받을 권리를 잃지 아니한다.

3. 국민기초생활보장법 용어의 정의

1) 수급권자

수급권자는 이 법에 따른 급여를 받을 수 있는 자격을 가진 사람을 말한다.

2) 수급자

수급자는 이 법에 따른 급여를 받는 사람을 말한다.

3) 수급품

수급품은 이 법에 따라 수급자에게 지급하거나 대여하는 금전 또는 물품을 말한다.

4) 보장기관

보장기관은 이 법에 따른 급여를 실시하는 국가 또는 지방자치단체를 말한다.

5) 부양의무자

부양의무자는 수급권자를 부양할 책임이 있는 사람으로서 수급권자의 1촌의 직계혈족 및 그 배우자를 말한다. 다만, 사망한 1촌의 직계혈족의 배우자는 제외한다.

6) 최저보장수준

최저보장수준은 국민의 소득·지출 수준과 수급권자의 가구 유형 등 생활실태, 물가상승률 등을 고려하여 제6조에 따라 급여의 종류별로 공표하는 금액이나 보장수준을 말한다.

7) 최저생계비

최저생계비는 국민이 건강하고 문화적인 생활을 유지하기 위하여 필요한 최소한의 비용으로서 제20조의2 제4항에 따라 보건복지부장관이 계측하는 금액을 말한다.

8) 개별가구

개별가구는 이 법에 따른 급여를 받거나 이 법에 따른 자격요건에 부합하는지에 관한 조사를 받는 기본단위로서 수급자 또는 수급권자로 구성된 가구를 말한다. 이 경우 개별가구의 범위 등 구체적인 사항은 대통령령으로 정한다.

9) 소득인정액

소득인정액은 보장기관이 급여의 결정 및 실시 등에 사용하기 위하여 산출한 개별가구의 소득평가액과 재산의 소득환산액을 합산한 금액을 말한다.

10) 차상위계층

차상위계층은 수급권자(제14조의2에 따라 수급권자로 보는 사람은 제외한다)에 해당하지 아니하는 계층으로서 소득인정액이 대통령령으로 정하는 기준 이하인 계층을 말한다.

11) 기준 중위소득

기준 중위소득은 보건복지부장관이 급여의 기준 등에 활용하기 위하여 제20조 제2항에 따른 중앙생활보장위원회의 심의·의결을 거쳐 고시하는 국민 가구소득의 중위값을 말한다.

4. 국민기초생활보장법 급여의 종류

국민기초생활보장법상의 급여의 종류는 제7조에 생계급여, 주거급여, 의료급여, 교육급여, 해산급여, 장제급여, 자활급여가 있다. 생계급여는 수급자에게 의복, 음식물 및 연료비와 그 밖에 일상생활에 기본적으로 필요한 금품을 지급하여 그 생계를 유지하게 하는 것으로 한다. 주거급여는 수급자에게 주거 안정에 필요한 임차료, 수선유지비, 그 밖의 수급품을 지급하는 것으로 한다. 의료급여는 수급자에게 건강한 생활을 유지하는 데 필요한 각종 검사 및 치료 등을 지급하는 것으로 한다. 교육급여는 수급자에게 입학금, 수업료, 학용품비, 그 밖의 수급품을 지급하는 것으로 하되, 학교의 종류·범위 등에 관하여 필요한 사항은 대통령령으로 정한다. 해산급여는 해산급여는 제7조 제1항 제1호부터 제3호까지의 급여 중 하나 이상의 급여를 받는 수급자에게 각 호에 따라 급여를 실시하는 것으로 한다. 장제급여는 제7조 제1항 제1호부터 제3호까지의 급여 중 하나 이상의 급여를 받는 수급자가 사망한 경우 사체의 검안·운반·화장 또는 매장, 그 밖의 장제조치를 하는 것으로 한다. 자활급여는 수급자의 자활을 돕기 위하여 급여를 실시하는 것으로 한다.

5. 자활지원

수급자 및 차상위자의 자활촉진에 필요한 사업을 수행하기 위하여 한국자활복지개발원을 설립하며 법인으로 한다. 그리고 수급자 및 차상위자의 자활촉진에 필요한 사업을 수행하게 하기 위하여 사회복지법인, 사회적협동조합 등 비영리법인과 단체법인 등의 신청을 받아 특별시·광역시·특별자치시·도·특별자치도단위의 광역자활센터로 지정한다.

제2절 의료급여법

1. 의료급여법의 목적

의료급여법 제1조는 생활이 어려운 사람에게 의료급여를 함으로써 국민보건의 향상과 사회복지의 증진에 이바지함을 목적으로 한다.

2. 의료급여법 용어의 정의

1) 수급권자

수급권자는 의료급여법에 따라 의료급여를 받을 수 있는 자격을 가진 사람을 말한다.

2) 의료급여기관

의료급여기관은 수급권자에 대한 진료 · 조제 또는 투약 등을 담당하는 의료기관 및 약국 등을 말한다.

3) 부양의무자

부양의무자는 수급권자를 부양할 책임이 있는 사람으로서 수급권자의 1촌 직계혈족 및 그 배우자를 말한다.

3. 의료급여심의위원회

의료급여법 제6조에 따른 의료급여사업의 실시에 관한 사항을 심의하기 위하여 보건복지부, 시 · 도 및 시 · 군 · 구에 각각 의료급여심의위원회(중앙의료급여심의위원회)를 둔다. 다만, 시 · 도 및 시 · 군 · 구에 두는 의료급여심의위원회의 경우에는 그 기능을 담당하기에 적합한 다른 위원회가 있고 그 위원회의 위원이 제4항에 규정된 자격을 갖춘 경우 시 · 도 또는 시 · 군 · 구의 조례로 각각 정하는 바에 따라 그 위원회로 하여금 의료급여심의위원회의 기능을 수행하게 할 수 있다.

제3절 재해구호법

1. 재해구호법의 목적

재해구호법 제1조는 이재민의 구호와 의연금품의 모집절차 및 사용방법 등에 관하여 필요한 사항을 규정함으로써 이재민 보호와 그 생활안정에 이바지함을 목적으로 한다.

2. 재해구호법 용어의 정리

1) 이재민

이재민은 재난 및 안전관리 기본법 제3조 제1호에 따른 재난으로 인한 피해를 입은 사람으로서 주거시설의 손실 정도 등 대통령령으로 정하는 기준에 해당되는 재해를 입은 사람을 말한다.

2) 일시대피자

일시대피자는 재해가 예상되어 일시대피한 사람을 말한다.

3) 구호기관

구호기관은 제3조에 따른 구호 대상자의 거주지 또는 재해 발생지를 관할하는 특별시장·광역시장·특별자치시장·도지사·특별자치도지사 및 시장·군수·구청장을 말한다.

4) 구호지원기관

구호지원기관은 대한적십자사 조직법에 따른 대한적십자사, 제29조에 따른 전국재해구호협회, 그 밖에 구호기관의 업무를 지원하기 위하여 필요한 인력·시설 및 장비를 갖춘 기관 또는 단체로서 대통령령으로 정하는 기관 또는 단체, 어느 하나에 해당하는 기관 또는 단체를 말한다.

5) 의연금품

의연금품은 기부금품의 모집 및 사용에 관한 법률 제2조 제1호에 따른 기부금품 중 재난 및 안전관리 기본법 제3조 제1호 가목에 따른 자연재난으로 인한 피해의 구호를 위하여 반대급부 없이 취득하는 금전 또는 물품을 말한다.

6) 모집

모집은 서신·광고·인터넷 또는 그 밖의 방법으로 의연금품을 내도록 타인에게 의뢰하거나 권유하는 행위를 말한다.

7) 모집자

모집자는 제17조에 따라 의연금품의 모집허가를 받은 자를 말한다.

8) 모집종사자

모집종사자는 모집자로부터 지시・의뢰를 받아 의연금품의 모집에 종사하는 자를 말한다.

3. 구호의 종류 등

구호의 종류는 의료구호법 제4조에서 임시주거시설의 제공, 급식이나 식품・의류・침구 또는 그 밖의 생활필수품 제공, 의료서비스의 제공, 감염병 예방 및 방역활동, 위생지도, 장사(葬事)의 지원, 심리회복의 지원, 그 밖에 대통령령으로 정하는 사항이다. 그리고 구호기관은 필요하다고 인정하면 이재민에게 현금을 지급하여 구호할 수 있다.

제4절 의사상자법

1. 의사상자법의 목적

의사상자 등 예우 및 지원에 관한 법률 제1조는 직무 외의 행위로 위해에 처한 다른 사람의 생명・신체 또는 재산을 구하다가 사망하거나 부상을 입은 사람과 그 유족 또는 가족에 대하여 그 희생과 피해의 정도 등에 알맞은 예우와 지원을 함으로써 의사상자의 숭고한 뜻을 기리고 사회정의를 실현하는 데에 이바지하는 것을 목적으로 한다.

2. 의사상자법 용어의 정의

1) 구조행위

구조행위는 자신의 생명 또는 신체상의 위험을 무릅쓰고 급박한 위해에 처한 다른 사람의 생명·신체 또는 재산을 구하기 위한 직접적·적극적 행위를 말한다.

2) 의사자

의사자는 직무 외의 행위로서 구조행위를 하다가 사망(의상자가 그 부상으로 인하여 사망한 경우를 포함한다)하여 보건복지부장관이 이 법에 따라 의사자로 인정한 사람을 말한다.

3) 의상자

의상자는 직무 외의 행위로서 구조행위를 하다가 대통령령으로 정하는 신체상의 부상을 입어 보건복지부장관이 이 법에 따라 의상자로 인정한 사람을 말한다.

4) 의사상자

의사상자는 의사자 및 의상자를 말한다.

5) 의사자유족

의사자유족은 의사자의 배우자(사실상의 혼인관계에 있는 자를 포함한다), 자녀, 부모, 조부모 또는 형제자매를 말한다.

6) 의상자가족

의상자가족은 의상자의 배우자, 자녀, 부모, 조부모 또는 형제자매를 말한다.

3. 의사상자법 적용 및 비적용 범위

1) 적용범위

의사상자의 적용범위는 법 제3조에서 나타나 있다.

첫째, 강도·절도·폭행·납치 등의 범죄행위를 제지하거나 그 범인을 체포하다가 사망하거나 부상을 입는 구조행위를 한 때이다.

둘째, 자동차·열차, 그 밖의 운송수단의 사고로 위해에 처한 다른 사람의 생명·신체 또는 재산을 구하다가 사망하거나 부상을 입는 구조행위를 한 때이다.

셋째, 천재지변, 수난(水難), 화재, 건물·축대·제방의 붕괴 등으로 위해에 처한 다른 사람의 생명·신체 또는 재산을 구하다가 사망하거나 부상을 입는 구조행위를 한 때이다.

넷째, 천재지변, 수난, 화재, 건물·축대·제방의 붕괴 등으로 일어날 수 있는 불특정 다수인의 위해를 방지하기 위하여 긴급한 조치를 하다가 사망하거나 부상을 입는 구조행위를 한 때이다.

다섯째, 야생동물 또는 광견 등의 공격으로 위해에 처한 다른 사람의 생명·신체 또는 재산을 구하다가 사망하거나 부상을 입는 구조행위를 한 때이다.

여섯째, 해수욕장·하천·계곡, 그 밖의 장소에서 물놀이 등을 하다가 위해에 처한 다른 사람의 생명 또는 신체를 구하다가 사망하거나 부상을 입는 구조행위를 한 때이다.

일곱째, 국가 또는 지방자치단체의 요청에 따라 구조행위를 위하여 대통령령으로 정하는 통상적인 경로와 방법으로 이동하던 중에 사망하거나 부상을 입은 때이다.

그 밖에 첫째부터 여섯째까지와 유사한 형태의 위해에 처한 다른 사람의 생명·신체 또는 재산을 구하다가 사망하거나 부상을 입는 구조행위를 한 때이다.

2) 비적용 범위

의사상자 등 예우 및 지원에 관한 법률의 적용을 받지 않는 경우가 있다.

첫째, 자신의 행위로 인하여 위해에 처한 사람에 대하여 구조행위를 하다가 사망하거나 부상을 입은 사람이다.

둘째, 구조행위 또는 그와 밀접한 행위와 관련 없는 자신의 중대한 과실이 직접적인 원인이 되어 사망하거나 부상을 입은 사람이다.

이러한 의사상자에 대한 사항을 심사·의결하기 위하여 보건복지부에 의사상자심사위원회를 두고 있다.

제5절 북한이탈주민법

1. 북한이탈주민법의 목적

북한이탈주민의 보호 및 정착지원에 관한 법률 제1조는 군사분계선 이북지역에서 벗어나 대한민국의 보호를 받으려는 군사분계선 이북지역의 주민이 정치, 경제, 사회, 문화 등 모든 생활 영역에서 신속히 적응·정착하는 데 필요한 보호 및 지원에 관한 사항을 규정함을 목적으로 한다.

2. 북한이탈주민법의 책임주체

국가 및 지방자치단체는 보호대상자의 성공적인 정착을 위하여 보호대상자의 보호·교육·취업·주거·의료 및 생활보호 등의 지원을 지속적으로 추진하고 이에 필요한 재원을 안정적으로 확보하기 위하여 노력하여야 한다. 또한 국가 및 지방자치단체는 제1항에 따라 보호대상자에 대한 지원시책을 마련하는 경우 아동・청소년・여성・노인・장애인 등에 대하여 특별히 배려・지원하도록 노력하여야 한다(법 제4조의2). 그러나 2019년 탈북선원 강제북송사건이 논란이 된 바 있다.

3. 북한이탈주민법 용어의 정의

1) 북한이탈주민

북한이탈주민은 군사분계선 이북지역에 주소, 직계가족, 배우자, 직장 등을 두고 있는 사람으로서 북한을 벗어난 후 외국 국적을 취득하지 아니한 사람을 말한다.

2) 보호대상자

북한이탈주민의 보호 및 정착지원에 관한 법률에 따라 보호 및 지원을 받는 북한이탈주민을 말한다.

3) 정착지원시설

정착지원시설은 보호대상자의 보호 및 정착지원을 위하여 제10조 제1항에 따라 설치・운영하는 시설을 말한다.

4) 보호금품

보호금품은 북한이탈주민의 보호 및 정착지원에 관한 법률에 따라 보호대상자에게 지급하거나 빌려주는 금전 또는 물품을 말한다.

북한이탈주민에 관한 정책을 협의·조정하고 보호대상자의 보호 및 정착지원에 관한 사항을 심의하기 위하여 통일부에 북한이탈주민 보호 및 정착지원 협의회를 두고 있다.

제6절 위안부피해자법

1. 위안부피해자법의 목적

일제하 일본군위안부 피해자에 대한 생활안정지원 및 기념사업 등에 관한 법률 제1조는 일제에 의하여 강제로 동원되어 위안부로서의 생활을 강요당한 피해자를 보호·지원하고, 일본군위안부 피해자의 명예 회복과 진상 규명을 위한 기념사업을 수행함으로써 이들의 생활 안정과 복지증진을 꾀하고 국민의 올바른 역사관 정립과 인권 증진에 이바지함을 목적으로 한다.

2. 위안부피해자법의 책임주체

국가는 일제하 일본군위안부 피해자의 명예 회복과 인권 증진 및 이와 관련한 진상 규명, 올바른 역사교육 등을 위하여 국내외적으로 적극 노력하여야 하며, 이에 필요한 조직과 예산을 확보하여야 한다. 그리고 국가는 국내외적으로 일본군위안부 피해자를 적극적으로 찾아내고 일본군위안부 피해자가 안정적인 생활을 유지할 수 있도록 필요한 조치를 마련하여야 한다. 또한 일본군위안부 피해자의 권리·의무와 관련된 정책을 수립할 경우 일본군위안부 피해자(그 대리인을 포함한다)의 의견을 청취하여야 하며, 정책의 주요내용을 국민에게 적극 공개하여야 한다(법 제2조의2).

3. 위안부피해자법 용어의 정의

1) 일본군위안부 피해자

일본군위안부 피해자는 일제에 의하여 강제로 동원되어 성적 학대를 받으며 위안부로서의 생활을 강요당한 피해자를 말한다.

2) 생활안정지원대상자

생활안정지원대상자는 일본군위안부 중 생존자로서 제3조에 따라 등록된 사람을 말한다.

제7절 긴급복지지원법

1. 긴급복지지원법의 목적

긴급복지지원법 제1조는 생계곤란 등의 위기상황에 처하여 도움이 필요한 사람을 신속하게 지원함으로써 이들이 위기상황에서 벗어나 건강하고 인간다운 생활을 하게 함을 목적으로 한다.

2. 긴급복지지원법의 책임주체

국가 및 지방자치단체는 위기상황에 처한 사람을 찾아 내어 최대한 신속하게 필요한 지원을 하도록 노력하여야 하며, 긴급지원의 지원대상 및 소득 또는 재산 기준, 지원 종류·내용·절차와 그 밖에 필요한 사항 등 긴급지원사업에 관하여 적극적으로 안내하여야 한다. 그리고 이 법에 따른 지원 후에도 위기상황이 해소되지 아니하여 계속 지원이 필요한 것으로 판단되는 사람에게는 다른 법률에 따른 구호·보호 또는 지원을 받을 수 있도록 노력하여야 한다. 또한 국가 및 지방자치단체는 제2항에 따른 구호·보호 또는 지원이 어렵다고 판단되는 경우에는 민간기관·단체와의 연계를 통하여 구호·보호 또는 지원을 받을 수 있도록 노력하여야 한다(법 제4조).

3. 긴급복지지원법 용어의 정의

긴급복지지원법 제2조에서의 위기상황은 본인 또는 본인과 생계 및 주거를 같이 하고 있는 가구구성원이 다음의 어느 하나에 해당하는 사유로 인하여 생계유지 등이 어렵게 된 것을 말한다.

첫째, 주소득자가 사망, 가출, 행방불명, 구금시설에 수용되는 등의 사유로 소득을 상실한 경우이다.

둘째, 중한 질병 또는 부상을 당한 경우이다.

셋째, 가구구성원으로부터 방임 또는 유되거나 학대 등을 당한 경우이다.

넷째, 가정폭력을 당하여 가구구성원과 함께 원만한 가정생활을 하기 곤란하거나 가구구성원으로부터 성폭력을 당한 경우이다.

다섯째, 화재 또는 자연재해 등으로 인하여 거주하는 주택 또는 건물에서 생활하기 곤란하게 된 경우이다.

여섯째, 주소득자 또는 부소득자(副所得者)의 휴업, 폐업 또는 사업장의 화재 등으로 인하여 실질적인 영업이 곤란하게 된 경우이다.

일곱째, 주소득자 또는 부소득자의 실직으로 소득을 상실한 경우이다.

여덟째, 보건복지부령으로 정하는 기준에 따라 지방자치단체의 조례로 정한 사유가 발생한 경우이다.

아홉째, 그 밖에 보건복지부장관이 정하여 고시하는 사유가 발생한 경우이다.

4. 긴급복지지원법 긴급지원의 종류 및 내용

긴급복지지원법에 따른 지원의 종류는 금전 또는 현물 등의 직접지원과 민간기관・단체와의 연계 등의 지원이 있다(법 제9조).

1) 금전 또는 현물 등의 직접지원

금전 또는 현물 등의 직접지원은 생계지원과 의료지원, 주거지원, 사회복지시설 이용 지원, 교육지원 그리고 그 밖의 지원이 있다. 생계지원은 식료품비・의복비 등 생계유지에 필요한 비용 또는 현물 지원을 말한다. 의료지원은 각종 검사 및 치료 등 의료서비스 지원이다. 그리고 주거지원은 임시거소 제공 또는 이에 해당하는 비용지원이다. 사회복지시설 이용지원은 사회복지사업법에 따른 사회복지시설 입소 또는 이용 서비스 제공이나 이에 필요한 비용 지원이며 교육지원은 초・중・고등학생의 수업료, 입학금, 학교운영지원비 및 학용품비 등 필요한 비용 지원이며, 그 밖의 지원은 연료비나 그 밖에 위기상황의 극복에 필요한 비용 또는 현물지원이다.

2) 민간기관・단체와의 연계 등의 지원

민간기관・단체와의 연계 등의 지원은 대한적십자사 조직법에 따른 대한적십자사, 사회복지공동모금회법에 따른 사회복지공동모금회 등의 사회복지기관・단체와의 연계 지원과 상담・정보제공, 그 밖의 지원이 있다.

제8절 기초연금법

1. 기초연금법의 목적

기초연금법 제1조는 노인에게 기초연금을 지급하여 안정적인 소득기반을 제공함으로써 노인의 생활안정을 지원하고 복지를 증진함을 목적으로 한다.

2. 기초연금법의 책임주체

국가와 지방자치단체는 기초연금의 목적에 따라 노인의 생활안정을 지원하고 복지를 증진하는 데 필요한 수준이 되도록 최대한 노력하여야 한다. 그리고 필요한 비용을 부담할 수 있도록 재원을 조성하여야 하며 이 경우 국민연금법 제101조 제1항에 따라 설치된 국민연금기금은 기초연금 지급을 위한 재원으로 사용할 수 없다. 더불어 국가와 지방자치단체는 기초연금의 지급에 따라 계층 간 소득역전 현상이 발생하지 아니하고 근로의욕 및 저축유인이 저하되지 아니하도록 최대한 노력하여야 한다(법 제4조).

3. 기초연금법 용어의 정의

1) 기초연금 수급권

기초연금 수급권은 기초연금을 받을 권리를 말한다.

2) 기초연금 수급권자

기초연금 수급권자는 기초연금 수급권을 가진 사람을 말한다.

3) 기초연금 수급자

기초연금 수급자는 이 법에 따라 기초연금을 지급받고 있는 사람을 말한다.

4) 소득인정액

소득인정액은 본인 및 배우자의 소득평가액과 재산의 소득환산액을 합산한 금액을 말한다. 이 경우 소득평가액과 재산의 소득환산액을 산정하는 소득 및 재산의 범위는 대통령령으로 정하고, 소득평가액과 재산의 소득환산액의 구체적인 산정방법은 보건복지부령으로 정한다.

4. 기초연금법 수급권의 범위와 제한

기초연금은 65세 이상인 사람으로서 소득인정액이 보건복지부장관이 정하여 고시하는 금액(선정기준액) 이하인 사람에게 지급한다(법 제3조). 보건복지부장관은 선정기준액을 정하는 경우 65세 이상인 사람 중 기초연금 수급자가 100분의 70 수준이 되도록 한다. 그러나 다음의 어느 하나에 해당하는 연금의 수급권자와 그 배우자나 다음의 어느 하나에 해당하는 연금을 받은 사람 중 대통령령으로 정하는 사람과 그 배우자에게는 기초연금을 지급하지 아니한다.

첫째, 공무원연금법 제28조, 공무원 재해보상법 제8조 또는 사립학교교직원연금법 제42조제1항에 따른 퇴직연금, 퇴직연금일시금, 퇴직연금공제일시금, 장해연금, 비공무상 장해연금, 비직무상 장해연금, 장해일시금, 비공무상 장해일시금, 비직무상 장해일시금, 퇴직유족연금, 장해유족연금, 순직유족연금, 직무상유족연금, 위험직무순직유족연금, 퇴직유족연금일시금 또는 퇴직유족일시금, 퇴직유족일시금의 경우에는 공무원 재해보상법 제20조 제1항에 따라 순직유족연금의 수급권자가 순직유족연금을 갈음하여 선택한 경우(사립학교교직원연금법 제42조 제1항에 따른 직무상유족연금의 수급권자가 직무상유족연금을 갈음하여 선택한 경우를 포함) 및 같은 법 제20조 제2항에 따라 위험직무순직유족연금의 수급권자가 위험직무순직유족연금을 갈음하여 선택한 경우로 한정한다.

둘째, 군인연금법 제7조에 따른 퇴역연금, 퇴역연금일시금, 퇴역연금공제일시금, 퇴역유족연금, 퇴역유족연금일시금 또는 군인 재해보상법 제7조에 따른 상이연금, 상이유족연금, 순직유족연금, 순직유족연금일시금이 경우이다.

셋째, 별정우체국법 제24조 제2항에 따른 퇴직연금, 퇴직연금일시금, 퇴직연금공제일시금, 유족연금 또는 유족연금일시금의 경우이다.

넷째, 국민연금과 직역연금의 연계에 관한 법률」 제10조 또는 제13조에 따른 연계퇴직연금 또는 연계퇴직유족연금 중 같은 법 제2조 제1항 제7호에 따른 직역재직기간이 10년 이상인 경우의 연계퇴직연금 또는 연계퇴직유족연금이 해당된다. 이상에 따른 선정기준액의 기준, 고시 시기 및 적용기간 등은 대통령령으로 정한다.

15 CHAPTER

사회보험법과 실천

제1절 국민연금법

국민연금은 나이가 들거나 장애 또는 사망으로 인해 소득이 감소할 경우 일정한 급여를 지급하여 소득을 보장하는 종신보험 성격의 사회보험으로서, 급여의 종류로는 <표 15-1>과 같이 매월 지급하는 연금급여 및 일시금급여가 있다. 연금급여는 노령연금, 분할연금, 장애연금(1~3급), 유족연금이 있고, 일시금급여는 반환일시금, 사망일시금, 장애일시보상금(4급)이 있다.

〈표 15-1〉 국민연금 급여 및 종류

급여	연금의 종류	내용
연금 급여 (매월지급)	노령연금	노후 소득보장을 위한 급여(국민연금의 기초가가 되는 급여)
	장애연금	장애로 인한 소득감소에 대비한 급여
	유족연금	가입자의 사망으로 인한 유족의 생계 보호를 위한 급여
일시금 급여	반환일시금	연금을 받지 못하거나 더 이상 가입할 수 없는 경우 청산적 성격으로 지급하는 급여
	사망일시금	유족연금 및 반환일시금을 받지 못할 경우 장제비적 성격으로 지급하는 급여

1. 국민연금법의 목적

국민연금법 제1조는 국민의 노령, 장애 또는 사망에 대하여 연금급여를 실시함으로써 국민의 생활 안정과 복지 증진에 이바지하는 것을 목적으로 한다. 이러한 목적을 달성하기 위해 보건복지부장관의 위탁을 받아 국민연금공단을 설립한다.

2. 국민연금법의 책임주체

국가는 국민연금법 제3조의2에 따른 연금급여가 안정적·지속적으로 지급되도록 필요한 시책을 수립·시행하여야 한다.

3. 국민연금법 용어의 정의

1) 근로자

근로자는 직업의 종류가 무엇이든 사업장에서 노무를 제공하고 그 대가로 임금을 받아 생활하는 자(법인의 이사와 그 밖의 임원을 포함한다)를 말한다. 다만, 대통령령으로 정하는 자는 제외한다.

2) 사용자

사용자는 해당 근로자가 소속되어 있는 사업장의 사업주를 말한다.

3) 소득

소득은 일정한 기간 근로를 제공하여 얻은 수입에서 대통령령으로 정하는 비과세소득을 제외한 금액 또는 사업 및 자산을 운영하여 얻는 수입에서 필요경비를 제외한 금액을 말한다.

4) 평균소득월액

평균소득월액은 매년 사업장가입자 및 지역가입자 전원의 기준소득월액을 평균한 금액을 말한다.

5) 기준소득월액

기준소득월액은 연금보험료와 급여를 산정하기 위하여 국민연금가입자의 소득월액을 기준으로 하여 정하는 금액을 말한다.

6) 사업장가입자

사업장가입자는 사업장에 고용된 근로자 및 사용자로서 제8조에 따라 국민연금에 가입된 자를 말한다.

7) 지역가입자

지역가입자는 사업장가입자가 아닌 자로서 제9조에 따라 국민연금에 가입된 자를 말한다.

8) 임의가입자

임의가입자는 사업장가입자 및 지역가입자 외의 자로서 제10조에 따라 국민연금에 가입된 자를 말한다.

9) 임의계속가입자

임의계속가입자는 국민연금 가입자 또는 가입자였던 자가 제13조 제1항에 따라 가입자로 된 자를 말한다.

10) 연금보험료

연금보험료는 국민연금사업에 필요한 비용으로서 사업장가입자의 경우에는 부담금 및 기여금의 합계액을, 지역가입자 · 임의가입자 및 임의계속가입자의 경우에는 본인이 내는 금액을 말한다.

11) 부담금 등

부담금은 사업장가입자의 사용자가 부담하는 금액을 말한다. 그리고 기여금은 사업장가입자가 부담하는 금액을 말한다. 사업장은 근로자를 사용하는 사업소 및 사무소를 말하며 이에 따른 수급권은 이 법에 따른 급여를 받을 권리를 말한다. 이러한 권리를 취득한자를 수급권자라 하고 수급권을 가진 자를 말하며 수급자는 이 법에 따른 급여를 받고 있는 자를 말한다.

12) 초진일

초진일은 장애의 주된 원인이 되는 질병이나 부상에 대하여 처음으로 의사의 진찰을 받은 날을 말한다. 이 경우 질병이나 부상의 초진일에 대한 구체적인 판단기준은 보건복지부장관이 정하여 고시한다.

13) 완치일

완치일은 장애의 주된 원인이 되는 질병이나 부상이 다음 어느 하나에 해당하는 날을 말한다. 이 경우 증상의 종류별 완치일에 대한 구체적인 판단기준은 보건복지부장관이 정하여 고시한다.

첫째, 해당 질병이나 부상이 의학적으로 치유된 날이다.
둘째, 더 이상 치료효과를 기대할 수 없는 경우로서 그 증상이 고정되었다고 인정되는 날이다.
셋째, 증상의 고정성은 인정되지 아니하나, 증상의 정도를 고려할 때 완치된 것으로 볼 수 있는 날이다.

14) 가입대상기간

국민연금 가입대상은 국내에 거주하는 국민으로서 18세 이상 60세 미만인 자는 국민연금 가입 대상이 된다. 단, 공무원연금법, 군인연금법, 사립학교교직원 연금법 및 별정우체국법을 적용받는 공무원, 군인, 교직원 및 별정우체국 직원, 그 밖에 대통령령으로 정하는 자는 제외한다(법 제6조). 가입대상기간은 18세부터 초진일 혹은 사망일까지의 기간으로 한다. 18세 미만에 가입자가 된 경우에는 18세 미만인 기간 중 보험료 납부기간을 가입대상기간에 포함하고, 초진일이나 사망일 이전에 18세 이상 27세 미만인 기간 중 제9조 제3호에 따라 지역가입자에서 제외되는 기간과 18세 이상 27세 미만인 기간 중 제91조 제1항 각 호에 따라 연금보험료를 내지 아니한 기간(제91조 제1항 제2호의 경우는 27세 이상인 기간도 포함)에 해당되는 기간에 대하여 제92조에 따라 보험료를 추후 납부하였을 경우에는 그 추후 납부한 기간을 가입대상기간에 포함한다.

국민연금법을 적용할 때 배우자와 남편 또는 아내에는 사실상의 혼인관계에 있는 자를 포함한다. 그리고 수급권을 취득할 당시 가입자 또는 가입자였던 자의 태아가 출생하면 그 자녀는 가입자 또는 가입자였던 자에 의하여 생계를 유지하고 있던 자녀로 본다. 또한 가입자의 종류에 따른 소득 범위, 평균소득월액의 산정 방법, 기준소득월액의 결정 방법 및 적용 기간 등은 대통령령으로 정한다.

제2절 국민건강보험법

1. 국민건강보험법의 목적

국민건강보험법 제1조는 국민의 질병·부상에 대한 예방진단·치료·재활과 출산·사망 및 건강증진에 대하여 보험급여를 실시함으로써 국민보건 향상과 사회보장 증진에 이바지함을 목적으로 한다. 이러한 목적을 달성하기 위해 건강보험의 보험자는 국민건강보험공단으로 한다.

2. 국민건강보험법 용어의 정의

1) 근로자

근로자는 직업의 종류와 관계없이 근로의 대가로 보수를 받아 생활하는 사람(법인의 이사와 그 밖의 임원을 포함한다)으로서 공무원 및 교직원을 제외한 사람을 말한다.

2) 사용자

사용자는 근로자가 소속되어 있는 사업장의 사업주, 공무원이 소속되어 있는 기관의 장으로서 대통령령으로 정하는 사람, 교직원이 소속되어 있는 사립학교를 설립·운영하는 자어느 하나에 해당하는 자를 말한다.

3) 사업장

사업장은 사업소나 사무소를 말한다.

4) 공무원

공무원은 국가나 지방자치단체에서 상시 공무에 종사하는 사람을 말한다.

5) 교직원

교직원은 사립학교나 사립학교의 경영기관에서 근무하는 교원과 직원을 말한다.

3. 가입자

국민건강보험 가입자는 국내에 거주하는 국민은 건강보험의 가입자 또는 피부양자가 된다. 그러나 다음의 어느 하나에 해당하는 사람은 제외한다(법 제5조).

첫째, 의료급여법에 따라 의료급여를 받는 사람이다.

둘째, 독립유공자예우에 관한 법률 및 국가유공자 등 예우 및 지원에 관한 법률에 따라 의료보호를 받는 사람이다. 하지만 다음의 어느 하나에 해당하는 사람은 가입자 또는 피부양자가 된다.

① 유공자등 의료보호대상자 중 건강보험의 적용을 보험자에게 신청한 사람이다.

② 건강보험을 적용받고 있던 사람이 유공자등 의료보호대상자로 되었으나 건강보험의 적용배제신청을 보험자에게 하지 아니한 사람이다.

국민건강보험법 제5조 제1항의 피부양자는 다음의 어느 하나에 해당하는 사람 중 직장가입자에게 주로 생계를 의존하는 사람으로서 소득 및 재산이 보건복지부령으로 정하는 기준 이하에 해당하는 사람을 말한다.

첫째, 직장가입자의 배우자이다.

둘째, 직장가입자의 직계존속(배우자의 직계존속을 포함한다)이다.

셋째, 직장가입자의 직계비속(배우자의 직계비속을 포함한다)과 그 배우자이다.
넷째, 직장가입자의 형제·자매이다.

제3절 산업재해보상보험법

1. 산업재해보상보험법의 목적

산업재해보상보험법 제1조는 산업재해보상보험 사업을 시행하여 근로자의 업무상의 재해를 신속하고 공정하게 보상하며, 재해근로자의 재활 및 사회복귀를 촉진하기 위하여 이에 필요한 보험시설을 설치·운영하고, 재해 예방과 그 밖에 근로자의 복지 증진을 위한 사업을 시행하여 근로자 보호에 이바지하는 것을 목적으로 한다. 이러한 목적을 달성하기 위해 고용노동부장관의 위탁을 받아 사업을 효율적으로 수행하기 위하여 근로복지공단을 설립한다.

2. 산업재해보상보험법의 책임주체

국가는 회계연도마다 예산의 범위에서 보험사업의 사무 집행에 드는 비용을 일반회계에서 부담하여야 한다. 국가는 회계연도마다 예산의 범위에서 보험사업에 드는 비용의 일부를 지원할 수 있다.

3. 산업재해보상보험법 용어의 정의

1) 업무상의 재해

업무상의 재해는 업무상의 사유에 따른 근로자의 부상·질병·장해 또는 사망을 말한다.

2) 근로자·임금·평균임금·상임금

근로자·임금·평균임금·상임금은 근로기준법에 따른 근로자·임금·평균임금·상임금을 말한다. 다만, 근로기준법에 따라 임금 또는 평균임금을 결정하기 어렵다고 인정되면 고용노동부장관이 정하여 고시하는 금액을 해당 임금 또는 평균임금으로 한다.

3) 유족

유족은 사망한 사람의 배우자(사실상 혼인 관계에 있는 사람을 포함한다. 이하 같다)·자녀·부모·손자녀·조부모 또는 형제자매를 말한다.

4) 치유

치유는 부상 또는 질병이 완치되거나 치료의 효과를 더 이상 기대할 수 없고 그 증상이 고정된 상태에 이르게 된 것을 말한다.

5) 장해

장해는 부상 또는 질병이 치유되었으나 정신적 또는 육체적 훼손으로 인하여 노동능력이 상실되거나 감소된 상태를 말한다.

6) 중증요양상태

중증요양상태는 업무상의 부상 또는 질병에 따른 정신적 또는 육체적 훼손으로 노동능력이 상실되거나 감소된 상태로서 그 부상 또는 질병이 치유되지 아니한 상태를 말한다.

7) 진폐

진폐는 분진을 흡입하여 폐에 생기는 섬유증식성 변화를 주된 증상으로 하는 질병을 말한다.

8) 출퇴근

출퇴근은 취업과 관련하여 주거와 취업장소 사이의 이동 또는 한 취업장소에서 다른 취업장소로의 이동을 말한다.

4. 산업재해보상보험법 재해의 인정기준

업무상의 재해의 인정기준은 제37조에 따라 부상・질병 또는 장해가 발생하거나 사망하면 업무상의 재해로 본다. 다만, 업무와 재해 사이에 상당 인과관계가 없는 경우에는 그러하지 아니하다.

1) 업무상 사고

업무상의 사고는 근로자가 근로계약에 따른 업무나 그에 따르는 행위를 하던 중 발생한 사고, 사업주가 제공한 시설물 등을 이용하던 중 그 시설물 등의 결함이나 관리소홀로 발생한 사고이다. 그리고 사업주가 주관하거나 사업주의 지시에 따라 참여한 행사나 행사준비 중에 발생한 사고와 휴게시간 중 사업주의 지배관리하에 있다고 볼 수 있는 행위로 발생한 사고, 그 밖에 업무와 관련하여 발생한 사고를 말한다.

2) 업무상 질병

업무상 질병은 업무수행 과정에서 물리적 인자, 화학물질, 분진, 병원체, 신체에 부담을 주는 업무 등 근로자의 건강에 장해를 일으킬 수 있는 요인을 취급하거나 그에 노출되어 발생한 질병이나 업무상 부상이 원인이 되어 발생한 질병, 근로기준법 제76조의2에 따른 직장 내 괴롭힘, 고객의 폭언 등으로 인한 업무상 정신적 스트레스가 원인이 되어 발생한 질병과 그 밖에 업무와 관련하여 발생한 질병을 말한다.

3) 출퇴근 재해

출퇴근 재해는 사업주가 제공한 교통수단이나 그에 준하는 교통수단을 이용하는 등 사업주의 지배관리하에서 출퇴근하는 중 발생한 사고와 그 밖에 통상적인 경로와 방법으로 출퇴근하는 중 발생한 사고를 말한다.

산업재해보상보험법은 근로자의 고의·자해행위나 범죄행위 또는 그것이 원인이 되어 발생한 부상·질병·장해 또는 사망은 업무상의 재해로 보지 아니한다. 그러나 그 부상·질병·장해 또는 사망이 정상적인 인식능력 등이 뚜렷하게 낮아진 상태에서 한 행위로 발생한 경우로서 대통령령으로 정하는 사유가 있으면 업무상의 재해로 본다.

사고 중에서 출퇴근 경로 일탈 또는 중단이 있는 경우에는 해당 일탈 또는 중단 중의 사고 및 그 후의 이동 중의 사고에 대하여는 출퇴근 재해로 보지 아니한다. 다만, 일탈 또는 중단이 일상생활에 필요한 행위로서 대통령령으로 정하는 사유가 있는 경우에는 출퇴근 재해로 본다.

또한 출퇴근 경로와 방법이 일정하지 아니한 직종으로 대통령령으로 정하는 경우에는 그 밖에 통상적인 경로와 방법으로 출퇴근하는 중 발생한 사고 따른 출퇴근 재해를 적용하지 아니한다. 그리고 업무상의 재해의 구체적인 인정기준은 대통령령으로 정한다.

제4절 고용보험법

1. 고용보험법의 목적

고용보험법 제1조에서는 고용보험의 시행을 통하여 실업의 예방, 고용의 촉진 및 근로자 등의 직업능력의 개발과 향상을 꾀하고, 국가의 직업지도와 직업소개 기능을 강화하며, 근로자 등이 실업한 경우에 생활에 필요한 급여를 실시하여 근로자 등의 생활안정과 구직 활동을 촉진함으로써 경제・사회발전에 이바지하는 것을 목적으로 한다.

2. 고용보험법 용어의 정의

1) 피보험자

피보험자는 고용보험 및 산업재해보상보험의 보험료징수 등에 관한 법률 제5조 제1항・제2항, 제6조 제1항, 제8조 제1항・제2항, 제48조의2 제1항 및 제48조의 3제1항에 따라 보험에 가입되거나 가입된 것으로 보는 근로자, 예술인 또는 노무제공자이다. 또한 용산재보험료징수법 제49조의2 제1항・제2항에 따라 고용보험에 가입하거나 가입된 것으로 보는 자영업자이다.

2) 이직

이직은 피보험자와 사업주 사이의 고용관계가 끝나게 되는 것(제77조의2 제1항에 따른 예술인 및 제77조의6 제1항에 따른 노무제공자의 경우에는 문화예술용역 관련 계약 또는 노무제공계약이 끝나는 것을 말한다)을 말한다.

3) 실업

실업은 근로의 의사와 능력이 있음에도 불구하고 취업하지 못한 상태에 있는 것을 말한다.

4) 실업의 인정

실업의 인정은 직업안정기관의 장이 제43조에 따른 수급자격자가 실업한 상태에서 적극적으로 직업을 구하기 위하여 노력하고 있다고 인정하는 것을 말한다.

5) 보수

보수는 소득세법 제20조에 따른 근로소득에서 대통령령으로 정하는 금품을 뺀 금액을 말한다. 다만, 휴직이나 그 밖에 이와 비슷한 상태에 있는 기간 중에 사업주 외의 자로부터 지급받는 금품 중 고용노동부장관이 정하여 고시하는 금품은 보수로 본다.

6) 일용근로자

일용근로자는 1개월 미만 동안 고용되는 사람을 말한다.

3. 적용범위 및 제외대상

산업재해보상보험법의 적용범위는 근로자를 사용하는 모든 사업 또는 사업장에 적용한다. 다만, 산업별 특성 및 규모 등을 고려하여 대통령령으로 정하는 사업에 대해서는 적용하지 아니한다. 이 법은 제77조의2 제1항에 따른 예술인 또는 제77조의6 제1항에 따른 노무제공자의 노무를 제공받는 사업에 적용하되, 제5장의2 또는 제5장의3에서 규정된 사항에 한정하여 각각 적용한다.

고용보험법적용 제외 대상은 제10조에서 명시하고 있다. 적용대상 제외는 소정(所定)근로시간이 대통령령으로 정하는 시간 미만인 사람, 국가공무원법과 지방공무원법에 따른 공무원, 다만, 대통령령으로 정하는 바에 따라 별정직공무원, 국가공무원법 제26조의5 및 지방공무원법 제25조의5에 따른 임기제공무원의 경우는 본인의 의사에 따라 고용보험에 가입할 수 있다. 그리고 사립학교교직원 연금법의 적용을 받는 사람, 그 밖에 대통령령으로 정하는 사람이다. 또한 65세 이후에 고용(65세 전부터 피보험 자격을 유지하던 사람이 65세 이후에 계속하여 고용된 경우는 제외한다)되거나 자영업을 개시한 사람에게는 제4장 및 제5장을 적용하지 아니한다.

제5절 노인장기요양보험법

1. 노인장기요양보험법의 목적

노인장기요양보험법 제1조는 고령이나 노인성 질병 등의 사유로 일상생활을 혼자서 수행하기 어려운 노인등에게 제공하는 신체활동 또는 가사활동 지원 등의 장기요양급여에 관한 사항을 규정하여 노후의 건강증진 및 생활안정을 도모하고 그 가족의 부담을 덜어줌으로써 국민의 삶의 질을 향상하도록 함을 목적으로 한다. 노인장기요양보험법 제7조에서는 이러한 목적을 원활히 수행하기 위해 장기요양보험사업의 보험자는 국민건강보험공단으로 한다.

2. 노인장기요양보험법의 책임주체

국가 및 지방자치단체는 노인이 일상생활을 혼자서 수행할 수 있는 온전한 심신상태를 유지하는데 필요한 사업(노인성질환예방사업)을 실시하여야 한다. 국가는 노인성질환예방사업을 수행하는 지방자치단체 또는 국민건강보험법에 따른 국민건강보험공단에 대하여 이에 소요되는 비용을 지원할 수 있다. 그리고 노인인구 및 지역특성 등을 고려하여 장기요양급여가 원활하게 제공될 수 있도록 적정한 수의 장기요양기관을 확충하고 장기요양기관의 설립을 지원하여야 한다. 더불어 장기요양급여가 원활히 제공될 수 있도록 공단에 필요한 행정적 또는 재정적 지원을 할 수 있다. 또한 장기요양요원의 처우를 개선하고 복지를 증진하며 지위를 향상시키기 위하여 적극적으로 노력하여야 하며, 지역의 특성에 맞는 장기요양사업의 표준을 개발·보급할 수 있다(노인장기요양보험법 제4조).

3. 노인장기요양보험법 용어의 정의

1) 노인등

노인등은 65세 이상의 노인 또는 65세 미만의 자로서 치매·뇌혈관성질환 등 대통령령으로 정하는 노인성 질병을 가진 자를 말한다.

2) 장기요양급여

장기요양급여는 제15조제 2항에 따라 6개월 이상 동안 혼자서 일상생활을 수행하기 어렵다고 인정되는 자에게 신체활동·가사활동의 지원 또는 간병 등의 서비스나 이에 갈음하여 지급하는 현금 등을 말한다.

3) 장기요양사업

장기요양사업은 장기요양보험료, 국가 및 지방자치단체의 부담금 등을 재원으로 하여 노인등에게 장기요양급여를 제공하는 사업을 말한다.

4) 장기요양기관

장기요양기관은 제31조에 따른 지정을 받은 기관으로서 장기요양급여를 제공하는 기관을 말한다.

5) 장기요양요원

장기요양요원은 장기요양기관에 소속되어 노인등의 신체활동 또는 가사활동 지원 등의 업무를 수행하는 자를 말한다.

4. 노인장기요양보험법 장기요양급여의 종류

장기요양급여의 종류로는 재가급여, 시설급여, 특별현금급여가 있다(법 제23조).

1) 재가급여

재가급여에는 방문요양, 방문목욕, 방문간호, 주·야간보호, 단기보호, 기타 재가급여가 있다. 방문요양은 장기요양요원이 수급자의 가정 등을 방문하여 신체활동 및 가사활동 등을 지원하는 장기요양급여이다. 방문목욕은 장기요양요원이 목욕설비를 갖춘 장비를 이용하여 수급자의 가정 등을 방문하여 목욕을 제공하는 장기요양급여를 말한다. 방문간호는 장기요양요원인 간호사 등이 의사, 한의사 또는 치과의사의 지시서(방문간호지시서)에 따라 수급자의 가정 등을 방문하여 간호, 진료의 보조, 요양에 관한 상담 또는 구강위생 등을 제공하는 장기요양급여이다. 주·야간보호는 수급자를 하루 중 일정한 시간 동안 장기요양기관에 보호하여 신체활동 지원 및 심신기능의 유지·향상을 위한 교육·훈련 등을 제공하는 장기요양급여이다. 단기보호는 수급자를 보건복지부령으로 정하는 범위 안에서 일정 기간 동안 장기요양기관에 보호하여 신체활동 지원 및 심신기능의 유지·향상을 위한 교육과 훈련 등을 제공하는 장기요양급여이다. 그리고 기타재가급여는 수급자의 일상생활·신체활동 지원 및 인지기능의 유지·향상에 필요한 용구를 제공하거나 가정을 방문하여 재활에 관한 지원 등을 제공하는 장기요양급여로서 대통령령으로 정하는 것이다.

2) 시설급여

시설급여는 장기요양기관에 장기간 입소한 수급자에게 신체활동 지원 및 심신기능의 유지·향상을 위한 교육·훈련 등을 제공하는 장기요양급여이다.

3) 특별현금급여

특별현금급여에는 가족요양비, 특례요양비, 요양병원간병비가 있다. 가족요양비는 제24조에 따라 지급하는 가족장기요양급여이며, 특례요양비는 제25조에 따라 지급하는 특례장기요양급여이며, 요양병원간병비는 제26조에 따라 지급하는 요양병원장기요양급여이다. 이상과 같은 장기요양급여를 제공할 수 있는 장기요양기관의 종류 및 기준과 장기요양급여 종류별 장기요양요원의 범위·업무·보수교육 등에 관하여 필요한 사항은 대통령령으로 정한다. 그리고 장기요양급여의 제공 기준·절차·방법·범위, 그 밖에 필요한 사항은 보건복지부령으로 정한다.

4) 가족요양비, 특례요양비, 요양병원간병비

노인장기요양보험법 제24조, 제25조, 제26조에서는 가족요양비, 특례요양비, 요양병원간병비를 명시하고 있다. 가족요양비는 도서나 벽지 등 장기요양기관이 현저히 부족한 지역으로서 보건복지부장관이 정하여 고시하는 지역에 거주하는 자가 대상이다. 그리고 천재지변이나 그 밖에 이와 유사한 사유로 인하여 장기요양기관이 제공하는 장기요양급여를 이용하기가 어렵다고 보건복지부장관이 인정하는 자이다. 그리고 신체와 정신 또는 성격 등 대통령령으로 정하는 사유로 인하여 가족 등으로부터 장기요양을 받아야 하는 자로 하고 있다. 특례요양비는 수급자가 장기요양기관이 아닌 노인요양시설 등의 기관 또는 시설에서 재가급여 또는 시설급여에 상당한 장기요양급여를 받은 경우 대통령령으로 정하는 기준에 따라 해당 장기요양급여비용의 일부를 해당 수급자에게 공단이 특례요양비로 지급할 수 있다. 요양병원간병비는 수급자가 의료법 제3조 제2항 제3호 라목에 따른 요양병원에 입원한 때 대통령령으로 정하는 기준에 따라 장기요양에 사용되는 비용의 일부를 요양병원간병비로 지급할 수 있다.

16
CHAPTER

사회복지관련법과 실천

제1절 사회복지사법

1. 사회복지사법의 목적

사회복지사 등의 처우 및 지위 향상을 위한 법률 제1조에서는 사회복지사 등에 대한 처우를 개선하고 신분보장을 강화하여 사회복지사 등의 지위를 향상하도록 함으로써 사회복지 증진에 이바지하는 것을 목적으로 한다.

2. 사회복지사법의 책임주체

사회복지사 등의 처우개선과 신분보장(제3조)으로 국가와 지방자치단체는 사회복지사 등의 처우를 개선하고 복지를 증진함과 아울러 그 지위 향상을 위하여 적극적으로 노력하여야 한다. 또한 사회복지사 등의 보수가 사회복지전담공무원의 보수수준에 도달하도록 노력하여야 한다. 그리고 국가는 사회복지사 등의 적정 인건비에 관한 기준을 마련하여야 하며, 지방자치단체는 해당 기준을 준수하고 보건복지부장관과 지방자치단체의 장은 사회복지사 등의 보수 수준 및 지급실태, 제3항에 따른 기준의 지방자치단체별 준수율 등에 관하여 3년마다 조사・공표하여야 한다. 더불어 사회복지사 등은 사회복지법인 등의 운영과 관련된 위법·부당 행위 및 그 밖의 비리 사실 등을 관계 행정기관과 수사기관에 신고하는 행위로 인하여 징계 조치 등 신분상 불이익이나 근무조건상 차별을 받지 아니한다.

3. 사회복지사법 용어의 정의

사회복지사법 제1조의 사회복지사 등은 다음의 어느 하나에 해당하는 법인 등(사회복지법인 등)에서 사회복지사업에 종사하는 자를 말한다.

첫째, 사회복지사업법 제16조[1]에 따라 사회복지사업을 행할 목적으로 설립된 사회복지법인을 말한다.

둘째, 사회복지사업법 제2조[2]에 따라 사회복지사업을 행할 목적으로 설치된 사회복지시설을 말한다.

셋째, 그 밖에 대통령령으로 정하는 사회복지 관련 단체 또는 기관을 말한다.

제2절 사회서비스이용권법

1. 사회서비스이용권법의 목적

사회서비스 이용 및 이용권 관리에 관한 법률 제1조에서는 사회서비스 이용 및 이용권 관리에 필요한 사항을 정함으로써 사회서비스의 이용을 활성화하고 이용자의 선택권을 보장하도록 하여 국민의 복지증진에 이바지하는 것을 목적으로 한다.

1) ① 사회복지법인을 설립하려는 자는 대통령령으로 정하는 바에 따라 시·도지사의 허가를 받아야 한다.
② 제1항에 따라 허가를 받은 자는 법인의 주된 사무소의 소재지에서 설립등기를 하여야 한다.

2) 제12장 사회복지사업법 사회복지사업의 범위 참조.

2. 사회서비스이용권법의 책임주체

국가와 지방자치단체는 사회서비스의 이용을 활성화하고 이용자의 선택권을 보장하기 위하여 사회서비스이용권 사용이 장려되는 여건을 조성하고 그에 필요한 재원(財源)을 마련하여야 한다. 그리고 지역 여건에 맞는 사회서비스를 개발하여 시행하여야 하고, 국가는 그에 필요한 사항을 지원하여야 한다. 또한 제공자는 이용자의 원활한 사회서비스 이용 및 관련 종사자의 보호를 위하여 노력하여야 한다(법 제4조).

3. 사회서비스이용권법 용어의 정의

1) 사회서비스

사회서비스는 사회복지사업법 제2조 제4호[3]에 따른 사회복지서비스, 보건의료기본법 제3조 제2호[4]에 따른 보건의료서비스, 그 밖에 이에 준하는 서비스로서 대통령령으로 정하는 서비스를 말한다.

2) 사회서비스이용권

사회서비스이용권은 그 명칭 또는 형태와 상관없이 사회서비스 이용자가 사회서비스 제공자에게 제시하여 일정한 사회서비스를 제공받을 수 있도록 그 사회서비스의 수량 또는 그에 상응하는 금액이 기재(전자적 또는 자기적 방법에 의한 기록을 포함)된 증표를 말한다.

3) 사회복지시설이란 사회복지사업을 할 목적으로 설치된 시설을 말한다.

4) 보건의료서비스란 국민의 건강을 보호 · 증진하기 위하여 보건의료인이 행하는 모든 활동을 말한다.

3) 사회서비스 이용자

사회서비스 이용자는 사회서비스이용권을 사용하여 제공자로부터 사회서비스를 제공받는 자를 말한다.

4) 사회서비스 제공자

사회서비스 제공자는 제16조[5]에 따라 등록을 하고 이용자가 제시하는 이용권에 따라 사회서비스를 제공하는 자 또는 기관을 말한다.

제3절 남녀고용평등법

1. 남녀고용평등법의 목적

남녀고용평등과 일·가정 양립 지원에 관한 법률 제1조에서는 대한민국헌법의 평등이념에 따라 고용에서 남녀의 평등한 기회와 대우를 보장하고 모성 보호와 여성 고용을 촉진하여 남녀고용평등을 실현함과 아울러 근로자의 일과 가정의 양립을 지원함으로써 모든 국민의 삶의 질 향상에 이바지하는 것을 목적으로 한다.

5) ① 사회서비스이용권을 통하여 사회서비스를 제공하려는 자는 제공하려는 사회서비스별로 시장·군수·구청장에게 등록하여야 한다. 등록사항을 변경하는 경우에도 또한 같다. ② 제1항에 따라 등록을 하려는 자는 보건복지부령으로 정하는 기준에 따른 인력·시설 또는 장비를 갖추어야 한다. ③ 시장·군수·구청장은 제2항에 따른 등록기준을 적용할 때 제공기관의 지역적 분포 및 적정공급 규모를 고려할 필요가 있다고 인정할 때에는 등록을 제한하거나 조건을 붙일 수 있다. ④ 시장·군수·구청장은 제1항에 따라 등록한 경우에는 해당 제공자에게 등록증을 발급하여야 하고, 그 내용을 이용자가 확인할 수 있도록 보건복지부령으로 정하는 방법에 따라 이용자에게 알려야 한다.

2. 남녀고용평등법의 책임주체

국가와 지방자치단체는 이 법의 목적을 실현하기 위하여 국민의 관심과 이해를 증진시키고 여성의 직업능력 개발 및 고용 촉진을 지원하여야 하며, 남녀고용평등의 실현에 방해가 되는 모든 요인을 없애기 위하여 필요한 노력을 하여야 한다. 그리고 일·가정의 양립을 위한 근로자와 사업주의 노력을 지원하여야 하며 일·가정의 양립 지원에 필요한 재원을 조성하고 여건을 마련하기 위하여 노력하여야 한다(법 제4조).

3. 남녀고용평등법 용어의 정의

1) 차별

차별은 사업주가 근로자에게 성별, 혼인, 가족 안에서의 지위, 임신 또는 출산 등의 사유로 합리적인 이유 없이 채용 또는 근로의 조건을 다르게 하거나 그 밖의 불리한 조치를 하는 경우(사업주가 채용조건이나 근로조건은 동일하게 적용하더라도 그 조건을 충족할 수 있는 남성 또는 여성이 다른 한 성(性)에 비하여 현저히 적고 그에 따라 특정 성에게 불리한 결과를 초래하며 그 조건이 정당한 것임을 증명할 수 없는 경우를 포함)를 말한다. 그러나 다음의 경우 어느 하나에 해당하는 경우는 제외한다.

첫째, 직무의 성격에 비추어 특정 성이 불가피하게 요구되는 경우이다.
둘째, 여성 근로자의 임신·출산·수유 등 모성보호를 위한 조치를 하는 경우이다.
셋째, 그 밖에 이 법 또는 다른 법률에 따라 적극적 고용개선조치를 하는 경우이다.

2) 직장 내 성희롱

직장 내 성희롱은 사업주와 상급자 또는 근로자가 직장 내의 지위를 이용하거나 업무와 관련하여 다른 근로자에게 성적 언동 등으로 성적 굴욕감 또는 혐오감을 느끼게 하거나 성적 언동 또는 그 밖의 요구 등에 따르지 아니하였다는 이유로 근로조건 및 고용에서 불이익을 주는 것을 말한다.

3) 적극적 고용개선조치

적극적 고용개선조치는 현존하는 남녀 간의 고용차별을 없애거나 고용평등을 촉진하기 위하여 잠정적으로 특정 성을 우대하는 조치를 말한다.

4) 근로자

근로자는 사업주에게 고용된 사람과 취업할 의사를 가진 사람을 말한다.

4. 남녀고용평등법 고용평등 등 교육

사업주는 남녀 고용평등을 위하여 모집과 채용, 임금, 임금 외의 금품 등과 교육 및 배치, 승진, 정년, 퇴직 및 해고 등에서 차별하지 않아야 한다. 그리고 직장내 성희롱의 금지 예방교육 등을 실시 하여야 하며 여성 고용촉진 및 경력단절여성의 능력개발과 고용촉진지원을 하여야 한다. 또한 출산전후휴가 등에 대한 지원 등의 모성보호도 이루어져야 한다. 더불어 육아휴직과 같은 일과 가정의 양립지원도 이루어져야 한다.

제4절 특수교육법

1. 특수교육법의 목적

장애인 등에 대한 특수교육법 제1조에서는 교육기본법 제18조[6]에 따라 국가 및 지방자치단체가 장애인 및 특별한 교육적 요구가 있는 사람에게 통합된 교육환경을 제공하고 생애주기에 따라 장애유형 · 장애정도의 특성을 고려한 교육을 실시하여 이들이 자아실현과 사회통합을 하는데 기여함을 목적으로 한다.

2. 특수교육법의 책임주체

국가 및 지방자치단체는 특수교육대상자에게 적절한 교육을 제공하기 위하여 장애인에 대한 특수교육종합계획의 수립, 특수교육대상자의 조기발견, 특수교육대상자의 취학지도, 특수교육의 내용, 방법 및 지원체제의 연구 · 개선, 특수교육교원의 양성 및 연수, 특수교육기관 배치계획의 수립, 특수교육기관의 설치 · 운영 및 시설 · 설비의 확충 · 정비, 특수교육에 필요한 교재 · 교구의 연구 · 개발 및 보급, 특수교육대상자에 대한 진로 및 직업교육 방안의 강구, 장애인에 대한 고등교육 방안의 강구, 특수교육대상자에 대한 특수교육 관련서비스 지원방안의 강구, 그 밖에 특수교육의 발전을 위하여 필요하다고 인정하는 사항을 수행하여야 한다. 이에 교육부장관은 위 업무를 효율적으로 수행하기 위하여 문화체육관광부장관 · 보건복지부장관 · 고용노동부장관 · 여성가족부장관 등 관계 중앙행정기관 간에 협조체제를 구축하여야 한다(법 제5조).

6) 국가와 지방자치단체는 신체적 · 정신적 · 지적장애 등으로 특별한 교육적 배려가 필요한 사람을 위한 학교를 설립 · 경영하여야 하며, 이들의 교육을 지원하기 위하여 필요한 시책을 수립 · 실시하여야 한다.

3. 특수교육법 용어의 정의

1) 특수교육

특수교육은 특수교육대상자의 교육적 요구를 충족시키기 위하여 특성에 적합한 교육과정 및 제2호에 따른 특수교육 관련서비스 제공을 통하여 이루어지는 교육을 말한다.

2) 특수교육 관련서비스

특수교육 관련서비스는 특수교육대상자의 교육을 효율적으로 실시하기 위하여 필요한 인적・물적 자원을 제공하는 서비스로서 상담지원・가족지원・치료지원・지원인력배치・보조공학기기지원・학습보조기기지원・통학지원 및 정보접근지원 등을 말한다.

3) 특수교육대상자

특수교육대상자는 제15조[7]에 따라 특수교육이 필요한 사람으로 선정된 사람을 말한다.

4) 특수교육교원

특수교육교원은 초・중등교육법 제2조 제4호[8]에 따른 특수학교 교원자격증을 가진 사람으로서 특수교육대상자의 교육을 담당하는 교원을 말한다.

---

7) ① 교육장 또는 교육감은 다음 각 호의 어느 하나에 해당하는 사람 중 특수교육이 필요한 사람으로 진단・평가된 사람을 특수교육대상자로 선정한다. 1. 시각장애, 2. 청각장애, 3. 지적장애, 4. 지체장애, 5. 정서・행동장애, 6. 자폐성장애(이와 관련된 장애를 포함한다), 7. 의사소통장애, 8. 학습장애, 9. 건강장애, 10. 발달지체, 11. 그 밖에 두 가지 이상의 장애가 있는 경우 등 대통령령으로 정하는 장애 ② 교육장 또는 교육감이 제1항에 따라 특수교육대상자를 선정할 때에는 제16조 제1항에 따른 진단・평가결과를 기초로 하여 고등학교 과정은 교육감이 시・도특수교육운영위원회의 심사를 거쳐, 중학교 과정 이하의 각급학교는 교육장이 시・군・구특수교육운영위원회의 심사를 거쳐 이를 결정한다.

8) 초・중등교육을 실시하기 위하여 다음 각 호의 학교를 둔다. 1. 초등학교, 2. 중학교・고등공민학교, 3. 고등학교・고등기술학교, 4. 특수학교, 5. 각종학교

5) 보호자

보호자는 친권자 · 후견인, 그 밖의 사람으로서 특수교육대상자를 사실상 보호하는 사람을 말한다.

6) 통합교육

통합교육은 특수교육대상자가 일반학교에서 장애유형 · 장애정도에 따라 차별을 받지 아니하고 또래와 함께 개개인의 교육적 요구에 적합한 교육을 받는 것을 말한다.

7) 개별화교육

개별화교육은 각급학교의 장이 특수교육대상자 개인의 능력을 계발하기 위하여 장애유형 및 장애특성에 적합한 교육목표 · 교육방법 · 교육내용 · 특수교육 관련서비스 등이 포함된 계획을 수립하여 실시하는 교육을 말한다.

8) 순회교육

순회교육은 특수교육교원 및 특수교육 관련서비스 담당 인력이 각급학교나 의료기관, 가정 또는 복지시설(장애인복지시설, 아동복지시설 등) 등에 있는 특수교육대상자를 직접 방문하여 실시하는 교육을 말한다.

9) 진로 및 직업교육

진로 및 직업교육은 특수교육대상자의 학교에서 사회 등으로의 원활한 이동을 위하여 관련 기관의 협력을 통하여 직업재활훈련 · 자립생활훈련 등을 실시하는 것을 말한다.

10) 특수교육기관

특수교육기관은 특수교육대상자에게 유치원・초등학교・학교 또는 고등학교(전공과를 포함)의 과정을 교육하는 특수학교 및 특수학급을 말한다.

11) 특수학급

특수학급은 특수교육대상자의 통합교육을 실시하기 위하여 일반학교에 설치된 학급을 말한다.

12) 각급학교

각급학교는 유아교육법 제2조 제2호[9]에 따른 유치원 및 초・중등교육법 제2조에 따른 학교를 말한다.

제5절 저출산・고령사회기본법

1. 저출산・고령사회기본법의 목적

저출산・고령사회기본법 제1조에서는 저출산 및 인구의 고령화에 따른 변화에 대응하는 저출산・고령사회정책의 기본방향과 그 수립 및 추진체계에 관한 사항을 규정함으로써 국가의 경쟁력을 높이고 국민의 삶의 질 향상과 국가의 지속적인 발전에 이바지함을 목적으로 한다.

9) 이 법에서 사용하는 용어의 뜻은 다음 각 호와 같다. 1. "유아"란 만 3세부터 초등학교 취학전까지의 어린이를 말한다. 2. "유치원"이란 유아의 교육을 위하여 이 법에 따라 설립・운영되는 학교를 말한다. 3. "보호자"란 친권자・후견인 그 밖의 자로서 유아를 사실상 보호하는 자를 말한다. 4. "방과후 과정"이란 제13조 제1항에 따른 교육과정 이후에 이루어지는 그 밖의 교육활동과 돌봄활동을 말한다.

2. 저출산 · 고령사회기본법의 책임주체

국가는 종합적인 저출산·고령사회정책을 수립·시행하고, 지방자치단체는 국가의 저출산·고령사회정책에 맞추어 지역의 사회·경제적 실정에 부합하는 저출산·고령사회정책을 수립·시행하여야 한다. 그리고 다른 법률의 규정에 의하여 중·장기계획 및 연도별 시행계획 등 주요정책을 수립하는 경우 제20조[10)]의 규정에 의한 저출산·고령사회기본계획을 고려하여야 한다.

3. 저출산 · 고령사회기본법 용어의 정의

1) 인구의 고령화

인구의 고령화는 전체인구에서 노인의 인구비율이 증가하는 현상을 말한다.

2) 저출산 · 고령사회정책

저출산·고령사회정책은 저출산 및 인구의 고령화에 따른 변화에 대응하기 위하여 수립·시행하는 정책을 말한다.

4. 저출산 · 고령사회정책의 기본방향

저출산의 기본방향으로는 인구정책과 인구교육, 모자보건의 증진, 그리고 자녀의 임신·출산·양육 및 교육에 소요되는 경제적 부담의 경감하기 위한 필

10) ①정부는 저출산·고령사회 중·장기 정책목표 및 방향을 설정하고, 이에 따른 저출산·고령사회기본계획을 수립·추진하여야 한다. ②보건복지부장관은 관계 중앙행정기관의 장과 협의하여 5년마다 기본계획안을 작성하고, 제23조의 규정에 의한 저출산·고령사회위원회 및 국무회의의 심의를 거친 후 대통령의 승인을 얻어 이를 확정한다. 수립된 기본계획을 변경할 때에도 또한 같다. ③기본계획에는 다음 각 호의 사항이 포함되어야 한다. 1. 저출산·고령사회정책의 기본목표와 추진방향, 2. 기간별 주요 추진과제와 그 추진방법, 3. 필요한 재원의 규모와 조달방안, 4. 그 밖에 저출산·고령사회정책으로 필요하다고 인정되는 사항, ④기본계획의 수립절차 등에 관하여 필요한 사항은 대통령령으로 정한다.

요한 시책을 강구하여야 한다. 고령사회정책으로는 고용과 소득보장, 건강증진과 의료제공, 생활환경가 안정보장, 여가·문화 및 사회활동의 장려, 평생교육, 그리고 국민이 행복하고 활기찬 노후생활을 설계하기 위한 재무, 건강, 여가, 사회참여 등 각 분야에서 적절한 상담과 교육을 받을 수 있도록 필요한 시책을 강구하여야 한다.

제6절 건강가정기본법

1. 건강가정기본법의 목적

건강가정기본법 제1조는 건강한 가정생활의 영위와 가족의 유지 및 발전을 위한 국민의 권리·의무와 국가 및 지방자치단체 등의 책임을 명백히 하고, 가정문제의 적절한 해결방안을 강구하며 가족구성원의 복지증진에 이바지할 수 있는 지원정책을 강화함으로써 건강가정 구현에 기여하는 것을 목적으로 한다.

2. 건강가정기본법의 책임주체

국가 및 지방자치단체는 건강가정을 위하여 필요한 제도와 여건을 조성하고 이를 위한 시책을 강구하여 추진하여야 한다. 이러한 시책을 강구함에 있어 가족구성원의 특성과 가정유형을 고려하여야 한다. 그리고 민주적인 가정형성, 가정친화적 환경조성, 양성평등한 가족가치 실현 및 가사노동의 정당한 가치평가를 위하여 노력하여야 한다(법 제5조).

3. 건강가정기본법 용어의 정의

1) 가족

가족은 혼인・혈연・입양으로 이루어진 사회의 기본단위를 말한다.

2) 가정

가정은 가족구성원이 생계 또는 주거를 함께 하는 생활공동체로서 구성원의 일상적인 부양・양육・보호・교육 등이 이루어지는 생활단위를 말한다.

3) 건강가정

건강가정은 가족구성원의 욕구가 충족되고 인간다운 삶이 보장되는 가정을 말한다.

4) 건강가정사업

건강가정사업은 건강가정을 저해하는 문제의 발생을 예방하고 해결하기 위한 여러 가지 조치와 가족의 부양・양육・보호・교육 등의 가정기능을 강화하기 위한 사업을 말한다.

4. 건강가정사업 및 건강가정전담 조직 등

건강가정사업으로는 위기가족긴급지원과 자녀양육지원의 강화, 가족단위 복지지원, 이혼예방 및 이혼가정지원, 건강가정 교육 등이 있다. 그리고 가정문제의 예방・상담 및 치료, 건강가정의 유지를 위한 프로그램의 개발, 가족문화운동의 전개, 가정관련 정보 및 자료제공 등을 위하여 건강가정지원센터를 설치・운영한다(법 제35조).

제7절 빛공해방지법

1. 빛공해방지법의 목적

인공조명에 의한 빛공해 방지법 제1조는 인공조명으로부터 발생하는 과도한 빛 방사 등으로 인한 국민건강 또는 환경에 대한 위해를 방지하고 인공조명을 환경친화적으로 관리하여 모든 국민이 건강하고 쾌적한 환경에서 생활할 수 있게 함을 목적으로 한다.

2. 빛공해방지법의 책임주체

국가는 빛공해를 방지하기 위한 종합적인 시책을 수립・시행하고, 이에 필요한 기술을 개발・보급하여야 한다. 그리고 관할 지역의 지역적 특성을 고려하여 빛공해 방지시책을 수립・시행하고, 지역 주민에게 빛공해에 관한 정보제공 등의 조치를 강구하여야 한다. 또한 모든 국민은 빛공해 방지를 위하여 노력함과 동시에 국가 또는 지방자치단체가 시행하는 빛공해 방지시책에 협력하여야 한다.

3. 빛공해방지법 용어의 정의

1) 인공조명에 의한 빛공해

인공조명에 의한 빛공해는 인공조명의 부적절한 사용으로 인한 과도한 빛 또는 비추고자 하는 조명영역 밖으로 누출되는 빛이 국민의 건강하고 쾌적한 생활을 방해하거나 환경에 피해를 주는 상태를 말한다.

2) 조명기구

조명기구는 공간을 밝게 하거나 광고, 장식 등을 위하여 설치된 발광기구 및 부속장치로서 대통령령으로 정하는 것을 말한다.

참고 사회복지법 및 관련법 QR 코드

헌법	사회보장기본법	사회복지사업법	아동복지법
노인복지법	장애인복지법	다문화가족지원법	국민기초생활보장법
의료급여법	재해구호법	의사상자법	북한이탈주민법
위안부피해자법	긴급복지지원법	국민연금법	국민건강보험법
산업재해보상보험법	고용보험법	노인장기요양보험법	기초연금법
사회복지사법	사회서비스이용권법	남녀고용평등법	특수교육법
저출산고령사회기본법	건강가정기본법	빚공해방지법	

PART 05

사회복지법제와 실천의 방향성

CHAPTER 17 제4차 산업혁명시대와 사회복지

17
CHAPTER

제4차 산업혁명시대와 사회복지[1]

제4차 산업혁명으로 불리는 디지털 기술혁신은 각 산업에 영향을 미치고 있다. 사회복지 분야에서도 이는 다르지 않다. 그간 사람의 인력 위주로 이루어졌던 사회복지서비스에 인공지능, 사물인터넷, 빅데이터 등 기술혁신이 이루어질 경우 그 파급효과는 상당할 것이다.

제1절 제4차 산업혁명시대 사회복지법제와 실천 패러다임의 변화

1. 제4차 산업혁명시대와 사회복지

출처 : https://www.kais99.org/jkais/journal/Vol21No07/vol21no07p06.pdf

사회복지는 자본주의의 도래 그리고 이로 인한 사회의 변화 과정에서 발생한 문제를 해결하기 위해서 등장했다. 18세기에는 영국에서 시작된 1, 2차 산업혁명이 유럽으로 확산되었고 산업혁명으로 야기된 빈곤과 질병, 실업, 산재 등이 큰 사회적 문제로 부각됨에 따라 이를 해결하기 위한 초기 자선적 노력과 지식인층 주도의 사회비판의식 성장 그리고 노동

1) 김철주(2018)에서 재구성.

자 계급이 새로운 정치세력으로 성장하면서 국가적 대응이 요구되었다. 이들을 위한 사회보험제도가 1880년대 독일에서부터 추진되었다. 사회복지법제화와 실천은 사회복지제도의 태동과 함께 자리를 잡게 되었다. 이후 3차 산업혁명은 탈산업화, 정보 통신 등 산업의 구조를 변화시키면서 사회복지제도에 다시 한 번 획을 긋게 하였다. 그리고 고령화와 저출산, 인터넷 중독, 돌봄 문제 등 신사회적 문제를 야기 시키면서 기존에 공공부조나 사회보험에 초점이 맞추어졌던 사회복지제도가 사회서비스로 이동하고 복지시스템도 전산화가 요구되면서 관련법들도 제정되거나 개정되기 시작하였다 이는 산업의 변화에 따라 사회복지 패러다임도 변하고 있다는 것을 그간 역사적 추이를 통해 볼 수 있다.

제4차 산업혁명시대에 따라 복지의 패러다임도 바뀔 것으로 예측된다. 4차 산업혁명의 변화로 인해 기술의 속도가 급변하고 있기 때문에 그 어느 시대보다 급격한 대전환기로 보고 있다. 즉 인공지능이나 빅데이터를 기반으로 복지의 수요를 맞춤형으로 충족시켜줄 역량이 커지는 등 기술과 복지시스템이 융합되는 현상이 일반화될 것으로 보인다. 사회복지는 국가 또는 공공기관에 의하여 주어지는 수혜개념으로 인식되어 있다. 그러나 사회복지 정책의 실천은 분명히 법적인 근거와 그에 따른 절차에 의하여 행해지고 있는 점이다. 결국 사회복지정책의 내용은 법률에 기초할 수밖에 없다는 것이다.

사회복지법제와 실천은 사회보장, 사회보험, 공공부조 및 사회(복지)서비스 분야 법과 기타 관련법으로 구분되어 있는데 사회보장기본법을 필두로 다양한 법률이 각각 규율대상과 내용이 달라 매우 복잡한 체계를 지니고 있다. 사회복지는 생존권, 복지권, 시민권 등과 같이 권리성에 입각한 국가의 책임이고 사회적 약자를 보호하고 사회질서를 개선시키기 위한 사회법적 성격이 강하다는 측면에서 민사나 형사법과는 구별된다. 그리고 사회복지법제와 실천은 실정법 질서 체계에서 규율을 하고 있는 이상 법학적 측면에서 고려되어야 한다. 대한민국 정부 수립이후 국내법은 짧은 기간 동안 상당한 정도로 연구되고 발전되었지만 사회복지법은 아직까지 정책이나 실천 중심으로 연구되면서 사회복지의 근간이 되는 법제에 대해서는 소홀히 여기고 있다. 그러나 사회의 불확실성 증가, 국민들의 욕구 증대, 사회환경의 급속한 증가는 다양한 사회복지법제를 요구하고 있다. 이처럼 사회복지법제 자체만으로도 복잡다양성을 보이고 있는데 4차 산업혁명이 진행되면 그 정도가 더욱 심해질 것으로 전망된다.

2. 사회복지분야에서의 4차 산업혁명의 영향

제4차 산업혁명은 빠르게 발전하는 기술의 시대가 왔음을 알려주는 신호이다. 사물인터넷, 인공지능, 로봇공학, 빅데이터 등의 내용을 법제도 안으로 끌어들여 우리의 삶에 유용한 방향으로 개편해가야 한다. 제3차 산업혁명의 사회문제 해결 과정에서 사회보장제도의 발전이 있었던 것과 마찬가지로 제4차 산업혁명에 따른 사회변화와 다양한 사회적 위험의 증가는 사회(복지)서비스의 증가를 가져올 것으로 예측된다. 따라서 사회복지분야도 제4차 산업혁명이라는 새로운 패러다임에 속에서 중대한 변화를 맞이할 것으로 보인다. ICT[2)]와 사회복지서비스의 융합을 통하여 다양한 서비스를 활성화시키고, 서비스의 질, 일자리의 질, 비용의 절감 등이 일어날 가능성이 높다. 그리고 인공지능로봇, 사물인터넷 등을 이용하여 장애인, 노인 등의 생활을 보조할 경우, 사회(복지)서비스 특히, 재활 및 간병서비스의 질은 크게 향상될 수 있을 것이다. 더불어 인공지능 로봇, 사물인터넷 등의 발달은 사회복지서비스 종사자들의 일자리 편의성 또한 크게 향상시킬 수 있을 것이다. 또한 와상노인이 보조구의 도움을 받아서 집에서 생활할 수 있도록 해줌으로써 의료비의 절감 효과 또한 클 것으로 여겨진다. 따라서 이러한 변화에 편승하여 사회복지법과 제도를 정비할 필요가 있다.

1) 돌봄로봇, 재활로봇과 복지

돌봄로봇과 복지에서는 돌봄을 해줄 수 있는 사람을 찾기 어려운 경우 로봇

2) ICT란 Information & Communication Technology의 약자로 기존의 정보기술인 IT와 통신산업 간의 컨버전스를 통해 새롭게 발전해 나가는 산업을 말한다.

을 활용하는 방안이 있다. 요양보호와 관련하여 아침에 일어나니 로봇이 안부를 묻고 식사준비나 음식섭취에 대한 안내와 함께 관련 정보를 제공하고, 의사의 처방에 따라 먹어야 할 약의 종류와 복용시간을 정확히 알려주는 서비스도 생각해 볼 수 있다. 또한 신체기능이나 인지기능의 저하를 예방하기 위한 프로그램 등도 제때 실행하고 말벗과 같은 정서적지원도 가능하다. 이와 같이 일정 부분에서 요양보호 업무가 로봇으로 대체되는 것은 가능할 것으로 보인다. 초고령화가 점점 더 진행되어 가는 상황 속에서 요양업무에 대한 소프트웨어 기술은 아동과 장애인 등 다른 사회복지분야의 유사업무로 확산되어 갈 수도 있다. 또한 사회복지 영역에 재활로봇 등 첨단기술이 도입되어 이송, 보행, 용변, 목욕 등에 이용됨으로써 요양시설 종사자의 업무 부담이 줄어든다면 이는 향후 요양시설의 돌봄인력 부족을 해소할 수 있는 좋은 기회가 될 수 있을 것이다.

일본의 경우 돌봄종사자의 부족은 사회문제화되고 있다. 현재처럼 저출산고령화 추세가 지속될 경우 우리나라도 노인돌봄인력의 부족은 다가올 미래라고 볼 수 있을 것이다. 이때 첨단기술을 이용한 재활로봇의 활용은 인력부족을 해소할 수 있는 방안이 될 수 있을 것이다. 더불어 재활로봇 등이 파워어시스트 역할을 해줌으로써 종사자의 근골격계 질환이 줄어들 것으로 전망된다. 즉 첨단기술을 이용하여 종사자의 산업안전을 제고할 수 있을 것이다. 이는 결과적으로 돌봄분야 종사자의 퇴직율을 낮추고 종사 희망자를 증가시킬 수 있을 것이다. 이에 따라 첨단기술의 활용을 촉진할 수 있도록 법제도 정비가 필요할 것이다. 첨단기술의 활용을 막지 않기 위해서는 기존 법제도의 정비가 필요하다. 구체적으로는 다음과 같은 사항이 정비되어야 할 것이다(김승택, 박찬임, 2018).

첫째, 재활로봇의 의료용·비의료용 정의 및 분류체계 개발이 필요하다.

둘째. 의료용·비의료용 재활로봇의 표준화체계를 구축하여야 한다.

셋째, 비의료용 재활로봇의 인증체계를 마련하여야 한다.

넷째, 비의료용 재활로봇을 장애인과 노약자를 지원하는 보조기구로 지정하고 이를 위한 가이드라인을 개발하여야 한다.

다섯째, 노인장기요양보험법상의 복지용구로서 돌봄로봇의 이용을 활성화하여야 한다.

여섯째, 돌봄로봇 시범사업을 추진해야 한다.

일곱째, 사회복지 교과과정에 기술변화와 관련된 과목을 추가하고 종사자에 대한 보수교육 및 돌봄종사자 자격교육에 돌봄로봇 관련교과목을 추가하여야 한다.

2) 원격진료와 복지

원격진료와 복지는 의료서비스와 관련하여 모니터를 통한 원격진료 시스템이 활성화 되면 병원을 가지 않아도 되고 의사가 내린 처방전은 온라인을 통해 약사에게 전달되어 조제된 약이 집으로 배송될 수 있다. 뿐만 아니라 AI에 의해 검진이나 진료 등을 받고 약도 자동조제나 자동배송장치를 통해 받을 수 있을 것이다. 또한 치료나 수술 등을 직접 사람이 모든 과정을 하는 것이 아니라 단계마다 컴퓨터가 할 수 있는부분도 많아질 것이다. 제4차 산업혁명의 중요한 측면으로서 사물인터넷은 여러 사물이 인터넷으로 연결되어 정보를 주고받는 것인데 이미 상당한 기술적 발전을 이루고 있으므로 이것이 개인에 대한 맞춤생산과 맞춤 소비로 변화시키고 있다. 지능정보사회의 맞춤형 서비스는 예방의료나 맞춤형 진단 등의 국민건강 증진과 통번역이나 가사노동 지원 등을 통한 삶의 편의성 증대는 물론 도우미 로봇을 통한 취약계층 지원 등으로 사회복지 영역에도 적용이 가능하다.

3) 인공지능과 복지

인공지능은 인간의 학습능력과 추론능력, 지각능력 그리고 자연언어의 이해능력 등을 컴퓨터 프로그램으로 실현한 기술이다. 시각장애인이 인공지능, 빅데이터, 로봇, 나노 기술 등이 집약된 자율주행차량을 이용할 수 있다. 이와 같이 자율주행차량은 운전자뿐만 아니라 차밖에 있는 교통약자, 로드킬을 당하는 동물, 어린이, 혹은 시각장애인을 위한 사회복지 정책과 밀접한 관련성을 가지고 있다. 로봇공학의 발전은 신체의 일부 기능을 상실한 장애인에게 가장 희소식이되고 있다. 디지털 혁명과 소셜미디어의 등장으로 데이터가 급증하면서 데이터 집합으로 지칭되던 양적 개념으로서의 빅데이터는 최근 대량데이터에서 가치를 찾아내고 결과를 분석하는 기술로 발전했다. 최근에는 사회복지분야에서도 다양한 자료가 빅데이터의 특성을 나타내고 있으며 이에 대한 연구가 활발하다.

사회복지정책 영역에서는 2016년 기초연금 선정기준 조정방안 마련시 기초연금 수급대상인 65세 이상 노인과 배우자의 DB 구축을 위해 행정데이터를 연계하여 활용하였으며 다양한 정책 시뮬레이션 결과를 바탕으로 최적화된 서비스 선정기준을 도출하였다. 사회복지서비스 영역은 복지 사각지대 고위험 가구 예측모형 적용을 통한 서비스 제공이 이루어지고 있다. 신청을 받아 찾아가던 복지서비스 방식은 빅데이터의 활용으로 정부가 직접 찾아주는 복지서비스로 복지행정의 패러다임이 바뀌어 가고 있다.

참고 노인시설 생활자 시나리오

아침에 미리 맞춰둔 기상시간에 맞춰 창문 커튼이 올라가며, 방에는 새 소리가 울려퍼진다.... <중략>....일어나기 전 각 방마다 있는 담당로봇 미미가 반가운 목소리로 인사를 건넨다. 거울에는 밤 사이 침대 밑에 있는 센서로 수면상태, 심장 박동수와 맥박수, 호흡상태, 움직임 여부 등을 측정하여 분석한 데이터가 표시되며, 로봇 미미가 인공지능을 통해 나의 건강상태를 음성으로 알려준다. 기존에는 이러한 정보를 얻기 위해서 몸에 전자기기를 장착해야 했으나, 최근 상용화된 센서를 이용해 침대에 누워 있기만 해도 이러한 감지가 가능하다. 옆방의 김모 노인은 얼마 전 새벽에 침대에서 떨어졌는데, 곧바로 센서가 낙상을 감지하여 담당의료진과 당직자에게 알람을 울려 응급조치가 가능했다. 최근에는 .... 욕창 가능성을 감지할 수 있는 경보시스템이 장착된 침대도 있어 거동이 불편한 이모 노인이 활용하고 있다.

자료: 이연희 외(2016).

제2절 제4차 산업혁명시대 사회복지법제와 실천의 방향성

1. 사회복지법제와 실천

일반적으로 사회복지법제는 사회권과 생존권적 관점에서 정의 내려지고 있다. 사회권적 입장에서 법제의 성격은 모든 국민이 경제적, 심리적, 사회적인 욕구를 해결하고 인간답게 생활을 향유할 수 있도록 사회서비스와 사회급여를 실천적으로 규정한 것이다. 사회권은 마샬의 시민권적 개념에서 가져온 개념으로 오늘날 복지권과 유사한 의미로 통용되고 있다. 생존권적 입장은 사회복지의 소극적 성격을 내포하고 있으며, 한 사회에서 인간이 최소한도로 인간답게 살아갈 있도록 보장해주는 제반 법률을 의미하며, 우리나라는 소극적 의미의 생존권적 입장에서 사회복지법제적 성격이 강하나 현재 보편적이고 사회권적 성격으로 나아가고 있다.

사회복지관련 법체계는 헌법의 기본이념을 실현하기 위한 최상위법으로서 사회보장기본법이 있고 이를 근거로 한 개별 사회복지법들로 구성되어 있다. 헌법은 사회복지관련법들의 근거이며 재판규범으로 기능한다(김남식, 최건식, 2010). 사회복지는 다양한 용어로 나타나는 개념으로서 사회보장, 사회안전망, 사회법 등에서 직·간접적으로 표방되고 있지만 일반적으로 사회복지법에서 상위법은 사회보장에 관한 기본법과 사회복지사업법으로 볼 수 있다. 우리나라는 사회복지법전을 가지고 있지 않기 때문에 외적 형식을 갖추고 있다고 보기 어렵다. 대신 실정법으로는 사회보장에 관한 기본법이 있다. 사회보장에 관한 기본법의 하위법률로 사회보험법들과 공공부조법들이 있다. 사회보험법으로는 국민연금법, 국민건강보험법, 고용보험법, 산업재해보상보험법, 장기요양보험법이 있다. 공공부조 관련 법제로는 국민기초생활보장법과 의료급여법, 기초연금법이 있다.

사회복지사업법은 이러한 사회보장급여를 제공하기 위해 법인 및 시설을 설립하고 운영하는 것에 관한 것을 규정해왔다. 즉 사회복지사업법은 사회복지서비스를 위한 조직체계와 서비스 조직의 운영에 대한 기본법적 성격을 가지는 법이라고 할 수 있다. 사회복지사업법은 기타 사회복지서비스법들의 상위법으로서 관련 하위법에 우선 적용된다. 일반법과 특별법의 구분은 절대적인 개념이 아니고 상대적인 개념으로 볼 수 있으며, 이에 따라 사회보장기본법이 일반법이라면, 사회복지사업법은 개별 사회복지법에 대해서는 일반법적 성격을 가지고 있다.

2. 사회복지법제와 실천의 대응

1) 의료복지관련 법제와 실천

제4차 산업기술을 이용한 의료산업은 현재 많은 국가에서 블루오션의 산업으로 여기고 있는 분야로 병원까지 내원이 어려운 노인이나 장애인 등의 의료취약계층이 의료서비스와 관련하여 원격진료 시스템은 매우 좋은 대안이 될 수 있을 것이다. 앞서 살펴보았듯이 AI에 의해 검진이나 진료 등을 받고 온라인을 통한 처방전이 자동적으로 약사에게 전달되어 조제된 이후 집으로 자동배송을 통해 약을 받는 과정을 상상해 볼 수 있다. 이와 같이 원격진료는 정보통신기술을 통해 내원하지 않고도 진찰, 상담, 의료적 응급서비스를 제공받을 수 있는 의료시스템으로서 독일에서는 의료취약 지역이나 재가 돌봄 또는 정신장애 상담 등 내원이 불편한 경우 및 응급상황에서 특히 고령화 시대에 필요한의 미래적 시스템으로 받아들이고 있다. 그리하여 원격진료를 가능하게 하는 2015년 12월 29일에 시행된 보건분야의 안전한 디지털 커뮤니케이션과 적용을 위한 법률을 도입했다. 전자보건법이라 불리는 이 법률은 정보통신기술을 의료서비스에 적용하여 환자들의 편의증진을 목적으로 하고 있다. 원격진료가 아직 독일 전역으로 확산되어 있지 않지만 연방정부는 전자보건법을 근거로 원격진료를 연방 전체에 도입하기 위해 단계적인 계획을 세우고 있다.

현행 의료법 제34조에서는 원격의료와 관련하여 컴퓨터, 화상통신 등 정보통신기술을 활용하여 먼 곳에 있는 의료인(의사, 치과의사, 한의사)에게 의료지식이나 기술을 지원하는 원격의료를 할 수 있다고 되어 있다. 즉 원격의료 허용범위를 의료인 사이의 원격자문으로 제한하고 있다. 따라서 의사와 환자간의 원격진료나 원격처방이 불가능하다. 결국 현행 의료법은 원격의료를 원칙적으로 제한하고 있으므로 사회복지의 측면에서 바라본 의료취약계층을 위한 법과 제도적 준비가 미흡하다고 볼 수 있다(정순형, 박종렬, 2012).

원격진료와 관련하여 산부인과 전문의가 환자와 전화 통화 후 처방전을 환자가 지정한 약사에게 교부하자 이를 이유로 벌금형을 선고받자 헌법소원을 청구한 사건이 있었다. 여기서 헌법재판소는 법률조항 중 **직접 진찰한**은 **대면하여 진료한** 이외에 달리 해석될 여지가 없다고 해석하여 원격진료를 인정하지 않은 판결을 내린바 있다(헌법재판소 2012.3.29선고2010헌바 83 결정). 따라서 사례에 맞는 의료법 개정안이 마련되어야 할 것이다.

2) 자율주행자동차 관련 법제와 실천

제4차 산업혁명은 미래형 자동차로써 자율주행자동차가 큰 주목을 받고 있다. 자율주행자동차가 활성화된다면 향후 교통사고 예방과 사회적 취약계층의 사회참여를 높여줄 것으로 전망하고 있다. 그리고 교통사고로 인한 응급환자를 매년 100만 명 이상 감소시키며, 10만 명 규모의 교통사고 입원환자가 줄어들 것으로 보고 있다(한국방송통신전파진흥원, 2013). 또한 자율주행차의 활성화는 사회적 취약계층의 이동성을 증가시키는데 기여할 것으로 보인다. 노인, 장애인, 이주민 등의 사회적 취약계층들은 자신들이 원하는 적기적소에 보건의료사회서비스를 받을 수 있으며, 원하는 장소에 사회의 일원으로 활동할 수 있을 것이다. 그러므로 향후 실용화될 자율주행자동차와 관련하여 이와 같은 사회복지정책과 결부된 정부정책 및 추진전략이 요구되며, 법제화 등의 세부적인 사항까지 모두 포함하는 자율주행자동차를 위한 별도의 법과 제도가 마련되어야 할 것이다.

3) 빅데이터 관련 법제와 실천

송파 세 모녀 사건은 도움이 절실한데도 불구하고 극단적인 선택을 할 수 밖에 없었던 사건을 통해서 국가 차원에서 복지 사각지대에 처한 사람들을 찾아지원해야 할 필요성이 크게 부각되었다. 기존의 시스템은 복지혜택을 받고자 하는 이는 스스로 신청해야 서비스를 받을 수 있는 신청주의의 형태이기 때문에 본인이 받을 수 있는 복지서비스를 모르는 경우에는 복지사각지대에 처하게 된다. 이처럼 지원 자격이 있음에도 불구하고 복지서비스를 받지 못하는 대상자를 빅데이터 활용을 통해 발굴하고 지원을 강화할 수 있다. 사회복지 분야에서 빅데이터에 대한 활용이 아직은 다른 분야에 비해서 높지 않지만 보다 적극적으로 정보들을 활용한다면 활용할 수 있는 분야가 폭발적으로 확장될 것으로 예측된다.

빅데이터는 사회복지분야에서 특히, 우리 사회에 산적해 있는 일자리, 자살, 범죄, 저출산 고령화 등 많은 사회현안의 해결을 기대할 수 있을 것으로 보인다. 빅데이터의 발달로 방대하고 다양한 정보의 저장과 분석이 가능하기 때문에 이를 활용하면 표준화된 복지서비스가 아닌 개별적 맞춤형 서비스 제공이 가능할 수 있다. 이외에도 오늘날 제기되고 있는 사회복지 부정수급자이다. 부정수급자로 인해 자원의 남용과 중복이 발생하고 있고 복지의 효율성을 저해하고 있다. 요약하자면 빅데이터는 사회복지 사각지대를 예방하고 부정수급 발생을 차단하고 전달체계와 예산의 효율성, 효과성을 높이고 사회복지 서비스의 품질을 향상시키는데 기여할 것이다. 그러나 빅데이터를 활용함에 있어서 개인정보보호법과의 충돌이 문제가 될 수 있다. 빅데이터는 고유식별 정보뿐 아니라 건강이나 복지급여와 관련된 민감 정보를 포함하고 있다. 개인정보보호법 제17조 제1항에 의하면 민감 정보를 제3자에게 제공하려면 정보주체의 동의를 받아야한다고 규정하고 있다. 우리나라는 다른 나라에 비해 모든 국민의 의료정보와 사회보장정보 등 엄청난 양의 빅데이터를 구축하고 있다(이연희, 2015). 정보통신기술이 선진국에 비해 경쟁우위를 점하고 있어 사회복지 분야에서 빅데이터를 활용하기에는 매우 유리한 조건을 가지고 있다. 그러나 과거 금융사의 개인정보대량유출 등 폐해가 늘어나면서 개인정보보호법 역시 더욱 강화되고 있기 때문에 이와 조화를 이룰 수 있도록 더 정교한 법제가 마련되어야 할 것이다. 특히, 개인정보에 대한 재식별의 위험성을 최소화하는 암호화내지 익명화기술이 뒷받침된다면 정보주체는 개인정보의 안전한 사용이라는 신뢰를 바탕으로 개인정보의 사회복지라는 공익적 활용을 받아들일 수 있을 것이기 때문에 암호화 기술이나 익명화기술의 수준을 높이는 신기술의 개발을 위한 정부의 재정적 지원이 요구된다.

4) 일자리관련 법제와 실천

사회보장의 개념은 대략 3차 안전망으로 구성되어 있다. 1차 안정망은 유급노동을 통해 스스로 독립하는 것이며, 2차 안전망은 근로기간동안 사회보장세로 사회보험에 가입하여 질병, 노령, 실업, 산재 등 사회적 위험에 처했을 때 보험의 원리로 사회 밑바닥으로 떨어지는 것을 방지하는 것이며, 3차 안전망은 공공부조로 1차, 2차 안전망에서 벗어나 스스로 자립할 수 없을 때, 즉 근로능력이 취약할 때 보장받는 것이다.

자본주의 사회에서 사회복지 목적의 제 일차적 복지는 고용이다. 고용을 통해 국민들이 국가나 사회에 의존하지 않고 스스로 자립하는 것이다. 우리 헌법에서도 노동과 관련하여 제32조에 규정하고 있다. 헌법 제32조 1항에서 모든 국민은 근로의 권리를 가지며 국가는 사회적·경제적 방법으로 근로자의 고용의 증진과 적정임금의 보장에 노력하여야 하며, 법률이 정하는 바에 의하여 최저임금제를 시행하여야 한다고 규정하면서 근로자들의 생존권을 보장하고 있다. 일자리와 관련하여 미래학자 토마스 프레이 다빈치연구소 소장은 2012년의 TED 강연에서 2030년까지 지구상에 현존하는 직업의 절반이 사라질 것이라고 예측했다. 예를 들면, 로봇의 도입이나 공장시스템의 자동화 등으로 인한 구조조정이 불가피할 전망이다. 따라서 이에 대비하여 경영상 해고의 요건도 변화가 있을 것이다. 자동화나 인공지능 도입으로 일자리가 줄어든다면 기업에게 전직지원 훈련제도를 의무화하는 법안도 고민해보아야 한다(박지순, 2017). 제4차 산업혁명으로 인해 산업체계가 개편되면 실업자가 늘어나고 이러한 실업은 장기화할 가능성이 크다고 보아야 할 것이다. 따라서 이들을 배려하는 법안이 마련되어야 할 것으로 보인다. 특히, 실업부조제도로서 ICT 활용 능력을 높이는 직업능력개발과 교육훈련이다. 현행 고용보험법은 실업급여 지급 위주로 제도를 운영하고 있으나 앞으로는 실업급여 수급자의 신속한 재취업 지원 중심으로 개편되어야 한다. 왜냐하면 고도의 정보기술 사회에서 실업을 극복하기 위해서는 직업능력개발 교육 훈련이 더욱 중요하기 때문이다. 따라서 직업능력개발을 위하여 노동자에게 직접 지원하는 방안도 고민해 볼 필요가 있다. 이처럼 제4차 산업혁명에 대한 사회보장법의 대응이라는 측면에서 직업능력개발 교육 훈련과 연계된 실업부조제도는 그 의미가 크다고 할 수 있다.

제4차 산업혁명 시대에서는 기술변화의 추이에 따라 취업, 실업, 재취업, 재실업이 반복적으로 발생할 가능성이 높다. 따라서 재취업까지 실업급여가 지급되어야 하는데 이는 개인마다 다양한 직업능력과 상황이 존재하기 때문에 이를 고려하여 실업급여 기간을 정할 필요가 있다.

5) 연결되지 않을 권리 관련 법제와 실천

제4차 산업혁명의 가장 대표적인 특징 중의 하나는 현대 사회가 네트워크로 모든 것이 연결되는 **초연결사회**라는 점이다. 그 결과 노동자들이 퇴근 이후에도 집과 같은 사적인 공간에서도 회사와 연결되고 있어 업무량이 증가하고 이로 인한 심리적 압박을 많이 느끼게 되었다. 정보통신의 발달로 인해 업무의 부담을 경감시키려고 한 스마트폰과 같은 기기들이 오히려 업무시간을 연장시키고 개인의 사생활도 침해하여 육체적이고 정신적인 피로를 증가시키고 있는 실정이다. 이에 헌법에서 보장하고 있는 인간다운 생활과 행복 추구를 위해 **'연결되지 않을 권리'**[3)]에 대한 논의가 본격화 되었다. 이어 해외에는 프랑스를 시작으로 이탈리아, 슬로바키아, 필리핀, 포르투갈에서 노동법에 **'연결되지 않을 권리'**를 명시하는 등 법제화가 이루어지고 있지만, 국내에는 아직 관련 법률 규정이 존재하지 않는다고 밝히기도 했다.

---

3) 근무시간 외 업무와 관련한 연락을 받지 않을 권리로 근무시간 이후에 보낸 업무 관련 연락에 대응하지 않고 단절해도 직업적 의무 위반이 아님을 보장받는 것을 의미.

국내에서는 지방자치단체를 중심으로 연결되지 않을 권리보장을 위한 움직임이 시작되고 있다. 광명시는 2017년 7월 최초로 퇴근 후 SNS를 통한 업무지시 금지에 대한 선언을 발표했다. 이후 서울시도 같은 해 9월 서울시 지방공무원 복무조례 개정안에서 연결되지 않을 권리에 관한 내용을 공표하고 적용했다. 그러나 법률은 아직이다. 2016년 6월 더불어민주당 신경민 의원 등이 '**연결되지 않을 권리**'를 법제화하는 '**카톡 금지법**'을 추진했으나 무산됐다. 이어 2017년 8월 국민의당 이용호 의원 등이 근로 시간 외 업무지시에 대해 추가수당을 지급하는 내용의 개정안도 발의하였지만 무산됐다. 그리고 2020년 7월 더불어민주당 송옥주 의원 등이 정보통신기기 등으로 사용자가 업무지시를 하는 경우를 대기시간에 포함하는 근로기준법 개정안을 발의했으나 아직 이는 국회에 계류 중이다. 매체별 근무시간 외 업무지시로 인한 사생활 침해 정도는 <표 17-1>과 같다.

〈표 17-1〉 매체별 근무시간 외 업무지시로 인한 사생활 침해 정도

항 목	사생활침해 여부	빈 도	%
전화	전혀 사생활 침해 아님	17	3.40
	거의 사생활 침해 아님	39	7.80
	약간 사생활 침해	189	37.8
	매우 사생활 침해	255	51.0
문자	전혀 사생활 침해 아님	28	5.60
	거의 사생활 침해 아님	86	17.2
	약간 사생활 침해	258	51.6
	매우 사생활 침해	128	25.6
개인 메신터 (예: 카카오톡)	전혀 사생활 침해 아님	20	4.00
	거의 사생활 침해 아님	67	13.40
	약간 사생활 침해	237	47.4
	매우 사생활 침해	176	35.3
이메일	전혀 사생활 침해 아님	66	13.2
	거의 사생활 침해 아님	164	32.8
	약간 사생활 침해	184	38.8
	매우 사생활 침해	86	17.2

사내 매신저	전혀 사생활 침해 아님	70	14.0
	거의 사생활 침해 아님	146	29.2
	약간 사생활 침해	189	37.8
	매우 사생활 침해	95	19.0

출처 : 경기연구원(2021).

전 세계 기업들은 어떤 노력을 하고 있을까? 독일 폭스바겐은 업무종료 시 업무용 메일 기능이 중지되며 휴가 중 오는 메일은 발신자에게 수신자가 부재 중이라는 내용과 함께 대체자 연락처가 전달된다. 독일 다임러 벤츠는 직원의 휴가 기간 또는 5일 이상 부재 시 도착한 이메일이 직원의 요청에 따라 자동으로 삭제되도록 설정하기까지 했다. 프랑스 미쉐린은 업무시간 외에 정보통신기기 접속 건수를 원격 연결 제어시스템으로 파악하고 사용을 제한하는 노사합의문을 작성한다. 이를 위반할 시 구두경고, 인사조치, 그리고 외부기관 고발 등이 이뤄진다. 독일 도이치텔레콤은 모바일 워킹이라는 단체협약을 만들어 연결되지 않을 권리를 분명하게 명시하고 있다. 퇴근 후에도 일해야 하는 특별한 사유가 있을 경우 미리 시간과 장소를 지정하여 업무를 진행하고 이에 합당한 보수를 지급한다는 것이다. 프랑스 오랑쥐는 아예 업무시간이 길어지면 경고를 한다. 오랑쥐는 직원에게 각자 정보통신기기 사용량을 점검해 표로 만들도록 하고 지나치게 사용 시간이 긴 직원에 대해 경고하고 있다. 우리나나 기업들도 비슷한 사례가 있다. LG 유플러스는 2016년 4월부터 밤 10시 이후 카카오톡 금지를 시행 중이며 위반 시 해당 보직자 직책 해제 등 강력한 인사조치를 시행하고 있다. CJ그룹 역시 퇴근 후나 주말에 메시지나 카카오톡을 통한 업무지시를 금지하는 내용을 이메일과 알림창을 통해 독려하는 업무몰입문화 캠페인을 진행 중이다.

연결되지 않을 권리도 지켜져야 할 소중한 권리 보고서는 연결되지 않을 권리가 지켜지기 위해서는 기업과 제도적 노력이 필요하다고 주장하고 있다(경기연구원, 2021). 기업의 경우 구속력 있는 지침을 마련함으로써 쉴 때 쉬고 일할 때 일하는 기업 문화를 구축해야 한다. 결국 국가가 단계적 법제화를 통해 근무시간 외 업무지시에 따라 발생하는 초과 노동에 대해 정당한 보수가 지급되도록 해야 하며 점진적으로 사회적 합의를 통해 연결되지 않을 권리를 노동법에 규정하는 것이 필요하다(https://www.bbc.com/korean/news-59807500).

6) 개인정보관련 법제와 실천

개인정보관련 법제와 실천에서는 빅데이터에 의한 정보수집, 저장, 분석이 활발해 짐에 따라 노동자의 위치나 통신 및 활동 등에 대한 감시 감독이 쉬워지게 되었다. 따라서 노동자의 개인정보 침해 문제가 발생할 수 있다. 앞으로의 산업사회는 빅데이터를 기반으로 하고 있기에 노동자의 개인정보보호는 그만큼 더 중요한 의미를 가질 수밖에 없다. 물론 사용자의 입장에서는 사업체를 운영해나가고 노무관리의 입장에서 노동자의 업무와 관련한 정보보유의 필요성은 인정될 수 있다. 그럼에도 불구하고 노동자의 사적생활과의 균형은 유지되어야 한다. 사용자가 가지는 노동자의 개인정보처리와 관련한 정당한 이익은 노무지휘권과 시설관리권의 범위로 한정되어야하고 정보처리의 수단의 적절성과 이로 인해 발생하는 피해의 최소성이 인정되어야 한다. 즉 양자가 조화를 이루는 범위에서 앞으로 노동자의 개인정보에 대한 접근과 활용에 대한 분명한 규율체계를 확립하는 것이 필요하다. 예를 들어, 출신 지역과 같은 정보는 고용정보와 관련하여 개인정보보호법 제23조가 규정하는 민감한 정보로 확대하여 보호할 필요가 있다. 또한 정보주체의 동의와 관련하여 사업장 내에서 노동자 개개인의 개별적 동의를 바탕으로 정보를 수집하는 경우 원치 않는 경우 이를 거부하기에는 쉽지 않기 때문에 집단적 의사결정방식을 통해 동의하는 것도 고려해보아야 한다. 이와 관련하여 독일은 경영조직법 제87조 제1항 6호에 따른 노사 공동결정권 사항으로 노동자의 개인정보 수집 및 관리를 다루어야 한다는 지적과 더 나아가 개인정보수집 등에 대한 동의와 관련한 절차와 사유가 보다 명확해야 한다는 주장이 언급되고 있다.

제3절 사회복지관련법과 제도의 정비

제4차 산업혁명은 피할 수 없는 국가발전과 직결된 사안으로 사회 모든 분야에 근본적인 변화를 가져올 것이다. 사회복지분야에서도 4차 산업혁명은 관심을 두는 분야로 긍정과 부정의 양면성을 가지고 있다.

긍정적인 측면으로는 빅데이터나 정보통신, 클라우딩컴퓨터 등 4차 산업기술과 의료, 행정 시스템등과 융합하여 원격의료, 자율주행, 복지의 사각지대 예방, 부정수급자 방지, 사회복지 재정과 전달체계의 높은 효율성 등 다양한 발전을 가져올 반면, 실업, 양극화 강화, 사생활 침해 등과 같은 부작용과 갈등이 우려되고 있다. 따라서 제4차 산업혁명에 따른 변화에 대응하기 위해서는 국가적 차원 추진체계 구축과 법과 제도의 정비가 필수적이다. 제4차 산업 혁명은 의료, 이동성, 사회복지 전달체계 등 다각적 측면에서 긍정적인 영향을 미칠 것으로 보인다. 원격진료는 의료취약계층의 건강을 개선시킬 것이며 자율주행 차량으로 사회복지 이용자들의 이동성을 증가시켜 품질 높은 사회복지서비스의 접근성을 높이고 사회참여를 활성화할 수 있다. 그리고 빅데이터를 활용한 사회서비스 전달체계의 디지털화는 사회복지의 사각지대를 예방하고 부정수급자를 방지하면서 사회복지재정과 전달체계의 효율성을 높일 수 있다.

부정적인 측면으로는 한국의 사회복지법제는 여기에 대한 준비가 미흡하다. 의료복지법제에는 의료법 일부 조항에서 원격진료에 대해서 규정하고 있지만 다른 선진국가와 비교해보았을 때 지극이 제한적이다. 자율주행자동차법제도 현재 논의 중이며 어떻게 사회복지법제와 결합할 것인지에 대한 논의는 미흡한 실정이다. 따라서 자율주행자동차와 관련하여 사회복지법제를 비롯한 이와 결부된 사회복지 정책이 마련되어야 한다. 빅데이터는 사회문제인 일자리, 자살, 범죄, 저출산·고령화 등 사회현안을 기대할 수 있고 전달체계의 효율성을 가지고 있지만 여기에 대한 법제화 또한 소홀히 다루고 있다. 그리고 빅데이터 관련 법제가 마련되었을 때 개인정보법과 마찰을 야기시킬 수 있는 가능성이 크다. 따라서 개인정보에 대한 위험성을 최소화하는 암호와내지 익명화기술이 뒷받침 될 수 있도록 법제가 마련되어야 한다.

사회복지는 자본주의 태동과 함께 발생하였고 산업의 특성에 따라 사회문제의 양태도 달라지면서 여기에 대응하는 사회복지의 모습도 달라졌다. 이런 측면에서 산업혁명을 독립변수로 사회복지제도를 종속변수로 볼 수 있다. 복지제도를 구축하는데 첫 번째 시도는 법제화이다. 사회복지법은 사회적 산물로 그 사회의 시대와 상황을 반영하고 있다.

제4차 산업혁명은 새로운 사회문제를 발생시키고 사회복지 패러다임을 변화시킬 것이다. 특히, 제4차 산업혁명과 관련하여 일자리 문제는 가장 먼저 직면하게 될 실질적인 문제이다. 따라서 4차 산업혁명이 기존 일자리에 미치는 영향을 예측하고 평가하여 대응 정책을 마련함과 동시에 새로운 일자리 창출을 위한 준비와 노력이 필요하다. 산업의 많은 부분이 인공지능과 로봇으로 대체되면서 고임금과 저임금간의 격차는 더 커질 것으로 보이고 여기에 사회복지와 사회보장제도는 매우 중요한 역할을 담당할 것으로 보인다. 4차 산업혁명은 새로운 복지 패러다임을 가져올 것이고 따라서 예측 가능한 복지정책의 내용을 법제화를 통해 앞으로의 앞날을 대비해야 한다. 그러나 현재 4차 산업혁명과 관련하여 많은 법안이 발의되고는 있으나 아직 국회를 통과한 법률은 없으며 대통령령의 형식으로 4차 산업혁명 위원회의 설치 및 운영에 관한 규정만이 존재하고 그밖에는 전부 지방자치단체의 조례만이 구비되어 있을 뿐이다. 더구나 4차 산업 혁명과 결부된 사회복지법제는 아예 논의도 활발하지 못한 상황이다. 앞으로 본격적으로 준비해야할 내용이다(김철주, 2018에서 재인용).

참고문헌

강경근(1998). (헌법) 사회적 기본권의 공권으로서 성격. **고시계, 43**(11), 68-79.

경기연구원(2021). **연결되지 않을 권리도 지켜야 할 소중한 권리**. 이슈&진단.

계희열(2007). **헌법학(중)**. 서울 : 박영사.

고수현(2011). **사회복지법제론**. 경기 : 정민사.

공정원(2014). 시민권의 확장: 산업적 시민권의 개념과 의의. **사회과학연구, 30**(2), 125-142.

권영성(2009). **헌법학원론**. 서울 : 법문사.

권육상 · 오종희 · 장승전 · 주정현 · 최정섭(2008). **사회복지법제론**. 서울 : 나눔의 집.

김 훈(2008). **사회복지법제론**. 서울 : 학지사.

김남식 · 최건식(2010). 우리나라의 사회복지법 체계에 관한 小考. **21세기사회복지연구, 7**(2), 5-29.

김만두(2006). **사회복지법제론**. 서울 : 홍익재.

김복기(2014). 사회적 기본권의 법적 성격 : 인간다운 생활을 할 권리를 중심으로. **사회보장법연구, 3**(1), 111-138.

김상균(1987). **현대사회와 사회정책**. 서울 : 서울대학교출판부.

김성국(1998). 한국 시민사회의 성숙과 신사회운동의 가능성. 임희섭 · 양종회 공편. **한국의 시민사회와 신사회운동**. 경기 : 나남.

김승택 · 박찬임(2018). 4차 산업혁명이 사회복지서비스분야 인력시장에 미치는 영향. 한국노동연구원 연구보고서.

김용하(2006). A case for Ellipsis in Korean: The Non-movement Multiple Object Construction. **생성문법연구, 16**(4), 737-772.

김유성(2002). **한국사회보장법론**. 서울 : 법문사.

김인재(2009). 한국 사회복지 입법의 전개와 향후 과제. **법학논집, 14**(1), 165-188.

김철수(2007). **헌법학개론**. 서울 : 박영사.

김호기(2000). 시민사회의 구조와 변동, 1987~2000. **한국사회, 3**, 63-87.

나혜심(1993). 노명식 외 공저, **시민계급과 시민사회**. 서울 : 한울.

남기홍 · 홍성로(2020). **사회복지법제와 실천**. 경기: 공동체.

문진영(2013). 인권과 사회복지 : 쟁점 분석. **비판사회정책**, (39), 83-116.

박석돈(2012). **사회복지학개론**. 서울 : 양서원.

박일경(1990). **신헌법**. 서울 : 법경출판사.

박지순(2017). 노동 4.0과 노동법의 미래. 선진화 정책시리즈, 252-263.
신광영(1994). 시민사회 개념과 시민사회 형성. **아시아문화**, (10), 145-180.
신섭중 외(2001). **한국사회복지법제**. 서울 : 대학출판사.
신중섭(2001). **사회복지법제**. 서울 : 대학출판사.
안경환(2009). **법과 사회와 인권**. 경기 : 돌베개.
유네스코 한국위원회(1995). **인권이란 무엇인가**. 서울 : 오름.
윤찬영(2000). 21 세기 한국사회 전망/[복지분야] 21 세기 사회복지분야의 전망과 비전. **한국행정연구**, 9(1), 153-163.
______(2010). **사회복지법제론**. 서울 : 나남.
이연희(2015). 보건복지분야 공공 빅데이터의 활용과 과제. **보건복지포럼**, 2015(9), 5-16.
이연희 · 정영철 · 송태민 · 이기호 · 진달래 · 안지영 · 이동기(2016). IOT 중심의 사회복지시설 정보화 현안과 정책 과제. 한국보건사회연구원.
장동일(1998). 한국의 사회복지법 체계에 관한 연구. **협성논총**, 9, 67-69.
전광석(2019). **한국사회보장법론**. 서울 : 집현재.
정순형 · 박종렬(2012). 원격의료의 현행법상의 법적 문제점과 개선점. **한국컴퓨터정보학회 학술발표논문집**, 20(2), 123-126.
정태호(2007). 원리모델에 의한 사회적 기본권 침해여부의 판단기준 및 심사구조. **헌법학연구**, 13(3).
조효제(2006). **인권의 문법**. 서울 : 후마니타스.
최봉석(2004). (고령사회법제 3) 독일의 노인복지법제연구 2004.7. 한국법제연구원.
한국방송통신전파진흥원(2013). 미래사회를 준비하는 자율주행 ICT 기술동향. **방송통신기술 이슈 & 전망 제26호**, 3면.
한수웅(2012). 사회복지의 헌법적 기초로서 사회적 기본권 : 사회적 기본권의 개념과 법적 성격을 중심으로. **헌법학연구**, 8(4). 51-104.
허범구(1992). 그람시의 시민사회관에 관한 일 연구. 서울대학교 사회학과 대학원 석사논문. Siegelaub eds.(1979), Communication and Class Struggle, 1.
헌재 1995.7.21. 93헌가14, 판례집 7-2, 20면.
현외성(2003). **한국사회복지법제론**. 서울 : 양서원
홍성방(2013). 인간다운 생활을 할 권리(최저생활을 보장 받을 권리), 헌법재판 주요선례연구 3, 헌법재판연구원.

Barbalet, J. M.(1988). *Citizenship: rights, struggle, and class inequality*. Open University Press.
Donnelly, J.(2006), Boulder, Colo. : Westview Press.
Durant, W., & Durant, A.(2012). *The lessons of history*. Simon and Schuster.

Friedlander, W. A., & Robert, Z.(1980). *Apte. Introduction to Socal Welare*, Englewood Cliff, NJ : Prentice Hall, 118.

Goffman, E.(1961). *Encounters: Two studies in the sociology of interaction.* Ravenio Books.

Gramsci, A.(2020). Selections from the prison notebooks. *In The applied theatre reader*(pp. 141-142). Routledge.

Kant, I.(1783). Prolegomena to any future metaphysics that may arise as science.

Marshall, T. H.(1950). *Citizenship and social class* (Vol. 11, pp. 28-29). New York, NY : Cambridge.

Reamer, F. G.(1992). The impaired social worker. *Social Work, 37*(2), 165-170.

Romanyshyn, J. M.(1971). *Encyclopedia of Social Work.* Sixteenth issue.

Stainton, T.(2005), Empowement and the architecture of rights based social policy. *Journal of Intellectual Disabilities, 9*(4), 289-298.

UN(1948). 세계인권선언(Universal Declaration of Human Rights).

___(1966). 경제적, 사회적 및 문화적 권리에 관한 국제규약(International Covenant on Economic, Social and Cultural Rights. New York, 16 December).

Wilensky, H. L., & Lebeaux, C. N.(1958). *Industrial society and social welfare : the impact of industrialization on the supply and organ.* social welfare services in the United States.

개인정보보호법

건강가정기본법

고용보험법

국가유공자 등 예우 및 지원에 관한 법률

국민건강보험법

국민기초생활보장법

국민연금법

기초연금법

긴급복지지원법

남녀고용평등법

노인복지법

노인장기요양보험법

다문화가족지원법

북한이탈주민법

빚공해방지법

사회보장기본법

사회복지사법

사회복지사업법
사회서비스이용권법
산업재해보상보험법
세계인권선언
아동복지법
위안부피해자법
유엔헌장 제1조
의료급여법
의료법 제34조
의사상자법
장애인복지법
재해구호법
저출산・고령사회기본법
특수교육법
헌법

http://contents.kocw.or.kr/contents4/document/lec/2012/KonKuk/KimByungJun/1.pdf
http://kowon.dongseo.ac.kr/~knamij/law05.htm
http://mbiz.heraldcorp.com/view.php?ud=20150203000159
http://terms.naver.com
https://barbaraperezlaw.com/es/
https://blog.daum.net/gmania65/1336
https://children365.or.kr/international-announcement
https://hanvalley.tistory.com/295
https://ko.wikipedia.org/wiki/경제협력개발기구
https://ko.wikipedia.org/wiki/관습
https://ko.wikipedia.org/wiki/권리청원
https://ko.wikipedia.org/wiki/아파르트헤이트
https://ko.wikipedia.org/wiki/유니세프
https://m.khan.co.kr/people/people-general/article/201108102117385#c2b
https://qq9447.tistory.com/492
https://twitter.com/dorisooni/status/176479784451325953
https://vkdlfl11.tistory.com/485
https://whitelake.tistory.com/204

https://www.bbc.com/korean/news-59807500

https://www.kais99.org/jkais/journal/Vol21No07/vol21no07p06.pdf

https://www.unamwiki.org/w/시민권

매일경제, https://www.mk.co.kr/news/culture/view/2022/03/285701/ 2022. 3.30일자.

매일노동뉴스, http://www.labortoday.co.kr

외교부 경제협정체결현황(https://www.mofa.go.kr/www/main.do) 2023. 2월 기준

찾아보기

인명

내용

저/자/소/개

■ **이원주**

사회복지학박사

현 수성대학교 사회복지과 교수

〈주요 저서〉

사회복지조직과 논문집필자를 위한 사회복지모형구조연구(2019, 공저)
사회복지관 성과관리척도집(2019, 공저)
사회복지관 자기주도성 성과관리모형(2018, 공저)
최신사회문제론(2015, 공저)
사회복지현장실습(2018)
인간행동과 사회환경(2021, 공저)
사회복지학개론(2022, 공저)
노인요양시설과 성과측정(2015, 공저)
최신사회문제론(2016)
노인요양시설과 성과측정(2015, 공저)
노인복지론(2023)

〈주요 논문 외〉

노인의 여가활동 유형과 생활만족도와의 관계(2010)
한국형 고령친화도시 점검척도 개발연구(2013)
지역사회복지관 서비스 품질관리척도 개발연구(2013)
달서구 노인친화도시조성계획(2013)
돌봄 여성노동자의 감정노동수행 정도와 직무지속의사와의 관계에서 있어 대인관계의 매개효과(2013)
노인요양시설 성과측정모형 개발 연구(2014)
지역사회복지관 성과관리측정척도 타당도 연구(2014)
노인요양시설 서비스품질 향상을 위한 자가점검관리척도 개발연구(2015)
노인요양시설 서비스품질이 이용자 만족과 선택의도에 미치는 영향(2015)
노인장기요양서비스 질 관리 개혁동향 및 정책 비교연구-일본, 독일, 영국을 중심으로-(2015)
노인요양시설 돌봄의 질 패러다임 경로분석(구조-과정-결과 인과사슬)(2015)
노인요양시설 서비스품질 우수성 관리방안 연구 : EFQM모형 접근(2015)
한국문화유산탐방을 통한 세대통합과 심리적 치유효과 연구(2015)
노인복지관 표준성과관리 매뉴얼 개발(2015)
수화통역센터 성과평가지표개발 연구(2016)
고령군 4기 지역사회보장계획수립. 고령군청 연구보고서(2018)
농촌노인의 일상생활과 우울의 관계: 사회적지지와 매개효과를 중심으로(2020)
경상북도 5기 지역사회보장계획 수립, 경북행복재단 연구보고서(2022)

【제2판】
사회복지법제와 실천

|저자| 이원주

|1판 1쇄| 발행 2022년 8월 30일
|2판 1쇄| 발행 2023년 8월 30일

|발행인| 김동훈
|발행처| 공동체

|주소| 경기도 고양시 일산동구 호수로 358-39, 동문타워 1차 905호(백석동)
|전화| 031)814-3000(대표)
|팩스| 031)814-3100
|홈페이지| http://www.compub.co.kr
|전자우편| compub@naver.com
|출판등록| 2005년 10월 6일
|등록번호| 제396-2005-36호

|ISBN| 979-11-6725-442-9
정가 21,000원